U0556181

My Life

by Isadora Duncan

邓肯自传

伊莎多拉·邓肯 —— 著
谭秀敏　李兰兰　赵习群 —— 译

前　言

我承认，最初有人建议我写自传的时候，我着实有些发怵。那倒不是因为我的人生不如小说那样引人入胜，抑或不如电影那般曲折惊险；也不是因为担心即使认真写，这本书也成不了一部旷世之作，而是担心写作过程的本身！

曾经，我费尽多年的挣扎，不懈地努力追求，才创造出一个简单的舞蹈动作。因此，深谙写作艺术的我，也深深地懂得，即使写出一个简单动人的句子也同样需要多年的苦心孤诣。我一直认为，有的人可以历经艰辛跋涉到达赤道地区，有着同雄狮猛虎搏斗的英勇业绩，却无法用文字把这些经历书写下来；有的人从未远离家门，却仍能以生动的笔触描写出在丛林中猎杀猛虎的场景，以至于读者们深信这是作者的亲身经历，并且如身临其境，感受到作者所描述的痛苦和恐惧，甚至能闻到狮子的气息，听到响尾蛇逼近时的骇人声音——而事实上，这一切仅仅是作者的想象，除此无他。同样，如果让我去描写的话，可能会将我所经历的奇闻轶事写得趣味殆尽，因为我既不像塞万提斯[①]那般妙笔生花，也没有卡萨诺瓦[②]的过人文采。

还有一个问题：怎样才能描写出真实的自我？我们真的了解自己吗？朋友们对我们的认识，我们自己对自己的认识，爱人对我们的认识，甚至敌人对我们的认识，都不尽相同。对此我有充分的理由：清晨，我准备好一杯咖啡，打开报纸，看到有的评论赞扬我美若女神、犹如天才，当我还没有来得及沾沾自喜的时候，就读到另一份报纸批判我是个毫无才华、身材奇差、不折不扣的悍妇。

很快，我就再也不去理会他人对我的评论了。我无法强制别人只为我歌功颂德，但那些贬斥之辞让我心灰意冷，有时又带来致命的打击。比如，柏林就有一个批评家对我总是吹毛求疵，他对我发表了众多批评，说我丝毫不懂音乐。因此有一天我便给他写了一封信，恳请他亲自前来与我会面，我会向他证明他的论断是错误的。他来了，坐在那儿，在茶几的另一端，我滔滔不绝地对他讲了整整一个半小时，兴致盎然地讲述了我从音乐中创造出的舞蹈艺术理论。我也注意到他看起来表情淡然而且无动于衷，但让我愤懑的是他从口袋里掏出一个助听器，告诉我他耳聋相当严重，即使戴着助听器，坐在剧院正厅的第一排，也几乎听不清舞台上的交响乐演奏！对我做出评价的竟然正是这样一个人，让我经常彻夜难以入眠！

既然如此，如果每个人站在各自不同的立场上对我们做出不同的评价，我们如何才能够发掘出另一个真实的自我，从而在本书中

① 塞万提斯（1547—1616年），文艺复兴时期西班牙小说家、剧作家、诗人。代表作《堂吉诃德》是世界文学的瑰宝之一。

② 贾科莫·卡萨诺瓦（1725—1798年），极富传奇色彩的意大利冒险家、作家，18世纪享誉欧洲的大情圣。

展现出来呢？是圣洁的圣母玛丽亚？是放荡的梅萨利纳[①]？是从良的马格达伦？还是知识渊博的女学者？这些传奇女性中，哪个才是我要寻找的呢？就我看来，答案并不是唯一的，而是有成百上千的女性 —— 我的灵魂超然其上，并没有受到她们任何人的影响。

有人说的好，写作的第一要素就是作者不应经历所写之事。如果要用文字记录下某人的亲身经历，他会发现这些记忆中的经历变得难以捉摸，因为记忆远不如梦境那般真实形象。事实上，我的很多梦境似乎都要比我的真实回忆更加生动鲜活。人生就是一场梦，所幸如此，否则谁又能承受那些痛苦不堪的回忆呢？比如“卢西塔尼亚”号客轮的沉没[②]，也许在这样的惨剧中幸存下来的人们，脸上应该永远留下痛苦的表情，然而不论何时遇到他们，都可以看到他们脸上笑靥灿烂。只有在传奇故事中，人们才会经历突然变故而改变。然而，在现实生活中，即使在遭遇了最骇人听闻的变故后，人们也会依然如故。比如，你可以看到俄国的那些王公贵族们在变得一无所有之后，仍然在蒙马特与歌舞女郎们夜夜欢饮，醉生梦死，与战前如出一辙。

任何人如果想尝试写下他们生命的真相，都将会创作出一部伟大的作品。但没有人能鼓足勇气记录下他们生命的真相。卢梭[③]为

① 梅萨利纳：罗马皇后，克劳迪亚斯一世的第三任妻子。

② 卢西塔尼亚号，英国邮轮，1915年5月载着1959名乘客（大部分是美国人）和船员从英国出发，航行至爱尔兰外海时不幸被德国潜艇击沉，有1195名乘客和船员沉入了大海。

③ 卢梭（1712—1778年），法国伟大的启蒙思想家、哲学家、教育家、文学家，18世纪法国大革命的先驱，启蒙运动最卓越的代表人物之一。主要著作有《论人类不平等的起源和基础》《社会契约论》《爱弥儿》《忏悔录》《新爱洛伊丝》等。

人类做出了至高无上的牺牲——他揭开灵魂真相的面纱，揭露出最为隐秘的行为和内心最深处的忏悔，因此造就了一部伟大的作品。诗人惠特曼[1]揭开了美国的真相，但他的作品曾一度被列为“淫秽读物”而被禁止发行。今天看来，这是多么的荒谬。至今为止，从来也没有一位女性能对她的一生做如实的描述。一些著名女性的自传不外乎描写了她们的外在生活状态，或是生活中的琐碎经历和轶闻趣事，但都没有道出她们的人生真谛。而且奇怪的是，每当涉及人生中大喜大悲的关键时刻，她们却总选择保持缄默。

我所追求的“艺术”，只是努力通过我的舞姿与动作表达出真实的“自我”。曾经，我费尽多年心血才找准一个至真的动作。而文字有着不同的含义。当人们蜂拥而至观看我的表演，在观众们的面前，我会毫不犹豫地，甚至可以把我灵魂最深处隐秘的情感奉献给他们。从我生命的最初，我就是用生命在跳舞。当我是个懵懂孩童时，我伴着成长中油然而生的喜悦起舞；当我成长为青春少女时，我初次领悟到人生中存在的悲哀暗流、冷酷无情和种种挫败，并随之起舞。

在我十六岁时，有一次我在观众面前跳了一支舞蹈，没有音乐伴奏。表演结束时，观众席中突然有人大喊：“这就是死亡与少女之舞！”从此这支舞蹈就被叫做“死亡与少女”。但这并非我的本意，我本来只想表达出我最初的认知：一切看起来幸福快乐的表象下都隐藏着悲剧。在我看来，这支舞蹈应当叫作“生命与少女”。

① 惠特曼（1819—1892年），美国诗人、散文家、新闻工作者及人文主义者，美国文坛最伟大的诗人之一，有“自由诗之父”的美誉。其诗集《草叶集》代表了美国浪漫主义文学的高峰，曾因对性的大胆描述而被归为淫秽作品。

之后，我继续用舞蹈表现与生命进行的抗争，观众们把这种生命称之为“死亡”，舞蹈还表现出在搏斗的过程中获得的短暂喜悦。

没有人能比电影和小说中的男女主人公们更脱离现实中的人性，因为他们被赋予了各种各样的美德，绝对不会犯下任何错误。比如，男主人公都很高尚、勇敢、刚毅；女主人公都很纯洁、温柔，等等。而卑鄙恶行都是属于那些十恶不赦的恶棍或“坏女人”。但是现实生活中却没有绝对的好人与坏人之分，不可能所有的人都会触犯“十诫”，但每个人都有犯错的能力，仿佛每个人内心深处都潜伏着一个破坏分子，随时准备抓住机会一跃而出。所谓品德高尚的人，不过是没有受到足够大的诱惑，或者是因为他们的生活太过平淡，或者是因为他们太专注于一个方向而无暇顾及周围的诱惑。

我曾看过一部非常好的电影——《铁轨》，主题是说人生就像是在铁轨上运行的机车，如果机车脱离轨道或是遇到无法逾越的障碍时，就会发生灾难。所幸司机在看到陡峭的下坡时，没有被魔鬼般的冲动所左右，避免了放开刹车而冲向毁灭深渊的结果。

曾经时常有人问我是否觉得爱情高于艺术，我回答说我无法把这两者分开而论，因为艺术家才是独一无二的性情中人，对于美有着纯洁无比的洞察力，而当他用灵魂凝视着不朽的美丽时，才能看到真正的爱情。

邓南遮[①]算是当代的奇才之一了，尽管他个子不高，而且只有面露笑容的时候才称得上好看，但是当他与情人交谈的时候，他立马就变得像太阳神阿波罗一样英俊，甚至还赢得了一些既优秀又貌

---

① 邓南遮（1863—1938年），意大利著名诗人、小说家、剧作家，代表作有《初春》《新歌》《阿尔奇奥内》等。

美的女士们的芳心。每当邓南遮爱上一个女人时，他便会把她的灵魂从尘世间带到一个神圣的地方，也就是但丁[①]笔下的贝雅特丽齐所在的仙境。他把每个女人都变得神圣，带她升到高处，直到她相信自己真的与但丁不朽诗歌中赞颂的贝雅特丽齐同在。在巴黎，人们对邓南遮的狂热曾一度达到极致，无数名媛都为他倾倒。他给每个倾心于他的女子都蒙上一层闪亮的面纱，让她超脱于凡夫俗子，即使走在路上，也会周身都散发出奇异的光芒。但是当诗人对她失去了兴致，面纱随之消失，光辉逐渐暗淡下来，她又变回凡尘俗世的女人，连她自己也不清楚自己究竟怎么了，但是会意识到自己突然跌落于尘世，回想到曾经被邓南遮赞为天人，明白此生再也无法获得这种充满魔力的爱情了。悲悯于自己的命运，她会变得越来越悲观绝望，直到人们看着她说："邓南遮怎么会爱上这种姿色平平而且眼睛哭得通红的女人呢？"邓南遮就是拥有这样伟大的爱情魔力，他能够把最普通不过的平凡女人变成天上的仙子。

邓南遮一生中只有一个女人经受住了考验，她是贝雅特丽齐的化身，邓南遮也无须为她再戴上面纱。我一直坚信埃莉诺拉·杜丝[②]就是但丁笔下贝雅特丽齐在现世的转世再生，因为在她面前，邓南遮只会跪倒倾慕，这也算是他一生当中最奇特而又幸福的经历了吧。在其他女人身上，他只发现他对她们进行的改变；只有埃莉诺拉超乎于他之上，给予他神圣的灵感。

---

① 但丁（1265—1321年），意大利诗人，欧洲文艺复兴时代的开拓人物之一，以长诗《神曲》留名后世。

② 杜丝（1859—1924年），意大利女演员，塑造过朱丽叶、奥菲丽娅、娜拉等女性形象。后和邓南遮相识，后者专门为她写了许多剧本。

对于阿谀奉承的力量，人们真是所知太少了！我想，无论任谁听到邓南遮充满魔力的赞美之辞时，都会像伊甸园里夏娃听到毒蛇的诱惑一样。邓南遮能让每个女人都感到自己是整个世界的中心。

我还记得和他在森林里散步的奇妙场景。走着走着，我们停下脚步，一阵沉默过后，邓南遮对我高声说道："啊！伊莎朵拉，只有与你独处才能享受大自然的美丽。其他女人只会毁掉这样的美景；而只有你，才能与它融为一体。（哪个女人能抵挡住这样的赞叹呢？）你是大树、是天空的一部分；你就是主宰大自然的女神。"

这就是邓南遮的能力，他能使每个女人感到自己是掌管某个领域的女神。

现在我躺在内格雷斯科的床上，试着触探人们所说的"回忆"。我感受到了法国南部阳光的炙热，听到附近公园里孩子们嬉戏的声音，感觉自己身体的温度。低头看着赤裸的双腿——把它们伸直。我的双乳是多么的柔软，双臂也从来没有停止轻柔地波动挥舞，我突然意识到这十二年里真的太疲惫了，胸中总是充满了无尽的痛楚，双手烙着悲伤的印记。当我孤独一人的时候，双眼总是噙满泪水，从未干涸，自从十二年前的那天起，已经流淌了十二年。那天我躺在床上沉睡，突然被一声哭喊惊醒，我转过头，看到了 L[①] 悲恸地说："孩子们死了。"

我记得当时像得了怪病般，感觉到喉咙里有一丝灼热，就像是吞下了一块还在燃烧着的煤炭。但当时我还不太明白是怎么回事。我轻轻地对 L 说话，试图安慰他，我告诉他这不是真的。

---

① L 指邓肯的恋人罗恩格林，他们生有一个儿子帕特里克。

随后，其他人也都来了，但我还是搞不清到底发生了什么。后来走进来一个留着黑胡子的男人。有人告诉我他是医生。“这不是真的，”他说，“我会救活他们的。”

我当时相信他的话。我想和他一起走过去，但其他人拉住了我。我现在明白他们不想让我知道其实已经没什么希望了。他们害怕这样的打击会让我失去理智，但其实我当时正处于一种兴奋的状态。我看到周围的人都在哭泣，但我却没有哭。相反，我很想去安慰安慰他们。回想起来，我真是不理解自己当时怪异的举动。是不是当时我已经洞察一切，知道死亡并不存在——外面像蜡像一样的东西不是我的孩子，只不过是他们脱下来的衣服？而我孩子的灵魂将带着光环获得永生？

一个母亲在一生中只有两次不由自主的哭喊——在孩子出生时和孩子去世的时候。当我意识到我现在触摸的冰凉小手将不再会触摸我的手时，我听到了自己的哭喊声——这就像我在他们出生时听到的哭喊声一样。为什么会是一样的？这两种哭喊声，一个是巨大的喜悦，一个是绝望的悲痛。我不知道原因是什么，只知道它们一样。在整个宇宙之中，只有一种哭喊声蕴含着悲伤、喜悦、狂喜和痛苦，那就是母亲在创造生命时的哭喊。难道还有第二种吗？

目　录

CONTENTS

第 1 章
叛逆的童年

孩子的性格在母腹中就已然成型了。当我尚未出生时，母亲就经历了痛苦的折磨，寝食难安，痛苦不堪。除了冰牡蛎和冰香槟，其他食物都会难以下咽。如果有人问我最早是从何时开始跳舞的，我会回答说:“在娘胎里就开始了，可能是牡蛎和香槟的原因吧——这可是阿佛洛狄忒[①]的美食。”

正因为当时母亲经历着怀胎十月的痛苦，她常说:“将来这个孩子出生后肯定会与众不同。”可能她觉得会生下一个怪物吧。事实上，从我出生之时起，我就一刻不停地用力挥动着双臂双腿，以至于母亲大声地喊道:“你瞧，我说的没错吧。这孩子可真是个小疯子。”不过之后，我成了全家和朋友们的开心果——当我被放在桌子中间的婴儿跳跳车里时，我就会伴着音乐手舞足蹈。

我能记住的第一件事是一场大火。我还记得被人从楼上的窗户

---

① 阿佛洛狄忒，古希腊神话人物，爱与美的女神，罗马神话中称为“维纳斯”。是宙斯和海洋女神狄俄涅的女儿，在浪花中出生。

扔下来，被一个警察双手接住。当时大约有两三岁吧，但我能清楚地记得四周人声喧闹，到处是尖叫声和熊熊的火焰，但幼小的我待在警察臂弯里，双手搂住他的脖子，非常享受这种安全感。回想起来，他一定是个爱尔兰人。我听到母亲发狂一般地喊着“我的儿子们啊！我的儿子们啊！”我看到她被众人拦住，她以为我的两个哥哥被落在了楼内，拼命地想冲进去把他们救出来。我记得后来看到两个男孩正坐在吧台上喝着热巧克力饮料。

我出生在海边，我也发现，我一生中所经历的重大事情也都是发生在海边，我最初的舞蹈动作就是源自海浪的节奏韵律。我是在阿佛洛狄忒之星的照耀下降生的，这位女神也是在海洋中诞生。因此，当这颗星辰徐徐上升的时候，我的生活就会一帆风顺，我也充满了创作的灵感；而当这颗星辰消逝时，随之而来的常常是诸多厄运。

我也相信，出生在海边还是出生在大山，会对孩子的一生产生重大影响。大海对我总是有着无尽的吸引力，而置身于高山之中，却让我产生莫名的不适，总想张翅飞离。大山给我的感觉就像是囚徒被禁锢在大地上一样。每当我仰望高峰，我并不会像一般游客那样心生赞叹，反而只想一跃而起逃离这种禁锢。我的生命和艺术都是在海边诞生的。

我很庆幸，小时候母亲很穷，没钱雇仆人和家庭教师。也正因如此，我可以过着一种无拘无束的生活，有机会展现出儿童的天性，从来也没有失去展现天性的机会。我的母亲是一位音乐家，以教授音乐为生，整天都在学生家中教课，有时甚至晚上很晚才能回到家中。当我从学校的牢笼逃脱出来后，我就获得了自由，可以一个人沿着海边游荡，天马行空地进行各种幻想。每当看到那些有钱人家的孩子，不论到哪都有保姆或家庭教师跟随，被照顾保护得无微不至，而且衣着讲究，我对他们却充满了怜悯之心：他们会有什么样的人生机遇呢？我的母亲太过操劳，无暇顾及孩子们会不会有什么危险，因此我和两个哥哥都肆意地享受自由放任的生活，有时也会有一些冒险经历，如果母亲知道的话，肯定会急得抓狂。但幸运的是，她从来没有意识到这些。这对我来说是非常幸运的，因为正是这种自由放任的童年给予我灵感，才能创造出表达自由的舞蹈。从来没有人对我说这个不行，那个也不行，在我看来，这个词足以毁掉一个孩子的幸福童年。

我五岁时就去一所公立学校读书了。可能母亲虚报了我的年龄，因为她需要找个地方把我安置下来。我相信“三岁看大、七岁看老”这句话，因为我当时就已经是一个舞者兼叛逆者了。母亲是在一个爱尔兰天主教家庭里接受洗礼并长大成人的，她也是一个虔诚的天主教教徒。当她发现我的父亲并不像她想象得那般完美，便和他离了婚，独自带着四个孩子生活。自此她抛弃了天主教信仰，成为一个不折不扣的无神论者，就成了英格索尔[①]的追随者，还经常给我们朗读他的作品。

母亲很有一套自己的见解，比如她认为所有虚浮的情感都是无稽之谈。在我很小的时候，她就告诉我们圣诞老人是假的，结果有一次在学校的圣诞节庆典上，老师边给孩子们分发糖果蛋糕边说：“看啊，孩子们，圣诞老人给你们带来什么礼物了。”我站起来，一

① 英格索尔（1833—1899年），美国政治领袖、演说家。

本正经地说："我才不信你的话。根本就没有圣诞老人。"老师非常恼火，"糖果只发给相信圣诞老人的小女孩！"她说。"我才不要你的糖果。"我说。老师恼羞成怒，打算好好地教训我，命令我走到教室的前面坐到地板上。我走上前，却转过身面向全班的孩子们，发表了生平第一次著名的演讲："我才不相信谎话呢！"我大喊，"我妈妈告诉我她穷得没钱扮演圣诞老人，只有有钱的妈妈才会扮成圣诞老人送礼物。"

这时，老师一把抓住我，使劲把我向下摁，想让我坐到地板上，但我挺直双腿拼命反抗，结果老师也只能让我的脚后跟磕了几下地板。看到无法罚我坐地板，于是就罚我站在墙角面壁。但是我站在墙角，仍然把头扭过来冲着同学高声呼喊："根本就没有圣诞老人！根本就没有圣诞老人！"直到最后，老师实在拿我没辙，才不得不把我打发回家。但我一路仍在高喊："根本就没有圣诞老人！"但是对于我所受到的不公正待遇，我永远也无法释怀，为什么说实话就没有糖果吃，还要受到惩罚？当我向母亲讲述这件事的时候，我问她："我说的不对吗？根本就没有圣诞老人，不是吗？"她回答说："没有圣诞老人，也没有神，只有你自己才能帮助自己。"那天晚上，我坐在她脚下的地毯上，听她给我们朗读英格索尔的演讲。

在我看来，孩子们在学校里接受的普通教育真的是毫无用处。我记得在班里，我要么就被认为绝顶聪明，是班里的佼佼者，要么就被认为是无可救药的蠢才，是班里的最差生。其实这都取决于我能否花点精力，记住老师上课灌输给我们的知识。不管我的成绩优劣，上课对我来说都是同样的枯燥乏味，我总是眼巴巴地盯着墙上的挂钟，直到时针指向三点，意味着我们获得自由了。我所接受的真正教育是从晚上开始的，母亲为我们弹奏贝多芬、舒曼、舒伯特、莫扎特、肖邦的曲子，或是为我们大声诵读莎士比亚、雪莱、济慈[①]或彭斯[②]的作品，这样的时光总是让我们如痴如醉。许多诗歌母亲都能铭记于心。因此受其影响，有一次在学校的庆典上，只有六岁的我模仿母亲背诵了一首威廉·利托[③]写的《安东尼致克利奥帕特拉》，震惊全场：

“我要死了，埃及，我要死了！

红色的生命潮水，即将退去。”

还有一次，老师让我们写一篇介绍我们生活经历的作文，我是这样写的：

“我五岁时，我们住在23大街的一所小房子里。因为无法支付房租，我们不能住在那里了，只好搬到17大街。没过多久，因为缺钱，房东不让我们住了，所以我们搬到了22大街，但是在那里也仍然没法好好生活，只好搬到第10大街。”

这就是我的生活经历，总在不断地搬家，没完没了。当我站起

---

① 济慈（1795—1821年），杰出的英国诗人，被推崇为欧洲浪漫主义运动的杰出代表，与雪莱、拜伦齐名。死时年仅26岁，留下的诗篇被认为完美地体现了西方浪漫主义诗歌的特色。

② 罗伯特·彭斯（1759—1796年），苏格兰农民诗人，复活并丰富了苏格兰民歌，他的诗歌富有音乐性。

③ 威廉·利托（1826—1863年），美国政治家、诗人，美西战争和美国内战期间的军官。

来向全班朗读这篇作文的时候，老师以为我在恶作剧，气呼呼地把我送到校长那儿，校长又派人叫来我的母亲。可怜的母亲读到这篇作文的时候，泪水夺眶而出，发誓说这一切都千真万确，我们就是过着这种居无定所的日子。

我真心希望现在的学校已经发生改变，再也别像我童年时的学校那样了。在我的记忆中，公立学校的教学非常冷酷，从不理会学生的个人感受。我还记得当时坐在硬邦邦的板凳上，肚子饿得咕咕乱叫，或是穿着潮湿的鞋子，双脚冻得瑟瑟发抖。我眼中的老师们都是一些毫无人性的恶魔，只会不停地折磨我们，而面对这些折磨，孩子们却无从诉苦。

家庭虽然贫寒，却从来没有让我感到痛苦，它并没什么大不了的；反而，学校是最让我痛苦不堪的地方。记忆当中，对于我这样一个既骄傲又敏感的孩子来说，公立学校的教育体系简直就像是一个监狱，让人蒙受羞耻。我总是不停地奋起反抗它的压迫。

在我大约六岁的时候，有一天母亲回到家，看到我招揽了六七个周围四邻的孩子（她们都很幼小，有的还不会走路呢），我让她们坐在地板上，教她们如何挥舞双手。母亲好奇地问我这是怎么回事，我对她说这是我的舞蹈学校。母亲不禁莞尔一笑，坐在钢琴面前开始为我弹琴伴奏。就这样，我的舞蹈学校继续办了下去，而且很受欢迎。之后，附近许多小女孩也来上课，她们父母也付给我一些学费。这为我将来从事教授舞蹈这样一个赚钱的职业打下了良好的基础。

我十岁的时候，舞蹈班已经颇具规模，因此我对母亲说我再也不用上学了，我已经能够赚钱谋生，为何还要徒然浪费时间去上学？

赚钱对我来说要重要得多。我把头发高高束起盘在头顶，谎称已经16岁了。我个子很高，大家都对此深信不疑。姐姐伊丽莎白由外祖母带大，后来回到家中，也加入到舞蹈班，与我一同从事教学工作。我们的舞蹈班越来越兴盛，旧金山许多有钱人家纷纷邀请我们去授课。

第 2 章
父亲和母亲

我尚在襁褓中时，父母就离异了，因此我不曾见过父亲。有一次，我还问一个姨妈，我有爸爸吗？她回答说："你爸爸简直就是个恶魔，把你妈妈一生都给毁了。"从那时起，我就把父亲想象成画册上魔鬼的模样：头上长角，身后长尾巴。每当学校的其他孩子们谈论起父亲的时候，我总是沉默不语。

我七岁时，全家住在三楼的两个简陋的房间里。有一天，听到前门的门铃声响，我便跑到大厅去开门。一位相貌英俊、头戴礼帽的绅士对我说：

"邓肯太太家住在哪呢？"

"我就是邓肯太太的小女儿。"我回答道。

"这真是我的丑丑小公主吗？"这位陌生的绅士说。（那是他给我起的小名。）

突然，他一把将我搂进怀里，泪水潸然而下，不住地亲吻我。我被他的举动吓坏了，问他是谁，他噙着泪水说："我是你爸爸。"

听到这消息，我乐坏了，兴冲冲地跑进屋里告诉家人。

“外面有个人说他是我爸爸。”

母亲突然站起身来，面色苍白，神情激动，她走进另一个房间锁上了门。我的一个哥哥藏进了床底下，另一个哥哥躲进了柜子里，而我姐姐则歇斯底里地大喊大叫。

“让他滚开！让他滚开！”他们喊着。

虽然他们的反应让我很惊讶，但出于礼貌，我还是回到大厅对他说：

“今天不行了，他们都不愿意见你。”听到这，陌生人拉起我的手，让我跟他出去散散步。

我们走下楼梯，来到大街上。我快步走在他身旁，有些困惑不解：这位长相英俊的绅士真是我爸爸吗？可是他并不像我想象得那样长着犄角和尾巴呀？

他把我带到一个冰激凌店里，让我饱餐了一顿冰激凌和蛋糕。我欢天喜地地回到家，却发现全家人都一个个沮丧不已。

“他太帅了，明天还要带我去吃冰激凌呢。”我告诉他们。

但是家人仍然不愿见他，于是过了一段时间，他便回到洛杉矶的家里去了。

之后，我有好几年都没有见到父亲，直到他突然再次出现。这一次，母亲心软下来了，与父亲见面了。他还送给我们一所漂亮的大房子，房子带有宽敞的练舞间、网球场、谷仓和风车，这是他第四次发财时购置的。之前他曾经三次发达而又三度破产，同样，这第四笔财富还有这些房产也都最终随着他的破产化为乌有。但是我们毕竟在这座房子里度过了多年的快乐时光，而且与之前和之后的两段漂泊生活相比，这里就像是一个避风的港湾。

父亲破产前我还时常见到他，渐渐了解到他是个诗人，也越发地欣赏他。他有一首诗，就预言了我的职业生涯。

我在此提到父亲的一些故事，是因为这些童年时期留下的印象对我今后的人生产生了深远的影响。一方面，我读了很多伤感的小说，并把它们当作我的精神食粮，另一方面，眼前这个失败的婚姻，为我提供了鲜活的例子。我的整个童年都仿佛笼罩在这位神秘父亲的阴影之中，没有人愿意提起他，“离婚”这个可怕的字眼在我敏感的心灵上留下了难以磨灭的印记。我无法从别人那里寻到答案，只能自己琢磨其中的道理。我读过的大多数小说，都以幸福婚姻和快乐生活作为大结局，但有些书中的故事却恰恰相反，最著名的有艾略特[①]的《亚当·贝德》，书中描写了一个女孩未婚生子，结果这位可怜的年轻母亲遭受了巨大的羞辱。我被女人们受到的不公正待遇深深触动，进一步联想到父母的失败婚姻，当即决定要与婚姻反抗到底，要为女性的解放而战，为每位女性争取权利，让她们可以根据自己的意愿生儿育女，并支持女性维护自己的权利，坚持自己的美德。一个只有十二岁的小女孩竟然冒出这些奇怪的想法，着实有些不可思议，但是我的成长环境却使我过早地成熟。我还研究了一些有关婚姻的法律，为女性在婚姻中所处的奴隶般地位而愤愤不平。我也开始探究母亲的一些已婚朋友，发现她们脸上都刻着妒忌和奴性的特性。当时我便发誓，我永远也不要沦落到如此境地，而且即使与母亲疏远，即使被整个世界误解，我也要一直坚守誓言。

---

① 乔治·艾略特（1819—1880年），英国维多利亚时期著名女小说家，主要作品有《亚当·贝德》《弗洛斯河上的磨坊》《米德尔马契》等。

苏维埃政府颁布过一项积极措施，就是废除了婚姻制度，自愿结合的双方只需在一本册子上签下自己的名字，下面印有这样一句话："本签字无需任何一方承担责任，并可根据任意一方的意愿而宣告无效。"这样的婚姻才是所有追求自由的女性所赞成的，也是我唯一可以接受的婚姻形式。

我相信在今天，每一位追求自由的女性，都或多或少有我这样的想法。但是在二十年前，我反对婚姻，并以身作则维护女性不婚生育的权利时，引起了轩然大波。随着时代的变革，我们的思想也经历巨变，我相信任何一位有头脑的女性都会同意我的观点，即具有自由精神的女性再也不会受到婚姻道德规范的拘束。假如这样的女性仍然选择结婚，那只是因为她们缺乏足够的勇气坚守自己的信念。如果你看一下过去十年的离婚记录，你就会发现我所言不虚。很多被我灌输自由信条的女性无力地回答："可是谁来抚养孩子呢？"我觉得，如果婚姻的目的只是强制对方承担抚养孩子的义务，那么你就是在怀疑你嫁的男人有可能拒绝抚养孩子，这真的太可悲了，因为你刚结婚就已经开始怀疑这个男人有可能是个道德败坏的恶棍。但我对男人却没有这样坏的评价，我并不觉得大多数男人都是卑劣低下的。

……

我们儿时的生活充满了音乐和诗歌，这要归功于我的母亲。晚上，母亲坐在钢琴前，一连弹奏几个小时。家中没有规定几点起床、几点睡觉，也没有任何条条框框的限制。相反，我觉得母亲都已经把我们忘记了，她陶醉于音乐和诗歌诵读中，浑然忘我，心无旁骛。她的一个姐妹，我们的奥古斯塔阿姨也很有才华。她经常拜访我们，并为我们表演戏剧。她相貌出众，长着一双漆黑的眼睛和一头乌黑的秀发，我还记得她穿着黑色天鹅绒短裤扮演哈姆雷特的情形。她天生有一副好嗓子，要不是她父母觉得凡是与戏剧沾边的东西都是与恶魔同流合污的话，她极有可能成为一名伟大的歌唱家。现在我意识到，她的一生都是毁于今天人们无法理解的美国清教徒精神——这种由早期美国移民者带来的精神仍然保留至今。移民们凭借强大的性格力量征服了这个未开垦的国度，驯服了野蛮的印第安人和凶猛的野兽，但是他们也在不断地尝试驯服自己，这给艺术带来了严重的破坏。

从她年轻时起，奥古斯塔阿姨就被这种清教徒精神所压抑，以至她的美丽容颜、她的优雅仪态和她的优美歌声都被湮没掉了。是什么原因让当时的人们发出这样的呼喊："我宁愿看到女儿去死，也不愿看到她登台表演！"而现在，人们对这种想法全然无法理解，你可以看到很多著名演员都已经被非常排外的上流社会所接纳。

我想，也许是身上流淌的爱尔兰血统，我们兄弟姐妹四人拼命地反抗清教徒主义的专制统治。

我们搬进父亲赠送给我们的大房子之后，发生的第一个变化就是哥哥奥古斯丁在谷仓里成立了一个小剧场。我记得他从客厅的毛皮地毯上剪下一块当作大胡子，扮成瑞普·凡·温克尔[①]。他的表演如此惟妙惟肖，以至于我坐在饼干桶上看着他的表演都禁不住地流下泪水。我们都是感情丰富的人，不愿受到任何压抑。

哥哥的小剧场在邻里之间逐渐变得越来越有名气，于是我们萌

① 瑞普·凡·温克尔是19世纪美国著名作家华盛顿·欧文（1783—1859年）著名散文集《见闻札记》中收录的短篇小说《瑞普·凡·温克尔》的主人公。

生了在海岸地区巡回演出的想法，我跳舞，奥古斯丁朗诵诗歌。我们后来还表演喜剧，伊丽莎白和雷蒙德也加入进来。尽管当时我只有 12 岁，他们几个也不过十几岁，但是我们却到过圣克拉拉、圣罗莎、圣巴巴拉等许多地方演出，而且演出相当成功。

这就是我的童年，充满不断反抗的精神，要反抗社会的狭隘，反抗生活的局限，而且我也越来越渴望飞往更加广阔的东部。我记得当时常常向家人亲友们高谈阔论，总是以这句话结束："我们必须离开这个地方；在这里，我们将永远一事无成。"

……

我是全家最有胆量的。因此，每当家中食物匮乏，我便自告奋勇前往肉店，耍些雕虫小技，哄骗肉店的屠夫送给我一些免费的羊排。同样，我也会被派到面包房去，游说老板让我们可以继续赊账。对于这些，我乐在其中，尤其当我成功的时候——通常我也总会马到成功。在回家的路上，我带着战利品，一路欢快地跳着舞着，感觉就像抢劫成功的强盗一样。这对我来说也是一项很好的训练，在与凶恶的屠夫打交道的过程中，我学会了日后如何对付同样凶恶的剧院经理们。

我记得在我很小的时候，有一次看到母亲暗自落泪，原来她为一家商店编织了一些东西，商店却不收了。我从她手中接过篮子，戴上母亲编织的帽子和手套，然后挨家挨户地推销起来。最后，我把所有的东西都卖了出去，而且赚到的钱是母亲从商店赚得的两倍。

我时常听到许多父亲们说，他们如何努力工作，只想给孩子们多留些钱，不知道他们是否意识到，这样做恰恰剥夺了孩子们生命中的冒险精神。他们多留下一元钱，孩子们就会多一份软弱。

其实留给孩子的最宝贵遗产，就是让他们完全依靠自己的力量闯荡。我和姐姐经常到旧金山最有钱的家庭里教授舞蹈，但我从来不会忌妒这些富家孩子；反而，我很同情他们。他们生活中充满的狭隘和愚蠢让我无比惊讶，与他们相比，我的生命价值何止富裕一千倍。

我们的舞蹈学校越来越有名气，而且也把自己的舞蹈称为一种新的舞蹈体系。而事实上，我的舞蹈压根没有什么体系，我只是根据我的幻想进行即兴创作，只要脑海中闪过什么漂亮动作，我就会教给学生。我在早期有一支舞蹈是改编自朗费罗[①]的诗歌《我把箭射向天空》。我常常向学生们背诵这首诗，并让他们把诗歌的意境融会到舞姿与动作中。晚上，母亲为我们弹奏钢琴，我就在一旁编排舞蹈。我们有个朋友是位和蔼可亲的老太太，晚上常来我家玩。她曾在维也纳住过，常说在我身上看到了范妮·埃丝勒[②]的身影，也如数家珍地列举出埃丝勒获得过的成就。“伊莎朵拉将会成为第二个范妮·埃丝勒。”她总是这样说。这也大大激发了我的雄心壮志。她建议母亲带我去找旧金山的一位著名芭蕾老师学习舞蹈，但他的课程丝毫引不起我的兴趣。老师让我用脚尖站立，我问他为什么，他回答说“因为那样很美”。我说这样很难看，而且与自然规律背道而驰。于是上完三节课后，我就离开了，再也没有回去。在我看来，他所称的舞蹈只是一些僵硬机械的体操动作，这只会扰乱我的梦想。我一直梦想着创造出一种全新的舞蹈，只是不知道这种新的舞蹈会是什么样子，但我感到正

① 朗费罗（1807—1882年），19世纪美国最伟大的浪漫主义诗人之一。

② 埃丝勒（1810—1884年），奥地利著名芭蕾舞蹈演员。

在走向一个看不见摸不到的世界，只要我找到钥匙，就能进入这个世界。我很小的时候就展露出高超的艺术天分，也幸亏我的母亲是一位坚强勇敢又富有冒险精神的女性，我的天赋才没有被扼杀。我觉得，不管孩子在以后的人生中从事何种工作，都应当从小就开始培养。不知道有多少父母能够意识到，孩子接受的所谓“教育”只会使他们变得碌碌平庸，只会剥夺他们的创造力。不过这种教育也是必需的，否则谁会为我们担当商店店员或银行职员呢，他们也是文明社会中不可或缺的一部分。

母亲共有四个孩子。也许通过传统的管束和教育，她会把我们几个培养成老老实实过日子的普通老百姓。有时她会感叹道：“为什么你们四个都要当艺术家，没有一个务实的？”但是，正是因为她那永不停歇的美丽情操使我们爱上艺术。母亲对物质的东西毫不计较，而且也教育我们不要把房产、家具诸如此类的物质财富放在眼中。受到她的影响，我一生从未佩戴过珠宝首饰，因为母亲告诫我们说这些东西都是对我们的束缚。

我退学之后，深深地爱上了阅读。那时我们住在奥克兰，那里有一座公共图书馆，不管图书馆离家有多远，我都会一路跑着、跳着、舞着去图书馆看书。图书馆馆长是一位十分优秀的漂亮女性，她就是加利福尼亚的女诗人伊娜·库尔布里丝。她时常鼓励我多读书，每次我向她借阅好书时，她都非常高兴。她的双眼非常迷人，总是闪烁着热情的光芒。后来我才知道我的父亲与她曾经一度热恋，显然她给父亲带来了激情。也许正因为这种机缘，才拉近了我与她之间的距离。

那时我阅读了狄更斯[①]、萨克雷[②]、莎士比亚的所有作品，也读了数千本小说，不管好与坏、精品还是垃圾，我都如饥似渴地读着。我白天捡一些蜡烛头，晚上伴着烛光熬夜看书，一直到黎明时分。我也开始写一部小说，同时还编过一份报纸，上面的所有文章——包括社评、当地新闻和短篇小说——都是我亲力而为。此外，我还一直坚持写日记，为此还自创了一种秘密的文字，因为我有一个巨大的秘密：我恋爱了。

我和姐姐除了给年龄较小的孩子们上舞蹈课之外，也招收一些年龄稍大的学生，姐姐负责教他们当时流行的“社交舞”，像华尔兹、玛祖卡和波尔卡等舞步。这些学生中有两个小伙子，一个是位年轻的医生，另一个是位药剂师。药剂师长相英俊，而且有一个好听的名字——弗农。我当时只有11岁，但我把头发高束成髻，穿着长裙，看起来要成熟得多。就像《洛丽塔》里的女主角一样，我在日记里写下了对弗农的疯狂爱恋，直到现在我也相信当时是多么地深爱着他，但他是否觉察出来，我就无从知晓了，因为当时年龄尚小的我，羞于启齿对他的爱慕。我们一起参加舞会，每一支曲子他都会跟我一起跳。回家之后，我会坐在桌前直到午夜，在日记里写下我狂喜的心情：“在他的臂弯里，我飞了起来。”他白天在一条大街的药店里工作，我常常走上好几英里的距离，仅仅为了从药店门口经过；有时，我鼓足勇气走进药店，只为对他说一句“你好吗？”

① 狄更斯（1812—1870年），19世纪英国批判现实主义小说家，特别注意描写英国社会底层的小人物，深刻反映当时复杂的社会现实。作品有《雾都孤儿》《双城记》《大卫·科波菲尔》等。

② 萨克雷（1811—1863年），英国小说家，英国19世纪小说发展高峰时期的重要作家，成名作和代表作是长篇小说《名利场》。

我甚至打听到他的住所，常常在晚上跑过去，只为看一眼他房间的窗户透射出的灯光。这种热情持续了两年的时间，我相信当时我深受煎熬。直到两年后，他宣布即将与奥克兰上流社会的一位年轻女子结婚，这让我痛苦绝望，只有在日记里倾诉这种心情。我还记得婚礼当天的情景，记得看到他与一个身披白纱相貌普通的女子一同走来时的心情。从那以后，我就再也没有去找他。

直到最近我在旧金山的一次演出中，有个男人走进我的化妆室，他一头苍白的头发，但看起来依然俊美。我一眼就认出了他，那就是弗农。我想过了这么多年，我终于可以向他坦白年少时对他的爱慕之情。我原本以为他会觉得好笑，但他却很害怕，不断地给我讲着他的妻子，当年那个长相普通的女人，现在看起来仍健在，而且他对妻子的爱始终如一，从未背叛。唉，有些人的生活就是这么的简单。

这就是我的初恋。我爱得如此疯狂，相信从那以后，我也从未停止过这种疯狂的爱恋。最近，我刚刚从一次惨痛而可怕的打击中慢慢恢复过来。可以说，我正在幕间休息，等待着最后一幕的表演，抑或是演出已经终结？或许我可以出版当时的照片，问一问读者们会做何感想。

第 3 章

寻找伯乐

受所读书籍的影响，我打算离开旧金山出国发展。我想跟随一些著名的剧团一起离开，当时正好有一家正在巡演的剧团，它在旧金山进行为期一周的演出。于是有一天，我找到剧团的经理，请求为他进行舞蹈表演。试演是在一个早上，在一个空荡荡的黑色大舞台上，母亲为我伴奏，我穿着一袭白色希腊式舞衣，跳了门德尔松[①]的一段《无言歌》。音乐结束时，经理沉默了一阵，然后对我母亲说：

"这种舞蹈不适合在剧院演出，它更适合教堂。我建议你还是带着女儿回家吧。"

我非常失望，可仍然不愿放弃，于是便想其他的办法出国。我把全家人召集起来开家庭会议，在整整一个小时的谈话中，我向他们解释了我为什么无法继续在旧金山发展。母亲还有些无法理解，

① 门德尔松（1809—1847 年），德国作曲家，德国浪漫乐派最具代表性的人物之一，独创了无言歌的钢琴曲体裁。

但已经做好跟随我去天涯海角的准备。然后我俩决定率先出发，准备了两张到芝加哥的车票。姐姐和两个哥哥则继续留在旧金山，等我赚到大钱后，他们便来与我们会合。

在一个炎热的六月天里，我们到达芝加哥，随身只带了一个小行李箱、一些外祖母留下来的旧珠宝首饰，还有 25 美元。我本以为一切都会一帆风顺，我很快就能找到工作。但事与愿违，实际情况却不如我想象的那般顺利。带着我那件白色的希腊式舞衣，我四处奔波，拜访了一个又一个剧团经理，并参加试演，但是他们的回答却跟旧金山的那位经理如出一辙，“你跳得很不错，”他们说，“但并不适合剧团演出。”

很快几个星期就过去了，我们带来的钱也所剩无几，甚至把外祖母的首饰典卖也换不到几个钱。不可避免的事情发生了，有一天，我们由于付不起房租，行李被扣押，我和母亲身无分文只得流落到街头。

幸运的是，我的连衣裙上还有一个小巧精致的蕾丝衣领。于是那一整天，我冒着炙热的阳光一连走了好几个小时，一心想把蕾丝领卖掉，直到傍晚时分，我终于成功了（我记得当时卖了大约 10 块钱）。那是一片漂亮的爱尔兰蕾丝花边，换来的钱足够我们支付房租。我还用剩下的钱买了一箱西红柿，接下来整整一个星期，我们就以这些西红柿为食，没有面包，也没有盐。可怜的母亲变得非常虚弱，都快坐不起来了。每天一大早我便出门，想尽办法去找那些剧团经理。但最后，我决定不管找到什么工作，我都愿意做，于是便来到一家职业介绍所。

“你都会干什么啊？”柜台后面的女人问道。

“什么都会。”我回答说。

“是吗，你看起来可什么也不会干！”

绝望之中，我找到共济会屋顶花园剧院的经理。我伴着门德尔松的《春之颂》在舞台上翩然起舞，而他在台下看着我，嘴里叼着支大雪茄，头上歪戴的帽子盖住一只眼睛，态度十分傲慢。

“不错，你长得挺漂亮，”他说，“也很优雅。如果你能改变这种舞蹈方式，来点带劲儿的舞蹈，我就会雇你。”

我想起家中母亲越来越虚弱，而西红柿也所剩不多，于是我问他什么是“带劲儿”的舞蹈。

“嗯，”他说，“不是你刚才跳的那种，而是要穿着带荷叶边的短裙，还要带踢腿的。你可以先跳一段希腊式的，然后再换上荷叶边短裙踢腿，肯定很吸引人。”

但是我去哪儿找一条带荷叶边的短裙呢？我知道跟他借钱或预支薪水肯定都行不通，于是只得硬着头皮对他说，我转天再来给他表演穿着荷叶边短裙踢腿的刺激舞蹈，然后我就出去了。天很热——芝加哥通常都是这样的天气。我在街上游荡，又累又饿，差点晕倒，突然看到面前有一家马歇尔·费尔德百货商店。我走进商店，要求见一见商店的经理，于是有人把我领到办公室。我看到桌子后面坐着一个面容和蔼的年轻人，我就向他解释道，明早之前我必须要弄到一条带荷叶边的短裙，如果他允许我赊账的话，我能很快找到工作并把钱还上。我不知道是出于什么原因，这位年轻人竟然答应了我的请求，总之他真的答应了。多年以后，我再见到他时，他已经成为大富翁戈登·塞尔弗里奇先生了。我买了所需的材料：做衬裙用的白色和红色布料，还有蕾丝花边。当我抱着这一大包东西回到家时，发现母亲都已经虚弱得几乎奄奄一息了。可是她仍然挣扎着从床上坐起来，为我赶制舞蹈服。她整晚都忙碌不停，直到第二天早上才缝好最后一片荷叶花边。我穿着这件演出服回去找屋顶花园剧院的经理，此时乐团已经准备就绪。

“你要用什么音乐？”他说。

我还没有想好用什么音乐，便随口说：“就《华盛顿邮车进行曲》吧。”这个曲子在当时非常流行。音乐响起，我尽我所能，努力跳出一段活力四射的“带劲儿”舞蹈，一边跳一边即兴构思舞步。经理显然非常高兴，从嘴里拿出雪茄，对我说：

“好极了！你明天晚上来上班，我会专门给你做宣传的。”

他给我提供的工资是每周 50 美元，并让我预支了这周的薪水。

我用艺名在屋顶花园剧团的演出获得了巨大的成功，但是这一切都让我感到厌恶。一周之后，经理想与我续签合同，甚至要为我安排巡回演出，但遭到了我的拒绝。虽然我们不再挨饿，但这种违背自己意愿去取悦观众的方式，的确让我无法忍受。这是第一次，也是最后一次。

我想这个夏天是我一生之中最痛苦的时期之一，从那时起，每次来到芝加哥，一看到这里的大街就会有种作呕的饥饿感。

但是，不管遇到什么样的困难，我那勇敢无比的母亲却从未说过要打道回府。

有一天，有人给了我一张女记者的名片，她叫安波儿，是芝加哥一家大型报社的副主编。我便去拜访她。她又高又瘦，有五十五岁左右，披着一头红发。我向她讲述了我对舞蹈的一些想法，她耐心地聆听着，并邀请我和母亲去“波希米亚”俱乐部，她说在那儿我们能见到很多艺术家和文人墨客。当天晚上我就去了那个俱乐部，它位于一座大厦的顶层，里面有几个简陋房间，只摆着些桌椅，但是却挤满了我所见到过的最不寻常的人物。在熙熙攘攘的人群当中，安波儿像个男人似的粗声大喊：

“所有的波希米亚人，一起来吧！所有的波希米亚人，一起来吧！”

每次安波儿喊出这句话的时候，人们就举起手中的啤酒杯，欢呼歌唱作为回应。

在这呼喊声中，我为人们献上了带有宗教色彩的舞蹈。这群波希米亚人显然有些不知所措，不知道该如何评价我的舞蹈，但他们仍觉得我是个讨人喜欢的小姑娘，并邀请我每天晚上都来参加他们的集会。

波希米亚人真是最奇特的一群人，他们都是来自各个国家的诗人、艺术家和演员，似乎只有一个共同点，那就是全都身无分文。我甚至怀疑，要不是慷慨的安波儿给他们提供三明治和啤酒，很多波希米亚人真会像我们母女俩一样没有食物而饥肠辘辘。

这些波希米亚人里有个名叫米洛斯基的波兰人。他四十五岁上下，长着非常惹人注目的红色卷发和红色大胡子，还有一双目光锐利的蓝眼睛。他通常都会坐在角落里，一边吸着烟斗，一边冷眼旁观这群波希米亚人的娱乐消遣，脸上微微露出不屑的笑容。但是，在观看过我舞蹈表演的人们当中，唯独他才会懂得我的理想和我的舞蹈作品。他生活也非常穷困，但常常邀请我和母亲去一些小餐馆吃饭，有时我们也乘坐电车来到郊外，在树林里享受野餐。他非常喜欢黄莺花，每次来看我，总会捧来一大束；现在每当看到这种金色的花，我总会联想到米洛斯基的红头发和红胡子。他是个很古怪的人，他是诗人、画家，在芝加哥靠做生意为生。但他从来不是个成功的商人，差点儿饿死在芝加哥。

那时我还只是个小姑娘，年龄太小了，无法理解他的悲惨生活和对我的爱情。我想在今天这样一个复杂世故的时代里，没有人能明白那个时代的美国人是多么无知、多么单纯。那时的我，总认为生活富有诗意，我心中充满了多情浪漫，也从未体验过或接触过爱情在人们身体上引起的反应，甚至在很久以后，我才意识到当时米洛斯基对我的疯狂爱恋。这个四十五岁的男人疯狂地爱上了我，一个天真幼稚的小女孩。他的爱如此之深，也只有波兰人才会有这种炽热的爱情。母亲显然对此毫无察觉，仍然很放心地让我们经常单独相处，我们亲密地交谈，或是在林中长久地散步，更拉近了我们之间心灵的距离，直到他再也无法抑制冲动亲吻了我，并请求我嫁给他。我也相信这将会是我一生中最为轰轰烈烈的爱情。

但是当夏天悄然而去，我们又变得囊中羞涩起来。我觉得在芝加哥再也没有什么前途，于是决定离开这里前往纽约。可是怎样去纽约呢？有一天，我在报纸上看到著名的奥古斯丁·戴利带着以女星艾达·里恩为首的剧团正在城里演出，我打定主意一定要见到他，因为他有着“全美国最热爱艺术和最具审美能力的剧院经理”的美誉。于是，一连许多天，每天下午和晚上，我都站在剧院后台入口处，不断地让人通报我的名字，恳请与奥古斯丁·戴利见上一面。但我被告知他太忙碌了，只能见到他的副经理，我对此一口否决，我说我有非常重要的事情，必须要见到戴利先生本人。最终，有一天傍晚时分，我终于见到了这位大人物。奥古斯丁·戴利是个非常英俊的男人，但他懂得如何在陌生人面前摆出一副凶巴巴的表情，虽然我有些害怕，但还是鼓足勇气发表了一通长篇大论：

“戴利先生，我有个非常棒的构思想告诉您，您可能是整个国家唯一能够明白这个想法的人。我发现了一种舞蹈。我发现了这种已经遗失两千多年的艺术。您是一位顶级剧院艺术家，但您的剧院里还缺少一样东西，它能使得古希腊剧院兴盛不衰，它就是舞蹈的艺术 —— 悲剧合唱团。缺少了它，就像是身体没有了两腿的支撑。我为您带来了这种舞蹈，我为您带来的想法将会彻底改变我们的整个时代。我是从哪儿发现它的呢？是在太平洋的岸边，是在内华达山脉的松涛中。我看到过落基山山顶上年轻的美国起舞的美妙身影。我们国家最伟大的诗人是惠特曼。我已经找到能与惠特曼诗歌相匹配的舞蹈了。我像女儿一样传承了惠特曼的精神。我将会为美国的子孙们创造出一种新的舞蹈，来表达美国的精神。我为您的剧院带来了它所缺少的生命之音 —— 舞者的灵魂。因为您知道，”我继续说道，尽量不去理会这位著名经理不耐烦的打断（“够了！够了！”），“因为您知道，”我继续往下说，提高了音量，“剧院诞生于舞蹈，最初的演员也是舞者，他跳着、唱着，这就是悲剧的起源，只有当舞者带着自发的伟大艺术回归剧院时，您的剧院才是真正的剧院！”

这么一个瘦弱奇怪的小孩竟然胆大包天地对他发表了这么一通长篇大论，奥古斯丁 · 戴利真是拿我没办法了，只好这样答复我：

“好吧，我即将在纽约上演的哑剧中还缺一个小角色。10月1号进行彩排，你来试试，如果合适的话就会录用你。你叫什么名字？”

“我叫伊莎朵拉。”我回答说。

“伊莎朵拉，是个好名字，”他说，“就这样吧，伊莎朵拉，10月1号在纽约再见吧。”

我兴冲冲地飞奔回家，把这个好消息告诉了母亲。

“终于，”我说，“有人赏识我了，妈妈。有名的奥古斯丁·戴利要聘用我了。我们必须在10月1号前去纽约。”

“好吧，”母亲说，“可是我们怎样才能买到火车票呢？”

这的确是个非常棘手的问题，最后我想出一个办法，我给旧金山的一个朋友发去了这样一份电报：

“受聘成功。奥古斯丁·戴利。必须10月1号到达纽约。电汇一百元以做车费。”

之后奇迹发生了，钱汇过来了。钱来了，同时到达的还有我的姐姐伊丽莎白和哥哥奥古斯丁，他们收到电报后大受鼓舞，觉得我已然发迹。我们成功地坐上了开往纽约的列车，心潮澎湃，充满了无限希望。我想，世界终于要认可我了。但是，如果当时我知道以后面临的将是艰辛的岁月，我也许就会失去勇气了。

米洛斯基得知我要离开，非常伤心，但我们彼此山盟海誓，发誓会永远相爱。而且我也安慰他说，如果我在纽约发了大财，两人结婚就会容易多了。虽然我并不相信婚姻，但那时我还认为结婚会让母亲非常高兴，而且当时我还没有奋力为自由恋爱而抗争——这是我后来才进行的战斗。

第 4 章
剧场生涯

我对纽约的第一印象就是，它比芝加哥更漂亮，而且更富有艺术气息。我也很高兴再一次靠近大海。在内陆城市里，我总是有种窒息感。

我们住在第六大街一条小巷上一座提供膳食的寄宿公寓里。这座寄宿公寓内住着形形色色的房客，就像波希米亚人一样，他们也只有一个共同点：没有能力支付房租，随时都面临着被扫地出门的命运。

这天早上，我来到戴利剧院的舞台后门报到。我再一次获准见到了这位大人物。我想向他重新阐述我的观点，但他看起来很忙，而且有些焦虑。

“我们请来了优秀的哑剧明星——简·梅，”他说，“她来自巴黎。如果你能演哑剧的话，这里倒是有个角色。”

我直到现在也不曾觉得哑剧是一种艺术。舞蹈动作像抒情诗一般，是一种充满感情的表现形式，可以不用任何语言，而在哑剧中，人们用手势代替语言，因此它既不是舞者的艺术，也不是演员的艺术，夹在两者之间毫无价值可言。可是，我别无选择，只好接受这个角色。我把剧本带回家仔细研究，可是这一切在我眼中却显得非常愚蠢可笑，完全是在浪费我的抱负和理想。

第一次彩排就糟糕透顶，让我的幻想瞬间破灭。简·梅身材娇小，但脾气极差，经常大发雷霆。她告诉我必须用手指着她，就代表“你”，按着自己的心口，就代表“爱”，然后猛烈地拍打自己的胸膛，是代表“我”的意思。这一切看起来真是太可笑了。因为我丝毫没有用心，我的表演自然糟糕至极。简·梅非常不悦，常常跑到戴利先生那里告状，说我丝毫没有天赋，根本无法胜任这一角色。听到这些话，我马上意识到，这将意味着我们全家人将会住在破破烂烂的寄宿公寓里，任由无情的女房东摆布。我脑中浮现出一个合唱团女孩的身影，她前一天刚刚被赶到大街上，连行李都被扣下了。我回想起可怜的母亲在芝加哥所受的苦难。想到这些，我的泪水夺眶而出，顺着脸颊滑落下来。我想我当时肯定看起来悲伤不已而又楚楚可怜，因为戴利先生脸上的表情变得柔和起来。他拍了拍我的臂膀，对简·梅说：

“你看，她哭的时候表情还是很丰富的。她会好好学的。”

但是这些排练仍让我痛苦不堪。他们总让我做一些动作，这些动作在我看来非常庸俗可笑，而且与配乐毫无关系。但是，年轻人的适应能力毕竟很强，我也最终渐渐进入了我的角色。

简·梅在剧中扮演皮耶罗的角色，其中一个场景中我需要向皮耶罗表达爱意，我必须踩着三段音乐节拍走上前，并在她的脸颊上亲吻三次。带妆彩排的时候，我用力有些过猛，不小心在皮耶罗的白色脸颊上留下了红红的唇印，一瞬间，皮耶罗又变成了暴跳如雷的简·梅，狠狠地给了我一耳光——我的戏剧生涯就这样“响亮”地拉开了序幕。

随着排练的继续，我不由自主地佩服起这位哑剧女演员的超凡表现力。如果不是束缚于哑剧这种虚伪而无趣的表演形式，她很有可能成为一位伟大的舞蹈家。但是哑剧的形式有着太多的局限性，我总想对它做出这样的批判：

“如果你想说话，为什么不说呢？为什么要像在聋哑人医院里那样，费劲地比划呢？”

首演的夜晚终于来临。我身穿法国督政时期风格的蓝色丝绸戏装，戴着金色的假发和一顶大大的草帽——这哪里是我梦想着要带给世人的艺术革命啊！我已经被伪装起来，完全丧失了真实的自我。亲爱的母亲就坐在观众席的第一排，一副怅然若失的样子。即使在这种情况下，她也没有提出我们应该回到旧金山，但我能看出她非常失望，我竭尽全力奋力拼搏，换来的结果却如此不堪！

哑剧排练期间是没有工资的。我们被赶出寄宿公寓，在一百八十号大街上租了两间空房暂住，里面什么家具也没有。没有钱坐车，我不得不步行到位于二十九大街上的戴利先生的剧院。我时常在土路上奔跑，在人行道上跳跃，在木材上行走，总之，我用尽各种方法让路途看起来不再那么遥远。我自有一套办法。因为没钱，我吃不起午饭，所以午餐时间我常常躲在舞台包厢里，在疲惫中沉沉入睡，然后下午再饿着肚子继续参加彩排。就这样我排练了六个星期，直到哑剧上演。演出一星期后，我才拿到了薪水。

剧团在纽约演出三星期之后，开始去外地进行巡回演出，在每个地方只演出一晚。我每周能领到 15 块钱，除去一切开销后，我还把一半的收入寄给母亲以维持生计。每到一站，我都不敢去住宾馆，而是提着行李箱四处去找廉价的寄宿公寓。我每天的开销预算最多不超过 50 美分，而且还得包吃包住，因此有时需要艰难地走上好几里路，才能找到合适的地方。有时找到的住处并不安全。我记得有一次，房东给了我一个没有锁的房间，那些男房客 —— 大多数是醉醺醺的男房客 —— 都想闯进我的房间里来。我害怕极了，只好把沉重的衣橱拖过来顶住房门，即使这样我也不敢入睡，整晚都提心吊胆地坐在那里。我无法想象，还有比跟着剧团到处做巡回演出更糟糕的生活吗?

简·梅永远不知疲倦，她每天都要召集大家进行彩排，但仍对一切都不满意。

我随身带着一些书，从来没有间断过读书。每天我都给米洛斯基写一封长信。我想当时在信中并没有向他尽述我所受到的痛楚。

两个月的奔波之后，哑剧剧团终于回到了纽约。整个演出让戴利先生损失了不少钱，简·梅也就回巴黎去了。

我该怎么办呢？我再一次找到戴利先生，试图用我的艺术打动他，但他却充耳不闻，对我说的任何话都漠不关心。

“我准备派出一个剧团表演《仲夏夜之梦》，”他说。“如果你喜欢，你可以在精灵出场那一幕跳舞。”

我心中的舞蹈是要表达出人类的真情实感，对于精灵仙女什么的却丝毫不感兴趣，但我还是同意了，并建议我的舞蹈应该安排在仙王和仙后出场之前，以门德尔松的谐谑曲作为舞蹈配乐。

当《仲夏夜之梦》开演时，我被安排穿上一件白色和金色的薄纱长裙，背后还戴着一对金光闪闪的翅膀。这让我非常反感，因为这对翅膀看起来实在太滑稽可笑了。我试着告诉戴利先生，我无需纸糊的翅膀也能表现出翅膀的感觉，但他仍然固执己见。那是我第一次登台表演独舞，我真的非常高兴，因为终于可以独自一人在一个大舞台上，面对这么多的观众表演舞蹈。我真的是在跳舞，而且跳得非常不错，观众们都不由自主地为我鼓掌叫好，这大概就是人们常说的“技惊四座”吧。当我戴着那对翅膀下台时，本以为能看到戴利先生高高兴兴地向我祝贺，但是恰恰相反，他正气得火冒三丈呢。“这里不是音乐厅！”他冲我咆哮着。他难道听不到观众们对我的舞蹈报以热烈的掌声吗？第二天晚上轮到我登台的时候，我发现所有的灯光都被关掉了。此后，每当我在《仲夏夜之梦》里演出时，我都是在黑夜中跳舞，观众们只能看到舞台上有一团白乎乎的影子若隐若现。

在纽约进行了两周的表演之后，《仲夏夜之梦》也开始了去各地巡回演出，于是我再一次开始了奔波的旅程，到处寻找廉价的寄宿处。不同的是，我的薪水涨到了每周 25 块钱。

就这样，一年又过去了。

我整日都感到郁郁寡欢，因为我的梦想、我的理想、我的雄心，全都变得徒劳无功，化作泡影。我在剧团里没有什么朋友，他们也把我当成一个怪人。我常常手捧一本奥瑞琉斯[①]的书，在舞台的幕布后面阅读，我还试着用禁欲主义哲学来缓解心中的痛苦。不过在那次旅途中，我结识了一个朋友，她是个名叫穆德·温特尔的年轻女孩，在剧中扮演仙后。她和蔼可亲，而且心地善良，但有一个怪

① 奥瑞琉斯，罗马君主，斯多葛派哲学家。

癖，就是只吃橘子，其他任何食物都不吃。我觉得她真不像是来自这个世界的人。几年之后，我得知她死于恶性贫血。

奥古斯丁·戴利剧团的明星是艾达·里恩，她是一位杰出的女演员，可是她对比她级别低的演员却非常冷漠。我在剧团里唯一的乐趣就是能看到她的表演。她从来不像我那样参加巡回演出，而每当我回到纽约后，我便常常观看她在剧中扮演罗莎琳德、贝雅特丽齐和鲍西亚等重要角色。她是世界上最优秀的女演员之一，但在日常生活中却半点也不想得到剧团同事们的喜欢。她心高气傲，少言寡语，连个招呼都懒得跟我们打。有一天在剧院后台的墙上贴了这样一张告示：

“公司同仁须知，不必向里恩小姐问好！”

的确，在奥古斯丁·戴利剧院工作的两年当中，我从来没有机会和里恩小姐说过话，显然她认为所有的配角演员都不值得放在眼里。我记得有一天，因为戴利剧团的成员需要进行一些分组调配，她必须要耐心等待，因此她用手对着我们所有人指指点点地说：“天啊，经理，你怎么能让我去等待这些无足轻重的人呢？”（我也是属于这些无足轻重的人，非常反感她的措词。）我不明白像艾达·里恩这样一位出色的艺术家，这样一位魅力四射的女性，怎么会犯这样的错误呢？我唯一的解释就是她已经年近五十，而且一直深受戴利先生的宠爱，因此非常反感戴利先生时不时地就从剧团里挑出个漂亮女孩，并让其担纲主演。短则两三个星期，长则两三个月，就有可能提拔她们成为剧院的主角，这也许正是里恩小姐坚决反对的。

从艺术的角度来说，我对艾达·里恩十分钦佩，如果那时她对我稍加鼓励的话，这将对我的人生有重大的意义。但是整整两年的时间里，她从未正眼瞧过我。我还记得有一次在《暴风雨》临近结束时，我为男女主角的婚礼起舞助兴，但她自始至终都把头别向一侧不愿正眼瞅我，这让我非常尴尬，差点没把舞坚持跳完。

在《仲夏夜之梦》的巡回演出中，终于有一天我们来到了芝加哥，我便欣喜若狂地跑去找我的“未婚夫”。那也刚好是在夏天，只要没有排练，我们就会到树林里漫步，我也越来越欣赏他的聪明才智。几个星期过后，我就要返回纽约了，我们约定好，他会随我一同前往纽约，而且我们也开始谈婚论嫁。哥哥得知这一消息后做了一些调查，结果发现他在伦敦早已有妻室。母亲一听吓坏了，坚决要我们一刀两断。

第 5 章
初遇大师

现在我们全家人都来到了纽约。我们找到一个带洗澡间的练舞房，为了留出足够的空间练习舞蹈，我没有安置任何家具，只买了五个弹簧床垫。我们还把四周墙壁全都挂上布帘，白天就把床垫竖起来，晚上没有床铺，就睡在床垫上，上面只盖一床被子。伊丽莎白就像在旧金山时那样，在这里也开办起了舞蹈学校。奥古斯丁参加了一个剧团，大多数时间都会在外巡回演出，很少回家。雷蒙德则致力从事新闻工作。为了减轻经济压力，我们按小时计租把练舞房租给别人用来教授演讲、音乐、唱歌等等。但是练舞房只有一个房间，于是在练舞房出租的时候，我们全家人只得集体外出散步。还记得有一次下雪的时候，为了保持身体的温暖，我们不得不在中央公园的雪地里吃力地走来走去。回到家后，只能在门口等着，听着屋里教课的声音。有一个教演讲的老师总是教同一首诗歌："梅布尔，小梅布尔，她的脸紧贴着窗玻璃。"他总是用一种过分夸张的悲伤语调来背诵这首诗，而学生们总是用一种毫无感情的声音跟着他念，引来老师的不满：

“你们感受不到诗里的伤感吗？难道你们感觉不到吗？”

这时，奥古斯丁·戴利打算排演《艺妓》，他还安排我在剧中参加一组四重唱。天啊，我这辈子连调子都不会哼，更不用说唱歌了。另三个人总说我把她们也带得跑调了，于是我就站在那里，表情非常甜美，但是光张嘴巴不出声音。母亲常说，别人唱歌时会变得表情狰狞，而我总能保持一副甜美的表情，我真是太了不起了。

《艺妓》中的愚蠢表演最终让我与奥古斯丁·戴利分道扬镳。我记得那天，他走进黑暗的剧院，发现我正躺在一个包厢的地板上啜泣。他弯下腰，问我怎么了，我告诉他我再也无法忍受剧院里这些弱智愚蠢的东西了。他告诉我他跟我一样也很不喜欢《艺妓》，但是不得不考虑剧院的收入问题。然后，戴利用手抚摸着我的后背想安慰我，但这个动作却让我非常恼火。

“我有那么多的才华，你却不好好利用，”我说，“把我留在这里有什么用？”

戴利吃惊地看了我一眼，叹了一口气，转身走了。

那是我最后一次见到奥古斯丁·戴利，几天之后，我便鼓足勇气递交了辞呈。这些经历让我对剧院极其憎恶：日复一日无休止地重复同样的台词和同样的动作，还要忍受他人的任性多变。而且戏剧对人生的看法，以及它的废话连篇都令我非常厌恶。

我离开了戴利，返回到位于卡耐基音乐厅的练舞房里。尽管收入不多，但我又可以穿上那件白色的希腊式舞衣，在母亲的伴奏下跳舞了。我们白天几乎无法使用练舞房，于是可怜的母亲只能常常整晚为我伴奏。

那时，我疯狂地迷恋上埃塞尔伯特·内文[①]的音乐。我用他的《纳西索斯》《奥菲莉娅》和《水中仙女》等曲子编排了几支舞蹈。有一天，我正在练舞房里跳舞，突然门被打开了，闯进来一个年轻人，双眼冒火，怒气冲天。尽管他还很年轻，但看起来似乎染上了某种致命的疾病（他后来也正是死于这种疾病）。他冲到我面前，对我咆哮着：

“我听到你在用我的音乐跳舞！我不准！我不准！我的音乐，不是舞曲！谁都不许用它跳舞。”

我拉着他的手，领他来到一把椅子跟前。

“坐好了，”我说，“我要用你的音乐跳舞。如果你看过之后还不喜欢的话，我发誓以后再也不用它了。”

接着，我为他跳了一段《纳西索斯》。我在优美的音乐旋律中，把自己想象成为年轻的纳西索斯——他站在溪边凝视着自己的倒影，逐渐爱上了自己的影子，以至于日渐消瘦，直到最后幻化为一株水仙。我为内文跳了这一段故事。最后一个音符还没有结束，他就从椅子上跳了起来，冲过来一下子抱住了我。他热泪盈眶地凝望着我。

“你真是个天使，”他说。“你是歌舞女神。你跳的舞蹈，正是我作曲时在脑海中看到的。”

随后我为他跳了《奥菲莉娅》，然后是《水中仙女》。他越看越着迷，最后，干脆亲自坐在钢琴前，当场为我即兴创作了一首他命名为《春天》的舞曲。曲子非常动听，不过一直令我遗憾的是，尽

---

① 内文（1862—1901 年），美国作曲家、钢琴家，代表作有钢琴曲《水仙花》和歌曲《玫瑰花坛》。

管他为我弹奏了很多次，却一直没有把它写下来。内文激动万分，他建议我们应该一起在卡耐基音乐厅的小音乐厅里举办舞蹈演出，而他要亲自为我演奏。

内文筹划了音乐会，租场地、做宣传等，都是他亲力亲为，他每天晚上都来和我一起排练。我一直相信埃塞尔伯特·内文完全具备伟大作曲家所需的全部条件，他本有可能成为美国的肖邦，可是在悲惨的人生境遇中，他不得不为生计而劳苦奔波，不幸患上可怕的疾病而英年早逝。

我的首场表演大获成功，之后的几场都在纽约引起了相当大的轰动。如果我们当时能务实一些，找个好的演出经纪人，或许那时的我就可以开始一个成功的事业了。但是我们都太不谙世事了。

观众当中有许多上流社会的女性，因此演出成功后，我受到她们的邀请，到她们家中进行表演。当时，我还把菲茨杰拉德所翻译的欧玛尔·哈亚姆[①]的所有诗歌编排成舞蹈，我跳舞的时候，有时是哥哥奥古斯丁，有时是姐姐伊丽莎白为我高声诵读诗歌。

夏天渐渐来临。阿斯特夫人[②]邀请我到她在纽波特的豪宅里表演，于是我和母亲、伊丽莎白一行三人便来到了纽波特——在当时那可是个超级时髦的度假胜地。阿斯特夫人在美国有着极高的地位，就像是英国的女王一样，但是人们见到她时，要比参见女王还要备感敬畏紧张——可我却觉得她十分和蔼可亲。她把演出安排在她家的草坪上，在那里，纽波特上流社会的许多有头有脸的人士

---

① 欧玛尔·哈亚姆（1048—1132年），波斯著名的数学家、天文学家、医学家和哲学家。其古典抒情诗由英国学者兼诗人爱德华·菲茨杰拉德翻译整理。

② 阿斯特家族是美国房地产家族，也是美国经济世家，最初从做贸易起家。

都观看了我的舞蹈。我还有一张演出时拍摄的照片，在照片上，令人肃然起敬的阿斯特夫人旁边坐着哈利·雷尔，四周是许多来自范德尔比尔特、贝尔蒙特、菲什等名门望族的人们。之后，我还在纽波特的其他大户人家演出，可是这些阔太太们却非常抠门，支付给我们的钱几乎都不够支付车费和住宿费。虽然她们很喜欢我的舞蹈，也觉得我的舞蹈很有意思，但是没有一个人真正理解我舞蹈的意义，因此，总的来看，我的纽波特之行还是令我相当失望。这些人似乎周身都充满了势利和虚荣，而且一点儿也不懂得如何欣赏艺术。

在那个时代里，艺术家们被认为低人一等，只不过是一种高级奴仆。但现在，这种看法已经得到了很大改观，尤其是帕德列夫斯基成为波兰共和国的总理之后。

正如在加利福尼亚一样，纽约的生活也根本无法让我得到满足，因此我强烈地渴望离开纽约，去寻找一个更适合我的环境。我的梦想之地是伦敦，那里有许多著名的作家和画家——乔治·梅瑞狄斯①、亨利·詹姆斯②、瓦茨③、斯温伯恩④、伯恩-琼斯⑤、惠斯勒⑥……这可都是些如雷贯耳的名字啊。而且说实话，在纽约的这些年里，真的没有人能欣赏或支持我的想法。

同时，伊丽莎白的学校规模扩大了，我们已经从卡耐基音乐厅的练舞房搬到温莎酒店一楼的两个大房间里，房租是每周 90 美元。

---

① 梅瑞狄斯（1828—1909 年），英国小说家、诗人。

② 亨利·詹姆斯（1843—1916 年），美国小说家，1915 年入英国籍。

③ 瓦茨（1817—1904 年），英国画家、雕塑家。

④ 斯温伯恩（1837—1909 年），英国诗人、批评家。

⑤ 伯恩-琼斯（1833—1898 年），英国 19 世纪后期画家和工艺设计家。

⑥ 惠斯勒（1834—1903 年），美国画家及版画家。

不过很快我们就发现，仅仅依靠舞蹈课的学费收入，根本无法支付得起房租和其他开销。虽然我们表面看起来非常成功，可事实上，我们当时的银行账户已出现赤字。温莎酒店气氛沉闷，住在这里毫无乐趣可言，我们还要想尽办法应付各种沉重的花销。有天晚上，我和姐姐坐在火炉旁，正琢磨着如何弄些钱来还账，我突然脱口而出："唯一能救我们的办法，就是酒店失火被烧毁。"酒店的三楼住着一位有钱的老太太，她的几个房间里摆满了古董家具和名画，她习惯每天早上八点整准时来楼下餐厅吃早餐，我们就计划着第二天早上我去找她借笔钱。转天我依计划行事向她借钱，但正赶上老太太心情很差，拒绝把钱借给我，还不停地抱怨酒店的咖啡太难喝。

"我在这个酒店住了很多年了，"她说，"但是如果他们不给我提供更好的咖啡，我就要离开这里。"

她当天下午果真"离开"了，整个酒店都被火焰吞噬，她被烧成了焦炭。伊丽莎白英勇地救出了舞蹈班的学生，让他们手拉手排成纵队安全逃离了酒店。但是我们的财物都没能救出来，全都被大火烧尽，比如一些我们都很珍视的全家福画像。我们只得在同一条大街上的白金汉酒店里暂住，几天过后我们就发现自己一文不名，与刚来纽约时一模一样。"这就是命运，"我说，"我们必须去伦敦。"

第 6 章
寻梦伦敦

春天渐远的时候，所有的不幸使我们在纽约陷入山穷水尽的境地。也正是在那时，我萌生了去伦敦的想法。温莎宾馆的火灾之后，我们又变得一无所有，甚至连件换洗的衣服也没有。我在奥古斯丁·戴利剧团的工作，我为纽波特上流阶层和名门望族表演舞蹈，只不过让我陷入幻想破灭的痛苦之中罢了。我想，如果这一切就是美国对我的努力做出的所有回应的话，那么，面对如此冷漠的观众，我又有什么必要继续敲着这扇紧闭的大门呢？我强烈地渴望着到伦敦去。

现在全家只剩四个人。奥古斯丁跟随一个小剧团巡回演出时，他扮演罗密欧的角色，爱上了剧中扮演朱丽叶的一个年仅十六岁的女孩。突然有一天他回家宣布他的婚讯，这被全家视为一种背叛行为。不知为什么，母亲对他大发雷霆，她的反应与得知父亲造访时的反应简直一模一样，这在前文中有过描述。母亲走进另一个房间，重重地把门摔上。伊丽莎白沉默不语，而雷蒙德则变得歇斯底里起来，只有我是全家唯一同情奥古斯丁的。奥古斯丁因痛苦而变得面色苍白，我对他说，我愿意和他一起去看他的妻子。他把我带到一条小巷的一座破旧公寓里，我们爬上五楼见到了朱丽叶，她长得很漂亮，但身体虚弱，看起来病怏怏的。他们告诉我朱丽叶已经怀有身孕了。

因此，我们的伦敦之行的计划中，自然就把奥古斯丁排除在外，全家人也只当他在旅途中掉队，不配和我们一起去追求伟大的前程。

现在，我们像夏天到来时一样，再一次住进一个简陋的练舞房里，而且身无分文。我想出一个绝顶聪明的主意：我曾在一些阔太太们的家中跳舞，我可以向她们筹到一笔去伦敦的旅费。我先去拜访住在第 59 大街的一位太太，她的豪宅像宫殿一般富丽堂皇，俯瞰着中央公园。我告诉她我们在温莎宾馆的火灾中失去了一切，虽然我在纽约得不到赏识，但我坚信在伦敦一定会得到认可。

最后，她走到桌子前，拿起钢笔写了一张支票，并把支票折好后交给我。我感动得热泪盈眶，心情无比激动地离开她家。可是，走到第 5 大街时打开支票一看，竟然只有 50 美元，唉，这点钱根本不够全家去伦敦的旅费啊。

然后我接着拜访另一位富翁的太太，她家住在第 5 大街的尽头，我从第 59 大街整整走了 50 个街区才走到她的豪宅。结果在这里，我受到了更冷淡的待遇，这位年长的夫人甚至斥责我的要求太不切实际，还说如果我曾学过芭蕾舞，她就会有不同的看法，她还说她以前认识的一个芭蕾舞演员就发了大财。正当我苦苦哀求的时候，忽然感到一阵眩晕，一下子晕倒在地。我中午没有吃午饭，一直坚持到当时下午四点钟。这倒让她有些不安，于是摁铃叫来好心的管家，为我端来一杯巧克力和一些面包片。我的泪水吧嗒吧嗒地滴落在杯子里，也洒落在面包片上，但我还是努力向她说着我们伦敦之行的重要性。

“终有一天我会出人头地的，”我对她说，“这将归功于您慧眼识珠，发掘了我这个美国天才。”

许久，这位大约坐拥六千万财产的贵妇人也给我开了一张支票——同样也只有50美元！但是她还没忘记补充道：

“等你赚了钱，可要记得把钱还给我。”

我从来没有还钱给她，我宁可把钱送给穷人。

就这样，我游说了纽约的许多富豪家的阔太太们，终于凑齐了去伦敦所需的300美元。可是如果用这些钱买普通轮船的二等舱船票的话，我们到伦敦之后就一点儿钱也剩不下了。

雷蒙德想到一个好主意，他在码头四处搜寻，找到一艘开往英国赫尔的运牛船。船长被雷蒙德的故事深深打动，同意让我们乘坐这艘运牛船，尽管这违反船上的规定。我们的行李箱都在大火中烧毁，于是那天清晨，我们只随身带着几个手提袋就上了船。我相信正是这次旅途让雷蒙德成为一个素食主义者，因为船上有数百头牛，都是从美国中西部平原运往伦敦的。我们亲眼目睹它们挤在船上狭小的空间里，被彼此的牛角戳伤，日夜不停地哀号着，这种场景真是令人触目惊心。

每当我日后坐在大型客轮的豪华船舱里时，我就会想起那次运牛船之行，也想起我们抑制不住的欢声笑语，而且我也很想知道，长期的奢华生活到底会不会导致精神衰弱。我们的食物只有腌牛肉，再就是喝起来像稻草一样的茶叶；床铺很硬，船舱很小，也没什么吃的，但是在这两周的旅途中我们却觉得非常快乐。我们甚至羞于用真实姓名登船，因此签字时用了外祖母的名字——奥戈尔曼当作我们的姓。我给自己起的名字是麦琪·奥戈尔曼。

船上的大副是个爱尔兰人，我与他度过了几个美好的月下时光。他常对我说，“麦琪·奥戈尔曼，如果你愿意的话，我一定会做你的好丈夫。”船长是个大好人，有时晚上他会拿出一瓶威士忌，为我们大家调制香甜热酒。尽管旅程生活充满了艰辛，但总的来说，那是一段非常愉快的幸福时光，唯一让我们难过的是可怜的牛群不断地发出呻吟哀嚎声。我还常常想，现在人们是否还用这种野蛮的方式运牛呢？

在五月份的一个早上，我们“奥戈尔曼”一家在赫尔登陆，然后换乘火车，几个小时之后我们抵达伦敦，又变回为“邓肯”一家。我记得当时是通过《泰晤士报》的一则广告在大理石拱门附近找到了一个住处。初到伦敦的几天里，我们非常兴奋，几乎整日里都乘坐便宜的公共马车到处游览，对周围的一切事物都感到新鲜好奇，全然忘记我们带的钱已经所剩无几了。我们四处观光：威斯特敏斯特教堂、大英博物馆、南肯辛顿博物馆、伦敦塔，还有邱园、里士满公园和汉普顿宫等，回到住处时虽疲惫不堪但非常兴奋，我们就像是有个在美国的有钱老爸给寄钱花的游客一样。直到几个星期之后，气呼呼的女房东主来向我们催交房租时，我们才如梦方醒。

后来有一天，我们从国家美术馆听完一个有关“柯勒乔的维纳斯和安东尼斯”的精彩演讲回到家时，发现房东太太当着我们的面“砰”地摔上了房门，我们仅有的那件小行李也被扣在屋内。我们只得站在房门前的台阶上，几个人掏空了口袋也只剩下六先令。没办法，我们又回到大理石拱门和肯辛顿花园，全家人坐在一张椅子上，寻思着下一步该如何是好。

第 7 章

英伦的激情

假如我们能看到一部重现自己人生的电影，我们肯定会惊呼："那肯定不是我。"当然，我记得当时一家四口游荡在伦敦的大街上，正如狄更斯的小说中描写的那样，可是现在我却无法相信这些经历是真的。我们年轻人在经历一连串磨难后仍然保持斗志昂扬，这不足为奇，但我那可怜的母亲在她一生之中历经了无数艰辛，虽然已经不再年轻，却仍能淡然面对，每当回想起来，我都觉得这太难以置信了。

我们在伦敦沿街流浪，身无分文，孤立无援，连过夜的地方都找不到。我们一连问了两三个旅馆，因为我们没有行李可供扣押，必须要预先支付房钱才行。我们还问了两三家寄宿公寓，房东们的态度无一例外都非常冷酷无情。最后，我们不得已只好在格林公园找到一张长凳准备将就过夜，但是没过多久，就过来一个恶狠狠的警察把我们撵走了。

这样的生活持续了三天三夜。我们只以廉价的小圆面包充饥。

但是我们实在是体力惊人，白天一直待在大英博物馆里消磨时光。我记得当时读了温克尔曼①的《雅典之旅》英译版，我沉浸在书中全然忘记了我们身处困境。我哭了，并不是因为我们的不幸遭遇，而是因为读到温克尔曼在探险归途中不幸去世而难过落泪。

但是第四天清晨，我下定决心一定要采取点什么行动。我叮嘱母亲、雷蒙德和伊丽莎白要紧紧跟着我，一个字也不要说，然后我们大摇大摆地走进伦敦一家最好的酒店。我对那个半睡半醒迷迷糊糊的值夜门房说，我们刚刚乘坐夜里的火车到达，行李很快就会从利物浦运过来，我问他要了几个房间，还订了早餐送到房间里来，早餐有咖啡、荞麦蛋糕和一些美国风味的美味佳肴。

整整一天，我们都睡在无比舒适的床上。我还时不时地给门房打个电话，抱怨说我们的行李怎么还没有送到。

“我们没换衣服，不能出门。”我说，于是当晚我们就在房间里享用了晚餐。

第二天一大早，估计再装下去我的诡计就要被人识破了，于是我们就像进来的时候一样大摇大摆地走出去，但这次可没有叫醒值夜的门房！

我们再一次流落到大街上，但这次却吃饱睡足精神焕发，准备好再次迎接这个世界。那天，我们溜达到切尔西教堂，坐在这座老教堂的墓园里，突然我注意到路上有张报纸。我把报纸捡起来，目光落到其中一段文字上，上面说有位夫人在格罗夫纳广场上置办了房产，正准备大宴宾客。在纽约时，我曾在她家跳过舞，于是我灵

---

① 温克尔曼是18世纪普鲁士美学家、考古学家。

机一动，心生一计。

“你们在这里等着。”我对他们说。

我赶在午饭前，独自一人来到格罗夫纳广场找到那位夫人的家，发现她恰好在家。她非常热情地接待了我，我告诉她我到伦敦有一段时间了，现在正在一些名门大户的家中跳舞。

“正好我周五举办晚宴需要请人表演，”她说。“你能不能在晚餐过后为我们跳舞？”

我当然表示同意，并巧妙地向她暗示说，我的演出需要她预付少量订金。她非常慷慨，立即给我开了一张10美元的支票。我带着支票，一路飞奔回到切尔西教堂墓园，看到雷蒙德正做着一通有关柏拉图灵魂观的演讲。

“我周五晚上要到格罗夫纳广场某太太家里演出；威尔士王子也可能在呢；我们要赚大钱啦！”说完我给他们看了支票。

雷蒙德说：“我们得用这笔钱租一间练舞房，还要提前支付一个月的房租；我们再也不能忍受那些低俗粗鄙的女房东的羞辱了。”

于是我们着手去找合适的练舞房，并在切尔西的国王路找到一间面积不大的练舞房，当晚就睡在那里。没有床，我们只好睡在地板上，但是感觉自己终于可以像艺术家那样生活了。我们也都同意雷蒙德的想法：我们再也不能住在寄宿公寓那种庸俗不堪的地方。

我们用租房剩下的钱买了一些罐装食品，以备将来不时之需。然后我在自由百货商店买了几尺白纱。周五晚上我就穿着白纱做的衣裙，在那位夫人家的宴会上表演。我跳了内文的《那喀琉斯》，当时瘦弱的我正好在舞蹈中扮演那个爱上自己水中倒影的少年。我还跳了内文的《奥菲莉娅》。我听到人们在低声议论：“这孩子怎么能有那么悲哀的神情呢？”当晚的宴会结束时，我又跳了门德尔松的《春之歌》。

母亲为我伴奏，伊丽莎白朗诵了几首由安德鲁·朗格翻译的忒奥克里托斯[①]的诗歌，雷蒙德则简短地阐述了舞蹈以及它对未来人类心理可能产生的影响。虽然我的演出是这些衣食无忧的观众们所无法理解的，但总体来说还算成功，女主人也很高兴。

那是个典型的英国上流社会聚会，并没有人对我穿着凉鞋或打着赤脚，且穿着透明的白纱跳舞评头论足。但是几年之后，我这身奇异的装扮在德国出现时，却引起了人们的热议。英国是一个彬彬有礼的民族，没有人会评论我的演出服太过标新立异，也没有人评论我的舞蹈别具新意。每个人都在说“多漂亮啊”“太好了”“非常感谢”等诸如此类的话，但仅此而已。

不过从这天晚上起，我收到很多达官贵人的邀请，请我去他们家中表演。也许前一天我可能还在王室贵族面前，或是在劳瑟夫人的花园里表演舞蹈，可是第二天就要饿着肚子。因为我的表演有时会得到一点报酬，但更多时候连一分钱都没有。那些贵夫人们总会说：“你就要在某某公爵夫人面前跳舞了，很多显赫的人都会看到你，到时你就要在伦敦声名远扬了。”

记得有一天，我参加一个慈善演出，一连跳了四个小时，所得的报酬就是一位有头衔的夫人亲手给我倒了一杯茶，给了我一些草莓。但是我已经好几天都没有吃过固体食物了，身体十分虚弱，因此草莓和油腻的奶油让我非常难受。同时，另一位夫人举着一个装

① 忒奥克里托斯是亚历山大时代的西方牧歌（田园诗）的创始人。

满了金币的大袋子说:“看啊,你为我们盲女之家募集到这么多钱!”

母亲和我都脸面太薄，不愿向这些人们挑明：他们对我们的所作所为，恰恰是前所未闻的残酷行为。相反，我们甚至节俭饮食，只为把钱省下来做些像样的衣服，把自己打扮得光鲜靓丽。

我们在练舞房里添置了几张小床，还租了一架钢琴。但更多的时间，我们都呆在大英博物馆。雷蒙德把那里所有的希腊花瓶和浮雕都画了素描，我则试着把上面的人物造型用舞蹈表现出来，只要我觉得任何与舞步节奏和脑海中的狂欢背景协调一致的音乐，都可以与之相配。我们每天在大英博物馆的图书馆里一坐就是好几个小时，午餐就在茶点室里吃些小圆面包，再加一杯牛奶咖啡。

我们疯狂地迷恋着伦敦的美丽，所有在美国无法看到的文化和建筑方面的美，现在都可以在伦敦尽情饱览。

离开纽约之前，我就已经有一年的时间没有见到米洛斯基了。后来有一天，我收到芝加哥一个朋友的来信，信中说米洛斯基志愿参加了西班牙战争，随军驻扎在佛罗里达，在那里不幸感染伤寒病逝。这封信对我是个沉重的打击,我真的无法相信这个消息是真的。于是有天下午，我步行来到库珀学院，查阅了大量旧报纸，终于在死亡名单的数百个名字当中,找到了他那用极小的铅字印刷的名字。

这封来信中也提到了米洛斯基妻子的名字以及她在伦敦的住址，于是有一天，我乘坐马车去找米洛斯基夫人。她住得很远，大约在汉默史密斯附近。当时我还多多少少受着美国清教徒主义的影响，有些责怪伊凡·米洛斯基从未向我提过他还有个妻子留在伦敦，因此我没有向任何人说起我的计划。我把地址交给车夫，然后马车行驶了约有好几里路，几乎都到了伦敦的郊区。那里有一排排灰色的房屋，看起来都一模一样，都有灰暗肮脏的大门，但每座房屋都有非常响亮的名字，一个比一个气派，比如舍伍德别墅、格兰宅院，以及埃尔斯米尔、埃尼斯摩尔等与房屋完全不相称的名字。最后我终于找到了斯特拉之家，并按响了门铃。开门的是一个面色阴沉的伦敦女仆，我对她说我想见见米洛斯基夫人，她便把我领到一个非常闷热的客厅里。当时我穿着一件格里纳韦式白色的平纹细布长裙，腰上系着蓝色的饰带，头戴一顶大大的草帽，卷曲的头发披在双肩上。

我听到楼上传来脚步声，同时有个尖锐的声音清楚地说道："注意，姑娘们，保持秩序，保持秩序。"斯特拉之家是个女子学校。尽管伊凡已经不幸过世，但当时我心中既十分害怕，也感到阵阵的妒意，两种情绪掺杂在一起折磨着我。此时，房间里突然走进来一个女人，她身高不到四英尺，我平生还从未见过这样身材矮小的人。她非常消瘦，一双灰眼睛却十分有神，头发稀疏，小巧的脸庞十分苍白，紧闭的双唇单薄而又苍白。

她接待了我，并不十分热情。我试着向她解释我的身份。

"我知道，"她说，"你是伊莎朵拉，伊凡常常在信里提到你。"

"很遗憾，"我磕磕巴巴地说，"他从来没有向我提起过你。"

"是的，"她说，"他不会提到我的，我本来想要去找他的，可是现在，他已经死了。"

她说话的语气充满悲哀，我不由得哭起来，她也跟着落泪，我们就这样哭着，仿佛一直就是多年的老朋友似的。

她领我来到她的房间，房间四周的墙上挂满了伊凡·米洛斯基的照片，其中还有他年轻时的照片，脸上充满英气和刚毅。还有一张是他当兵时寄给妻子的身穿军装的照片，已经被她用黑纱围起来。她向我讲述了他们的故事，因为没有足够的钱让两个人一起离开英国，因此他只好独自一人去美国打拼。

“我原本打算去找他，”她说，“可他总是在信中说：再稍等一段时间，等我赚到钱，你就可以过来。”

可是过了许多年，她还是在这所女子学校里当教师，直到头发开始变白，伊凡仍一直没有给她寄钱让她去美国。

与我的冒险旅程相比，这位极有耐心的小老太太（在我看来她十分老气横秋）的命运却截然不同。我真是不明白，既然她是伊凡·米洛斯基的妻子，如果想去找他，为什么不去呢？就算是乘坐最廉价的船舱也成啊。不管在当时还是在日后，我永远也没有弄明白，为何有人想做一件事却不去做呢？因为每当我想做什么的话，我从来都没有犹豫不决，虽然这常常给我带来一些灾难和不幸的后果，但至少我也从我行我素的行动中得到了满足感。这位充满耐心而且个子瘦小的可怜太太怎么能够年复一年地等待丈夫叫她呢？

我坐在这个房间里，四周墙壁上挂满了伊凡的照片。她紧紧握着我的双手，一直不停地讲着他的故事，直到天色渐渐暗下来。

她让我保证以后一定再来看她，我也让她去看我们，可是她说她从来没有空闲时间，她从一大早就开始工作，一直忙到深夜，给姑娘们上课，还要批改学生作业。

我早已把马车打发走了，因此只好乘坐公共马车回家。我记得一路上，想到伊凡·米洛斯基和他可怜瘦小妻子的命运，我就止不住地啜泣落泪。但同时，我心中因充满力量感而有种莫名的喜悦，我非常蔑视那些失败者，或者是在等待中浪费生命的人们。这也许就是性格偏激的年轻人的残酷之处吧。

我之前一直都是把伊凡·米洛斯基的照片和信件放在枕头底下睡觉的，但是从那天起，我把它们封存起来放进行李箱。

……

当我们位于切尔西的练舞房第一个月的租期期满时，天气已经变得非常炎热。我们随后在肯辛顿租了一个带家具的练舞房，这里还有一架钢琴，而且有更大的空间供我练舞。但是很快，七月底时，伦敦的社交季节结束。八月份即将到来，可是我们在社交季节里也没有攒下什么钱。整个八月份，我们都是在肯辛顿博物馆和大英博物馆图书馆里度过的。我们常常在图书馆闭馆后，从大英博物馆步行回到位于肯辛顿的练舞房。

有天晚上，瘦小的米洛斯基太太来了，这大大出乎我的意料。她还邀请我与她一起共进晚餐。她非常兴奋，这次出行对她来说简直就像是一次大冒险，她甚至还为我们的晚餐点了一瓶勃艮第葡萄酒。她让我告诉她伊凡在芝加哥时是什么模样，还说过什么话。我告诉她，伊凡是多么喜欢在树林里采摘黄莺花；还告诉她，有一天我是如何看到阳光洒落在他的红头发上，他双臂还抱着一大捧黄莺花；而且，我总是把他跟这种花联系在一起。她哭了，我也跟她一起落泪。我们又喝了一瓶勃艮第酒，完全沉浸在美好的回忆中。然后她起身告别，换乘好几辆公共马车后才能回到斯特拉之家。

九月份，伊丽莎白决定要回美国赚些钱。她一直与我们之前在纽约教课时的学生家长们保持联系，其中一位家长还给她寄来一张支票作为她返回纽约的旅费。

“因为，”她说，“如果我赚到钱，我会给你寄一些来，等你不久发财了，成名了，我很快就会回来跟你重新会合。”

我记得我们在肯辛顿大街上的一家商店里给她买了一件保暖的旅行大衣，最后目送她登上了运送旅客去码头乘船的火车。然后我们三个人返回到练舞房，一连几天都觉得非常失落。

活泼开朗而又温柔体贴的伊丽莎白回去了。寒冷阴郁的十月份慢慢逼近。我们第一次体验到伦敦的浓雾，每天只喝廉价的汤为生，也许是这个原因让我们患上了贫血。即使是大英博物馆对我们也失去了吸引力。在漫长的日子里，我们甚至都没有勇气走出家门，整日只有裹着毛毯待在练舞房里，在一个硬纸板制成的临时棋盘上下棋。

正如我在回顾往昔时，总会惊叹于我们超凡的乐观快乐，因此，当我回想起这一段经历时，我也为我们完全崩溃的精神状态而感到惊讶。那些日子里，有时早上我们都没有勇气起床，一睡就是一整天。

后来伊丽莎白寄来一封信，里面还有张汇款单。她已经到达纽约，住在第五大街的白金汉酒店里，她的学校也已重新开张，一切都进展得很顺利。这个好消息让我们精神大振。我们的练舞房到期了，于是我们在肯辛顿广场租了一套配有家具的房子，因此我们去广场花园就方便得多。

在一个暖风宜人的秋夜，我和雷蒙德正在花园里跳舞，突然一位容貌美丽的女士出现在我们面前。她戴着一顶大大的黑色帽子，对我们说，“你们到底是从哪里来的？”

“我们不是来自于尘世，”我答道，“而是来自月亮。”

“好啊，”她说，“不管是来自尘世还是月亮，你们都很可爱；不想来我家玩吗？”

我们跟着她，来到她位于肯辛顿广场的家中。她家布置得非常漂亮，挂着伯恩-琼斯、罗塞蒂[①]和威廉·莫里斯[②]等知名画家的画作，其中映衬着她的迷人画像。

她就是帕特里克·坎贝尔夫人。她坐下来为我们弹奏钢琴，并演唱了几首英国老歌，然后还为我们吟诵诗歌，最后我为她跳起舞来。她长相秀丽，十分美丽动人：一头乌黑的秀发，漆黑的双眸，凝脂一般的漂亮肤色，还有女神一般动听的歌喉。

很快我们都爱上了她，而且那次会面把我们从深陷的苦闷沮丧中拯救出来，也使我们就此开始转运。帕特里克·坎贝尔夫人对我的舞蹈十分欣赏，她帮我给乔治·温德姆夫人写了一封推荐信。她告诉我们，她少女时代第一次在社交场合露面，就是在温德姆夫人的家中朗诵了朱丽叶的台词。温德姆夫人非常热情地接待了我，而且我生平第一次体验到坐在火炉边，喝着英式下午茶的惬意。

壁炉、面包、黄油三明治、浓茶，屋外的黄色浓雾，以及拖长调子的英式发音，都使得伦敦充满迷人的魅力。如果说我之前是被它吸引的话，那么从这时起，我更是深深地爱上了它。温德姆夫人的这所房子里有一种神奇的氛围，既安全舒适，又充满优雅与悠闲自在的文化气息，而我也如鱼得水一般地找到了家的感觉。漂亮的书房也深深地吸引着我。

也正是在这所房子里，我第一次注意到优秀的英国仆人们所具

---

① 罗塞蒂（1828—1882年），英国著名画家、诗人、插图画家、翻译家，先拉斐尔派的创始人之一。

② 威廉·莫里斯（1834—1896年），英国诗人，其诗歌表达了对维多利亚时代社会现实的不满。

备的超凡风度。他们仿佛浑身都散发着稳重自信而又高贵优雅的气质，不像美国的仆人们总是不甘愿当佣人，或总想着出人头地一心向上爬。英国的仆人们则以能够“为最好的家庭服务”而骄傲自豪。在他们之前，他们的父辈是这个样子，在他们之后，他们的后代也将从事同样的工作。也正因如此，生活才会平静、安全。

有一天晚上，温德姆夫人安排我在她家的客厅里跳舞。当晚，几乎伦敦艺术界和文学界的所有知名人士都在场。在这里，我遇到一个令我终生铭记的男人。他当时大约五十岁上下，是我见到过的相貌最英俊的男子之一。他高高的前额下有着一双深邃的眼眸，还有着直挺的鼻梁和精致的嘴唇，身材修长但有轻微的弓背，灰色的头发从正中分开，又轻轻地搭在双耳上边，面部表情非常柔和。这就是查尔斯·哈莱，一位著名钢琴家的儿子。我当时认识的很多年轻男子都在向我大献殷勤，但很奇怪的是，没有一个人能让我动心。事实上，我压根都没有注意到他们的存在。但是我却立刻被这个年届五十的男人深深地吸引住了。

他曾是玛丽·安德森年轻时的知己好友。他邀请我到他的工作室喝茶，并给我展示她在《科利奥兰纳斯》[①]中扮演维吉利亚时所穿的舞衣，现在被他当作神圣的纪念品而珍藏起来。在这次见面之后，我们的友谊日渐加深，几乎每天下午，我都去他的工作室造访。他给我讲述有关他的至亲好友伯恩·琼斯的很多事情，还有罗塞蒂、威廉·莫里斯以及所有前拉斐尔学派的成员，还有惠斯勒和

① 是莎士比亚晚年撰写的一部罗马历史悲剧，讲述了罗马共和国英雄马歇斯（被称为科利奥兰纳斯）的悲剧。维吉利亚是他的妻子。

丁尼生[①]——这些人他都非常熟悉。在他的工作室里，我度过许多令人陶醉的时光，而且我对早期绘画大师的了解，也要部分归功于与这位可亲的艺术家的交往。

当时，查尔斯·哈莱是“新艺术馆”的经理，这里专门展出各个现代画家的画作。那是个非常漂亮的小画廊，还带有中心庭院和喷泉。查尔斯·哈莱建议我在那里进行表演，还把我介绍给他的朋友们。画家威廉·里奇蒙爵士、安德鲁·朗格先生和作曲家赫伯特·帕里爵士都答应在此发表演讲，题目分别是《舞蹈与绘画的关系》《舞蹈与希腊神话的关系》以及《舞蹈与音乐的关系》。我在中心庭院翩翩起舞，正中央是喷泉，四周满是奇花异草和一排排的棕榈树。这些节目都非常成功，报纸也对之大力报道，而查尔斯·哈莱对我的成功也非常欣喜；伦敦的名流们都争相请我喝茶或吃饭。在那段短暂的日子里，我们受到了幸运女神的眷顾。

有天下午，在罗纳德夫人家举办的热闹的宴会上，有人把我引荐给威尔士王子，也就是后来的爱德华国王。他称赞我就像是画家庚斯伯罗笔下的美人，而他的称赞更激发了伦敦社交界对我的追捧。

我们已经转运，于是在沃维克广场租了一间宽敞的练舞房。我每天都在这里编排新的舞蹈，其灵感来源于我在国家美术馆里欣赏意大利艺术作品时的感受。不过我觉得这一时期我也深受伯恩-琼斯和罗塞蒂的影响。

就在那时，一位年轻的诗人走进我的生命。他刚刚从牛津大学毕业，有着柔和的嗓音和梦幻般的双眸。他是斯图亚特王族旁系

---

① 丁尼生（1809—1892年），19世纪英国诗人，曾获“桂冠诗人”的称号。

的后裔，名叫道格拉斯·安斯利。每天晚上黄昏时分，他总会抱着三四卷诗集来到我的练舞房，为我诵读斯温伯恩、济慈、布朗宁[①]、罗塞蒂和奥斯卡·王尔德[②]的诗歌。他喜欢大声地朗读，我也喜欢在一旁静静地聆听。可怜的母亲认为这种情况下，她很有必要作为我的监护人在场陪伴着我；尽管她很懂诗，也很热爱诗歌，但无法接受安斯利念诗时的“牛津腔调”，尤其是读到威廉·莫里斯的诗歌时，约摸一个小时后，可怜的母亲就会沉沉地坠入梦乡。每当此时，安利斯就会俯下身来轻吻我的脸颊。

我很高兴能拥有这样的友谊，除了安斯利和查尔斯·哈莱，我再也不想结交其他任何朋友。那些平庸的年轻人让我觉得极度厌恶，尽管当时很多人看到我在伦敦上流社会表演的舞蹈后，纷纷要拜访我或约我外出，但我的态度高傲冷漠，让他们都知难而退。

查尔斯·哈莱和妹妹哈莱小姐住在卡多根大街的一所不大的老房子里。哈莱小姐未曾结婚，也很有魅力，而且对我非常友好，经常邀请我跟他们一起用餐。我第一次见到著名演员亨利·欧文和艾伦·特里时，就是跟他们一起。当我第一次看到欧文时，他正在表演戏剧《钟》里的角色。他那伟大的艺术激起我心中无尽的热情和钦佩，甚至一连几周都无法安睡。从那时起，艾伦·特里一直就是我一生追求的完美典范。即使从未见过欧文演出的人，也能够理解他的表演所散发出来的震慑人心的魅力与伟大。他有着超群的才智和戏剧才能，很难用语言去描述。他是一个天才艺术家，就连他的

① 布朗宁（1812—1889年）是维多利亚时代第二大诗人。

② 王尔德（1854—1900年），英国剧作家、诗人、散文家，19世纪与萧伯纳齐名的英国才子，唯美主义运动的主要代表，“为艺术而艺术”的倡导者。

一些缺点也都受到人们的赞美。他仿佛具有但丁的艺术天赋和高贵品质。

那年夏天的某一天，查尔斯·哈莱带我去拜访伟大的钢琴家瓦茨，而我在他家的花园里为他起舞。在他家中，我看到很多幅艾伦·特里的美丽画像。我们一起在花园中散步，他给我讲述了很多有关他自己的艺术和人生的动人故事。

当时艾伦·特里已经成为一个成熟优雅的女人，再也不是那个曾经让瓦茨深深迷恋的高瘦女孩，变得圆润丰满起来，并且充满高贵的气质，与现在人们追求的理想身材相差甚远。如果今天的观众能看到当时艾伦·特里的样子，肯定会有很多人建议她要节食减肥，这一定会令她不胜烦恼。而我敢说，如果她像我们今天的女演员们一样，费尽心思地让自己看起来年轻苗条，她定然会失去她的魅力。尽管她看起来不再苗条纤瘦，但她肯定是女性的美丽典范。

就这样，我接触到当时伦敦最有名气的文人和艺术家。冬天愈来愈冷，社交沙龙也比旺季时少了很多，于是有段时间我加入到本森剧团，但是除了扮演《仲夏夜之梦》里的仙子，再无其他角色。剧院经理们好像都无法理解我的艺术，或者无法理解我的想法会如何给他们的演出带来效益。但是让我感到奇怪的是，我在莱因哈特、吉米尔等先锋剧院表演之后，舞蹈界出现了很多模仿我舞蹈的拙劣作品。

有一天，有人介绍我去找特里女士（那时她已经是特里太太了），于是我在排练时来到她的化妆室。她非常热情。听从她的安排，我穿上舞衣，她把我带上舞台为比尔博姆·特里先生跳了一段门德尔松的《春之歌》，但是他几乎都不看我一眼，只是漫不经心地抬头看着苍蝇。之后我在莫斯科的一个宴会上见到了他，当他为我祝酒，称赞我为世界上最伟大的艺术家之一，我又向他提到这事。

“什么？”他惊呼，“我看到你的舞蹈，你的美丽，你的青春，竟然没有欣赏吗？唉，我那时真是个傻瓜！”他补充道，“现在，已经太晚了，太晚了！”

“从来都不会太晚。”我回答说，从那时起，他就对我推崇备至，关于这，以后我会做详细描述。

事实上，那个时候我很难明白，为什么我能唤醒安德鲁·朗格、瓦茨、埃德温·阿诺德、奥斯汀·杜布森、查尔斯·哈莱——也就是我在伦敦见到的那些画家和诗人——心中的激情与赞赏，可是那些剧院经理们却仍然无动于衷。事实是，我的艺术所传达的信息，与他们对剧院艺术粗俗而唯利是图的理解相比，太过于崇高和纯洁。

我整日都在练舞房里工作。临近夜晚，有时诗人安斯利来为我朗诵诗歌，有时画家哈莱会带我外出或是看我跳舞。他们像事先商量好似的绝不会同时到访，因为他俩都彼此看着很不顺眼。诗人说他无法容忍我总跟那个老家伙混在一起，画家则说他不能理解像我这么聪明的女孩，怎么会看上那么一个不知天高地厚的愣头小子。但对于这两份友谊，我都觉得非常快乐，无法说出我更偏爱哪一方。但周日是专为哈莱保留的，我们会在他的工作室里共进午餐，有来自斯特拉斯堡的鹅肝酱、雪利酒，还有他亲手煮的咖啡。

有一天，他让我穿上玛丽·安德森的那件著名的舞蹈演出服，摆好各种姿势，给我画了许多素描画像。

就这样，冬天过去了。

第 8 章
漂泊巴黎

那时我们总是入不敷出，但却过着一段安宁的日子。但在这种安宁的氛围中，雷蒙德却不安分起来。他离开我们前往巴黎。转年春天时，他总是不断地发来电报，恳求我们去巴黎，于是有一天，母亲和我收拾好行装，登上横渡英吉利海峡的轮船。

告别了伦敦的浓雾，我们在一个春日的早上抵达法国瑟堡。法国看起就像花园一样美丽，因此从瑟堡到巴黎，我们一路上都把头靠在三等车厢的窗户上欣赏窗外的美景。雷蒙德来车站接我们。他留长头发盖在耳朵上，衣领向下翻折，还打着领带。我们看到他的转变感到非常吃惊，但他解释说这在他居住的拉丁区非常时髦。他把我们带到他的住处，正好我们碰到一个女店员从他的住处跑下楼梯。他还拿一瓶红酒款待我们，并说这瓶酒值 30 生丁[①]呢。喝完红酒之后，我们就外出寻找练舞房。雷蒙德知道两

① 生丁，货币单位，一法郎等于 100 生丁。

个法语单词，于是我们走在大街上一路问着“Chercher atelier”（意为“寻找工作室”）。我们当时不知道法语单词“atelier”不仅仅指工作室，它还有车间的意思。最终，傍晚的时候，我们找到一个位于庭院当中的练舞房，还配有家具，而且房租非常便宜，每个月只有 50 法郎。我们真是喜出望外，立即预付一个月的房租。当时我们还不明白房租为什么这么便宜，可是到了当天晚上，我们就发现其中的原因。正当我们准备休息时，突然间，就像发生可怕的地震一样，整个房间都好像跳到空中，又重重地摔下来，这种晃动一遍又一遍地重复不停。雷蒙德走下楼去查看情况，结果发现我们楼下正好是一个在夜间开工的印刷厂，难怪租金这么便宜啊。尽管这令我们感到十分郁闷，但在当时，50 法郎对我们来说可是很大一笔钱，因此我提议说，就权且把这噪音当成大海的声音吧，我们可以假装正在海边度假。这里的女门房还为我们提供每人 25 生丁的午餐和 1 法郎的晚餐，还有葡萄酒。她还常常端上一碗沙拉，非常礼貌地微笑着用法语说：“你们自己拌一下沙拉吧，先生女士们，自己拌一下吧。”

雷蒙德与那个女店员断绝了来往，专心陪伴着我。我们刚到巴黎时非常兴奋，常常早上五点就起床，先在卢森堡花园里跳舞，然后在巴黎到处逛逛，经常在卢浮宫里一待就是好几个小时。之前雷蒙德已经画过一本有关希腊花瓶的画册，现在在卢浮宫里，我们在希腊花瓶陈列室久久驻足。这引起了警卫的疑心，当我双手比画着向他解释说我来这只为跳舞，他认定我们只是两个没有恶意的疯子，因此就不再搭理我们。我记得我们在那里待了很长时间，或是坐在打过蜡的地板上，四处滑动只为看到底层的架子，或是踮起脚尖说：

"看，这是酒神狄奥尼索斯。"或是"快来，这是美狄亚[1]正在杀害她的亲生骨肉。"

我们每天都到卢浮宫去，到了闭馆的时间还恋恋不舍地不愿离开。我们在巴黎既没有钱，也没有朋友，但我们好像什么也不缺，卢浮宫就是我们的天堂。我穿着白色外衣，戴一顶自由帽，而雷蒙德戴着一顶黑色大帽子，穿着敞领上衣，打着领带。人们看到我们时，总会说这两个年轻人对希腊花瓶如痴如狂，真是两个怪人。卢浮宫闭馆后，我们便在暮色中步行回家，路上还常常在杜勒利公园的雕塑面前流连忘返。回到家享用完白豆、沙拉和红酒的晚餐后，真的是快乐似神仙一般。

雷蒙德颇有绘画天赋，几个月之内他就画完了卢浮宫里的所有希腊花瓶，以至于后来出版的一些画像，总让人误以为是临摹花瓶上的图案，其实那些图案并不是临摹的希腊花瓶，而是在我跳舞的时候，雷蒙德画下的裸体侧面像。

除了参观卢浮宫之外，我们还参观了克吕尼博物馆、卡那瓦雷博物馆、巴黎圣母院以及巴黎其他各大博物馆。我尤其痴迷于法国歌剧院前面的卡尔波雕塑群，以及凯旋门上瑞德的雕刻作品。我们在每一件伟大作品前驻足膜拜，两个年轻的美国灵魂在这梦寐已久的灿烂文化面前振奋不已。

1900 年的春夏之交，巴黎万国博览会开幕。一天早上，查尔斯·哈莱来到我们在盖特街的练舞房，这让我欢欣不已，但却让雷蒙德很不高兴。哈莱是来看博览会的，之后就一直陪着我，而我再

---

① 美狄亚是希腊神话中科奇斯岛会施法术的公主，帮伊阿宋王了取得金羊毛，并帮其回国当上国王，后因其移情别恋而将两名亲生的稚子杀害。

也无法找到一个比他更有魅力、更有才智的导游。我们整日穿梭游逛于各个场馆之中，晚上就在埃菲尔铁塔用餐。他对我十分细致体贴，每当我疲惫不堪的时候，他便会用轮椅推着我。可我经常会感到厌倦，因为博览会上的艺术根本无法与卢浮宫的艺术相提并论，不过我还是非常开心，因为我爱巴黎，我爱查尔斯·哈莱。

每当周日，我们会乘坐火车去到郊外，在凡尔赛花园里或是圣日尔曼森林中漫步。我在树林中为他翩翩起舞，而他为我画速写。整个夏天就是这样度过的。当然，我可怜的母亲和雷蒙德就不怎么高兴了。

这次博览会给我留下深刻印象的是日本伟大的悲剧舞蹈家贞八重子的舞蹈。连续好几个晚上，我和哈莱都被这位伟大悲剧家的精湛艺术深深地打动。

博览会上让我印象更加深刻而且终生难忘的是“罗丹馆”，这里首次向世人展出伟大雕刻家罗丹的所有作品。当我第一次走入这座展馆时，站在大师的作品面前，我的心中充满敬畏之情。那时还不太了解罗丹，感觉自己置身于一个崭新的世界。每当听到一些庸俗的人说“他的头在哪啊？”或“她的胳膊怎么没了？”，我都会气愤地转过头来，怒斥他们说：“你们懂什么？这不是人体，这是一种象征，是对人生理想的理解。”

秋天来临，博览会也临近尾声。查尔斯·哈莱必须要返回伦敦了。在他临走之前，他把我介绍给他侄子查尔斯·努夫拉尔。“我把伊莎朵拉交给你，你要好好照顾她。”他离开时对侄子说。努夫拉尔是一个大约二十五岁的年轻人，有些玩世不恭，但还是很乐意接受委托来照顾这样一个纯真的美国女孩。他开始向我传授法国艺术，给我讲了很多哥特风格艺术的知识，并让我生平第一次学会如何欣赏法王路易十三、十四、十五和十六时期的艺术。

我们已经离开盖特街的练舞房，然后用所剩不多的存款在维利尔大街租了一间很大的练舞房。雷蒙德把它布置得别具一格。他把锡纸卷成圆筒放在煤气灯的出气口，这样煤气喷出时燃烧的火焰就像古罗马人的火炬一样，只是这样一来，我们的煤气费大大增加了。

在这里，母亲重新弹奏起她的音乐，就像我们童年时那样，她会一连几个小时弹奏着肖邦、舒曼和贝多芬的曲子。练舞房没有卧室，也没有浴室。雷蒙德在墙上画满希腊式圆柱，我们有几个雕花的箱子，里面放着床垫，到了晚上我们就把床垫拿出来铺在箱子上睡觉。这时雷蒙德觉得所有鞋子都让他很不舒服，于是就发明了他那著名的凉鞋。他很有发明创造的潜质，晚上四分之三的时间里都在鼓捣他的发明，不停地敲敲打打，没完没了，搞得我和母亲在箱子上都很难入睡。

查尔斯·努夫拉尔是我们的常客，有一天他带来两个朋友，一个是年轻的帅小伙雅克·博吉耶，一个是年轻作家安德烈·博尼埃。拉夫努尔以我为骄傲，并且欣然把我当作美国的瑰宝介绍给这两位朋友。当然，我也为他们表演舞蹈。当时我正研究肖邦的序曲、华尔兹和玛祖卡舞曲。母亲一连为我伴奏几个小时，她的演奏非常出色，充满男人一般的刚劲坚毅，而且热情洋溢，对作品理解深刻，把握相当到位。也正在那时，雅克·博吉耶提出请他的母亲——雕刻家的妻子德·圣马索夫人——安排我晚上为她的朋友们表演舞蹈。

德·圣马索夫人的沙龙是巴黎最具艺术性也是最时髦的沙龙之

一。她把排练安排在她丈夫的工作室里。坐在钢琴前为我伴奏的是一个相貌英俊的男子，他的手指像巫师一般充满魔力，立马就把我深深地吸引住。

“多么迷人，”他惊呼，“多么美丽，多么漂亮的孩子啊！”然后，张开双臂抱着我，按照法国人的礼节亲吻我的双颊。他就是杰出的作曲家梅萨热。

首演的夜晚终于到来。观众们热情高涨，使我受宠若惊。往往不等一支舞蹈跳完，他们就大声喊道：“太好了，太精彩了，这孩子，太棒了！”第一支舞蹈结束时，一个身材高大目光锐利的男人走上前拥抱住我。

“你叫什么名字，小姑娘？”他问道。

“伊莎朵拉。”我回答。

“小名呢？”

“小时候，他们叫我杜丽塔。”

“噢，杜丽塔，”他喊着，亲吻着我的双眼、我的脸颊、我的嘴唇，“你太可爱了！”之后，德·圣马索夫人拉着我的手说：

“那个人就是有名的萨杜先生。”

事实上，当时房间里在座的全都是巴黎的重量级人物。当我离开时，我被鲜花和赞誉包围着，我的三个骑士——努夫拉尔、雅克·博吉耶和安德烈·博尼埃一起护送我回家，他们一副得意扬扬、心满意足的样子，因为他们请来的美国小女孩大获成功。

这三个年轻人中，后来与我关系最密切的，既不是身材高大而又讨人喜欢的查尔斯·努夫拉尔，也不是相貌英俊的雅克·博吉耶，而是个头不高、面色苍白的安德烈·博尼埃。他的圆脸非常苍白，但他却充满聪明才智。可能人们不相信，我其实是一个非常理智的人，我有很多次恋爱都是因为理智而产生的，与那些发自激情的恋爱其实是同样的有趣。安德烈·博尼埃当时正在写他的头两部书：《彼特拉克》和《西蒙德》。他每天都来看我，也正是通过他，我才了解到法国最优秀的文学作品。

这时，我已经能用法语很轻松地进行阅读和对话，安德烈·博尼埃会一连整个下午和晚上的时间都在我们的练舞房里为我高声朗读。他的声音抑扬顿挫，非常动听。他为我朗读莫里哀、福楼拜、狄奥菲·戈蒂耶、莫泊桑的作品，我也第一次听到梅特林克[①]的《佩利亚斯和梅丽桑德》，还有很多当时著名的现代法国作品。

每天下午，练舞房就会响起轻轻的叩门声，那一定是安德烈·博尼埃来了。他腋下总是夹着一本新书或杂志。母亲不明白我怎么会对这个男人如此热情，因为他并不符合她理想中的爱人标准，就像我之前说过他长得又胖又矮，眼睛也不大，可是只有真正有智慧的人，才能看到他的双眼中闪烁着的聪明和智慧。通常在他为我朗读两三个小时后，我们会坐在塞纳河沿线公共马车的上层，前往巴黎的城岛欣赏月光下的巴黎圣母院。他了解圣母院正面建筑上的每一个雕像，还会给我讲述每一块石头的故事。然后我们便步行回家，我能时不时地感受到安德烈的手指怯怯地触碰我的胳膊。周日时，我们会乘火车去马尔利。博尼埃后来在一本书中描述到我们在森林

---

① 梅特林克（1862—1949 年），比利时剧作家、诗人、散文家，1911 年获得诺贝尔文学奖，是象征派戏剧的代表作家。早期作品充满悲观颓废的色彩，宣扬死亡和命运的无常，后期作品研究人生和生命奥秘，思索道德的价值，取得很大成功。

中漫步的场景——我沿着小路在他面前跳舞，就像个森林仙女或精灵一般，咯咯地笑着向他招手。

他向我讲述他打算创作的文学作品的构想和内容，虽然他的书永远也无法成为所谓的“畅销书”，但我相信安德烈·博尼埃这个名字会作为那个时代最著名的作家之一而名垂后世。有一天早上，他面色惨白悲伤地出现在我面前，但并没有告诉我他情绪为什么如此低落，只是一言不发地待在那里，表情严肃，双眼直勾勾地盯着前方。离开的时候他亲吻了我的额头，他郑重其事的样子让我以为他要去寻死，这让我痛苦不已，焦急不安。直到三天后，他兴高采烈地回来了，向我坦白说他是去与人决斗了，并且把对手打伤。而我一直也不清楚他为什么要决斗。事实上，我对他的个人生活也一无所知。他通常在下午五六点钟出现，然后再根据天气情况或心情如何，为我朗读或是带我外出散步。有一次我们坐在墨登树林中的一片空地上，正好有四条小路在此交叉，他给右边的路起名为“幸运”，左边的路起名为“和平”，正前方的路为“不朽”。“我们坐着的这条路呢？”我问。“爱情。”他声音低沉地回答道。“那我要永远留在这里！”我欢呼着——但他只说了一句：“我们不能留在这儿。”然后起身快步走向正前方的小路。

我又失望又困惑，快步跟在他身后大喊：“可这是为什么？为什么？为什么你要离开我？”在回家路上，他再没有跟我开口说话，只是陪我走到练舞房的门口就突然转身离去。

这种奇特而热烈的友谊持续一年多之后，出于我内心的纯真之情，我梦想着把它发展成另外一种感情——爱情。于是有一天，我想办法打发母亲和雷蒙德晚上去看歌剧——这样就能独自一人在家，下午还悄悄地去买了一瓶香槟。到了晚上，我在小桌子上摆好鲜花、香槟和两个酒杯，并穿上一件透明的舞裙，头上戴着玫瑰花环，就这样等着安德烈的到来，感觉自己就像是古代的名妓泰绮思。他终于来了，但看起来非常惊讶，而且局促不安，连香槟都不敢碰一下。我为他跳起舞来，但他一副心不在焉的样子，最后突然起身告辞，说晚上还有很多东西要写。就这样，我被扔在那，孤零零地看着玫瑰和香槟，流下伤心的泪水。

如果您想到那时的我既年轻又相貌出众，可能会很难解释我为何有这段小插曲，事实上我也是百思不得其解——但那时我只是绝望地在想："他根本就不爱我。"由于我的虚荣心和自尊心受到伤害，便开始与另外两个倾慕者当中的雅克·博吉耶调情。他身材颀长，长着一头金色的头发，相貌非常英俊，而且与安德烈的畏畏缩缩相比，他的拥抱和亲吻都非常主动。但是这次的尝试也以失败而告终：有天晚上我们在餐厅吃完一顿真正的香槟晚餐后，他把我带到宾馆，并以夫妻的名义开了一个房间。我浑身颤抖，激动不已，我终于可以体验到爱情的滋味。我躺在他的怀抱里，沉浸在他那狂风骤雨般的爱抚之中，我的心在剧烈地跳动，每一根神经都沐浴着欢乐，我的整个身体都淹没在狂喜之中——我的生命终于要被唤醒。突然，他从床上跳起来，双膝跪在床边，带着一种难以言表的情绪喊着："啊——你为什么不提醒我？我差点犯下不可饶恕的罪行。不，不，你必须要保持纯洁。穿上衣服，快穿上衣服。"

他对我的恸哭无动于衷，把外套裹在我身上，催促我上了马车。回家的路上，他还恶狠狠地咒骂自己，把我吓得不知所措。

"罪行？"我自问，"他会犯下什么不可饶恕的罪行呢？"我感到阵阵眩晕，烦躁不安，再一次被扔在家门口，让我沮丧不已。这位长着一头金发的年轻朋友再也没有回来；不久之后，他就去了法属殖民地。多年之后再见到他时，他问："你原谅我了吗？""原谅你什么啊？"我反问他……

这就是在爱情这片陌生领地的边缘上，年轻的我进行的首次探险。我渴望进入爱情的乐土，却总被拒之门外，也许是因为我给恋人们一种神圣敬畏的感觉。不过最后的这次打击却对我的性情产生决定性的影响：我要把所有精力都投入到我的艺术中去，只有艺术才会让我体验到爱情拒绝给予我的欢乐。

我夜以继日地在练舞房里苦心创造着那种新的舞蹈形式，它是通过身体的运动为媒介，把人类的神圣精神体现出来。我可能会静静地站上几个小时，双手在胸前交叠放在心口窝前。母亲看到我神情恍惚，一动不动地长久站立着，非常为我担心，但我在不断地寻觅，而且也终于成功地寻到所有舞蹈动作的弹力中枢，所有动力的喷发点，不同动作的起源，以及舞蹈创作的幻觉反映——正是从这一发现中诞生了我的舞蹈体系所依赖的理论基础。芭蕾学校教给学生们，这种弹力中枢是后背中心脊柱下段。芭蕾大师们说，胳膊、双腿以及躯干必须以这一中枢为轴心自由地活动，结果整个人看起来就像是活动着的木偶，这种方法导致人为的机械运动，毫无灵魂可言。而与之相反，我要寻找的则是表达人类精神的源头，并把它注入到整个身体，让它充满闪耀的光辉，这种向外四射的力量反映出人类精神的影像。经过数月的探索，我学会将所有力量都集中于这一源头，我发现此后只要我一听到音乐，音乐的光芒和振动便源源不断地流入到我体内光芒的源头——在那里它们幻化成为精神的幻像，不是大脑的反映，而是灵魂的，而我就用舞蹈将它们表现出来。我一直努力试着向艺术家们解释我艺术的基础理论。斯坦尼斯拉夫斯基在他的《我的艺术人生》一书中提到我向他阐述我的理论。

我的理论看起来仿佛很难用文字去解释，但当我面对我的学生时，即使对最年幼无知的孩子我也会说："用你的心灵去聆听音乐。现在，听着音乐，你难道感觉不到内心深处的自我正在觉醒吗？正是这个力量，你能抬起头，你能举起双手，你能慢慢地走向光明。"她们都会明白。我认为，这种觉醒是学习舞蹈的第一步。

即使最小的孩子也能理解我讲的道理。从那时起，当他们做任何动作，甚至走路时，她们都具有一种精神的力量和优雅的气质，这并不是来自于外在肢体的活动，也不是由大脑思维创造的。这正是为什么我的舞蹈学校里的小孩子都能在特罗第卡第罗或大都会歌剧院像磁石一般牢牢吸引着无数观众，而通常来说，只有非常伟大的艺术家才有这样的魅力。但是可惜的是，当这些孩子逐渐长大，在物质文明的反作用下，她们的力量被夺走——而她们随之也就丧失灵性。

我童年和少年时期的特殊环境使得这种力量在我身上发展到极致，使我在一生中的不同时期里，我都能够把所有的外界影响排除在外，独自依赖这种力量生存。因此，当我追求世俗之爱的努力屡次遭受挫折后，我的情感发生了突然转变，并回归到这种力量中来。

从那之后，当安德烈心怀怯意和歉意来找我时，我便会一连几个小时滔滔不绝地给他讲述我的舞蹈艺术和舞蹈动作的新体系。说实话，他从来没有表现出厌烦和疲倦的样子，而是以最真挚的耐心，聆听我向他解释我所发现的每一个舞蹈动作，并且感同身受。那时，我也梦想着发现一种原初的动作，从它可以衍生出一系列的舞蹈动作，这些动作不是靠我的意志力，而是原始动作的无意识反应。而我已经把这个动作依据几个不同的主题，发展出一系列不同的动作变化——比如“恐惧”这个原始动作，会引发出“悲伤”的基本情感所造成的自然变化，而进一步引起“悲伤”的舞蹈，或是“爱怜”的动作，然后继续展开，就像花瓣一样慢慢地绽开，舞者就会散发出沁人心脾的芳香。

这些舞蹈并没有真实的音乐伴奏，却仿佛都是从某种不为人知的音乐节奏中创造出来的。在这些研究中，我首次尝试着表达肖邦的序曲，也初步了解了德国作曲家格鲁克的音乐。母亲不厌其烦地为我弹奏《俄尔普斯》[①]，直到曙光射进练舞房的窗户。

那个窗户很高，覆盖整个天花板，而且没有窗帘，因此母亲一抬头，总能看到夜空中的星辰和月亮。有时外面大雨滂沱，屋内就会有雨水的细流流淌到地板上，练舞房顶层的窗户几乎都不能防雨；寒冬腊月时，练舞房里凉风嗖嗖，冷得要命；而到了炎热夏季，屋里却又像个烤炉般炙热。而且它只有一个房间，我们各忙自己的事情时总会不太方便。但是毕竟年轻人的适应力极强，对此也毫不在乎。母亲就像一个无私忘我的天使，一心只想对我的工作有所帮助。那时，格雷夫尔伯爵夫人是巴黎社交界的女王。有一次我收到她的邀请去她家里演出。她家云集了上流社会人士，包括巴黎社交圈的各个名流。伯爵夫人称赞我的舞蹈是希腊艺术的复兴，但她更受皮

---

① 在希腊神话中，俄尔普斯的父亲是太阳神阿波罗，母亲是缪斯女神，因此他天生具有非凡的艺术才能。

埃尔·路易[1]的《阿佛洛狄忒》和《比利蒂斯之歌》的影响。我表达的则是在大英博物馆的冰冷光线中看到的陶立克式圆柱[2]以及帕特农神庙[3]的山形墙建筑。

伯爵夫人在她家的客厅里搭起一座小舞台，背景是一面格子墙，每个格子里都放着一朵红玫瑰。但是，这种红玫瑰的背景与我舞衣的简洁风格极其不符，与舞蹈的宗教主题也很不相衬。我当时虽然阅读了皮埃尔·路易的《比利蒂斯之歌》、奥维德[4]的《变形记》以及萨福[5]的诗歌，但完全领略不到里面的肉欲描写，这也说明限制年轻人的读物是毫无必要的，因为没有亲身体验，人们永远也无法读懂书中的描写。

我当时仍然是一个美国清教徒主义的产物——或许是因为我身体里流淌着外祖父母拓荒者的鲜血。他们在 1849 年乘坐大篷车横穿美国中部平原，披荆斩棘穿过落基山的原始丛林，又穿过炙热

---

① 皮埃尔·路易（1870—1923 年），法国作家。诗歌和散文常以色情为主题，反对传统道德。

② 古希腊柱式主要有三种：陶立克式、爱奥尼式、科林斯式。陶立克式是一种没有柱础的圆柱，直接置于阶座上，由一系列鼓形石料一个挨一个垒起来，粗壮宏伟。

③ 帕特农神庙是希腊雅典卫城主体建筑，为了歌颂雅典战胜波斯侵略者的胜利而建，是供奉雅典娜女神的最大神殿，代表了全希腊建筑艺术的最高水平，是世界艺术宝库中的瑰宝。

④ 奥维德（公元前 43 年—公元 18 年），古罗马最具影响力的诗人。代表作长诗《变形记》取材于古希腊罗马神话，用变形为主线，是古希腊罗马神话的大汇集。

⑤ 萨福（约公元前 630 或 612 年—公元前 592 或 560 年），古希腊著名女抒情诗人。因失恋之痛而心碎跳崖自尽，英年丧命。又有一说，女诗人直到晚年才寿终正寝。

的平原，与凶恶的印第安人展开周旋或进行激战。或许因为我也继承了父亲的苏格兰血统。但不论什么原因，美国的土地把我塑造成为一名清教徒，一个神秘主义者，一个信奉英雄主义而不是追求感官享受的奋斗者，就如同它所塑造的大部分青年一样。而且我也相信大多数的美国艺术家都是这样的。惠特曼，尽管他的作品曾被列为不良读物而一度遭禁，尽管他经常赞颂身体的享乐，但是他骨子里仍然是一个清教徒。而我们绝大多数作家、雕塑家和钢琴家也都是如此。

与法国追求感官享乐的艺术相比，主宰美国一切的，是一望无垠的粗犷大地？是阵风吹过的广阔天空？还是亚伯拉罕·林肯的伟岸身影？或许有人会说，美国的教育倾向于把人的感官享乐几乎减少为零。但真正的美国人不是人们常说的拜金者或守财奴，他们是理想主义者和神秘主义者。我并不是说美国人就没有任何感官上的欲望，相反，一般来说，盎格鲁 - 萨克逊人或带有凯尔特血统的美国人，每到关键时刻都要比意大利人更热情奔放，比法国人更浪漫多情，比俄国人更能铤而走险。但是早期的磨难让他们的性情被禁锢在铁墙之中，被冻结起来，只有在生活中遇到某些特殊事件，这种激情才能被释放出来。到那时，也许人们会说，盎格鲁 - 萨克逊人或凯尔特人是所有民族中最有激情的恋人。我知道有这样一些人，他们睡觉时要穿两套睡衣，贴身穿着一套丝制睡衣，因为它柔软；外面再穿一套棉制睡衣，因为它可以保暖。他们手里拿着《泰晤士报》或《柳叶刀》医学杂志，嘴里叼着石南烟斗。但突然间，他们就会变成希腊神话中半人半兽的森林之神那般喜好声色，让希腊人都自叹弗如；也会变成如火山爆发那般激情澎湃，令意大利人都会震撼不已。

那天晚上，在格雷夫尔伯爵夫人家中的沙龙上，处处都是衣着讲究而且珠光宝气的女人，数千支玫瑰散发出刺鼻的香气，令我无法呼吸。我跳舞时，打扮入时的富家公子哥儿们坐在前排，紧紧地盯着我。他们的鼻子几乎要碰到舞台的边缘，差点儿让我舞动的脚尖扫到。我很不高兴，感觉整场演出都非常失败。但第二天早上，我收到伯爵夫人亲手写的便条，彬彬有礼地对我表示了感谢，并让我去门房领取酬金。我对钱太过敏感，极不情愿去门房，但还是去了，毕竟这笔钱可以为我们支付房租。

更令我感到高兴的是，有一天晚上在玛德琳·勒玛尔夫人的练舞房，我伴着奥尔菲的音乐跳舞，在观众当中，我第一次见到了有“法国萨福”之称的诺瓦伊伯爵夫人。让·洛兰也在场，后来他在《日报》上发表了对于这次舞蹈的感想。

除了卢浮宫和国家图书馆这两大快乐源泉之外，我现在又发现了第三处源泉——歌剧院图书馆。图书馆馆长对我的研究很感兴趣，因此任我随意查阅所有关于舞蹈、希腊音乐和戏剧艺术的书籍。我潜心研读了从古埃及到当代的所有与舞蹈艺术有关的书籍，并在笔记本上认真做好笔记。但当我终于完成这一规模巨大的实验之后，我才发现真正让我敬佩的大师只有卢梭（曾写过《爱弥儿》）、惠特曼和尼采。

……

一个阴沉的下午，有人敲响了练舞房的门。我打开门，看到一个女人站在那里。她气度不凡，不怒而威，走进房间时，仿佛带进来瓦格纳音乐的深沉与力度，好像预示即将要发生重大的事情。事实上，这种深沉的主题从此贯穿我的一生，并给我带来很多暴风骤雨般的悲壮事件。

“我是波利尼亚克王妃，”她说，“我是格雷夫尔伯爵夫人的朋友。我看了你的舞蹈，对你的艺术很感兴趣，尤其是我的丈夫更感兴趣，他也是个作曲家。”

她面容端庄美丽，但美中不足的是下颌稍大，有些前突，下巴也过于威严，像极了罗马皇帝。如果不是神态过于冷傲，她的双眼和面容也会颇有姿色。她说话时也非常生硬，带有金属般的鼻音，这种说话方式让人迷惑不解，因为人们原以为她会发出圆润低沉的声音。之后，我才发现这种冷酷的表情和嗓音只是她用来伪装自己的面具：尽管她身份高贵，却非常敏感，极容易害羞。我向她讲述我的艺术和我的愿望，王妃立即提出要在她家为我安排一次音乐会。她爱好绘画，也很擅长音乐，会弹奏钢琴和管风琴。她似乎从简陋冰冷的练舞房和我们消瘦的面容觉察到我们的贫寒，当她突然离开时，很不好意思地在桌子上放了一个信封，她走后我们发现信封里面装着两千法郎。

我相信这种善举是波利尼亚克王妃惯常的行为，虽然传言中她非常冷漠无情。

第二天下午，我去到她家，并见到了波利尼亚克亲王。他是一位才华出众的音乐家，也是一位优雅细致、身材清瘦的绅士，总戴着一顶黑色的天鹅绒帽，衬托出他精致俊美的脸庞。在他的音乐室里，我穿着舞衣为他翩翩起舞，令他着迷不已。他欢呼说我就是他一直以来梦寐以求的梦幻。我的舞蹈动作与灵魂关系的理论，以及我把舞蹈作为艺术而复兴的希望和理想，都引起他浓厚的兴趣。他兴致勃勃地为我弹奏起一架漂亮的拨弦古钢琴，就像在用优雅纤长的手指爱抚着它。我立马因他的赏识而感到阵阵暖意。最后，他高声说道："多么可爱的孩子啊，伊莎朵拉，你是多么地讨人喜欢。"我羞涩地回答说："我，我也非常敬爱您。我希望能永远为您跳舞，而且想在您音乐的启发下，创作出更多充满宗教寓意的舞蹈。"

然后我们就设想着以后的合作，但是老天总是不遂人愿，后来他突然不幸去世，对我来说弥足珍贵的合作希望也因此化为泡影。

王妃家的音乐会非常成功，而且她非常慷慨大方，音乐会并不仅限于她的好友，而且对公众开放，因此有更多的人爱上我的舞蹈作品。在这之后，我们在练舞房也安排了一系列的收费演出，每次大约有二三十名观众观看我的表演。波利尼亚克王妃和亲王每次都来，记得有次亲王摘下帽子在空中挥舞，兴高采烈地喊着"伊莎朵拉万岁"。

画家欧仁·卡里埃尔一家也常来观看我的演出，有一次，卡里埃尔做了一个有关舞蹈的简短演讲，这给了我莫大的荣誉。其中一段是这样说的：

"伊莎朵拉，渴望表达人类的情感，从希腊艺术中找到完美范例。她对于美丽的浮雕人物欣赏赞叹不已，并从中得到灵感。带着这种发现事物的本能，她回归到一切优美舞姿的发源地——自然。她执着于模仿与复兴希腊舞蹈，并找到自己的表达方式。她心中想着古希腊人，而只遵从于真实的自我。她带给我们的是她内心的喜悦与悲伤。她渴望着忘却当下，寻找幸福。她把这些向我们完美地展现出来的同时，也激起了我们的共鸣。在这些复兴的希腊艺术面前，我们与她一同年轻起来，心中也燃起新的希望。当她表达出对不可抗拒的命运屈服时，我们也与她一同屈从于命运。”

“伊莎朵拉·邓肯的舞蹈再也不是一种消遣娱乐，而是一种表现自我的形式，也是一种更加生动的艺术作品。它无比丰富，激励着我们去创造命中注定要努力去完成的作品。”

第 9 章

我与艺术大师们

尽管我的舞蹈获得了很多知名人士的赏识，但是我的经济状况依然很不稳定，我们常常因没钱支付房租而愁眉不展，也因没钱买煤生炉取暖而挨冻受冷。不过我仍记得，就在这种艰苦的环境中，我独自在寒冷刺骨的练舞房里一站就是好几个小时，期待灵感的降临，渴望找到表达自我的舞蹈动作。终于，我的情绪受到鼓舞变得高涨起来，我便在灵魂的引领下舞动起来。

有一天，我正这样站着，突然有位衣饰华贵的绅士到访。他穿着一件带有昂贵皮毛领的大衣，手上戴着一个钻石戒指。他对我说：

“我从柏林来。我们听说了您的赤足表演。（可以想象得出，他对我艺术的描述着实让我大吃一惊。）我来自最大的演艺场，想立刻与您签订合约。”

他搓着双手，满脸笑容，好像他给我带来了天大的好运。可我却像只受伤的蜗牛一样缩进我的保护壳里，冷冷地说：“噢，谢谢，但我永远也不会把我的艺术带进演艺场去的。”

“可是您不知道，”他提高了音量。“许多最伟大的艺术家都在我们演艺场里演出。而且能赚到很多钱。我现在就答应给您每晚五百马克。以后的报酬只会越来越多。世界‘首位赤脚舞蹈家’，了不起，真了不起。您肯定会同意吧？”

“肯定不会，肯定不会，”我非常生气地说，“给我任何条件我都不会同意的。”

“可这是不可能的。不可能。不可能。我要的不是这个答案。我都已经把合同准备好了。”

“不，”我说，“我的艺术绝不是为在演艺场里演出。我将来一定会去柏林的，我希望在爱乐乐团的伴奏下跳舞，但是一定要在音乐的圣殿里，而不在表演杂耍和马戏的演艺场。上帝啊，那真是太可怕了。不，我绝不同意。祝您愉快，再见。”

看着我们简陋的住处和寒酸的衣服，这位德国经纪人几乎不敢相信自己的耳朵。他第二天、第三天又接连登门拜访，最后把价码提高到每晚一千马克，先签订一个月的演出合同，可是我仍然不为所动，因此他有些恼羞成怒，称我为“蠢丫头”。我终于忍无可忍地冲他吼道：我来到欧洲，是为了用舞蹈传播伟大的宗教复兴，为了通过舞蹈动作让人们认识到人体的美丽与圣洁，而不是给那些饱食终日的资产阶级当作餐后娱乐消遣。

“请出去！请您出去！”

“你能拒绝每晚一千马克吗？”他气呼呼地喘着粗气说。

“当然，”我斩钉截铁地回答，“就算是一万马克、十万马克，我都能拒绝。我所追求的东西，你是永远都不会明白的。”然后，当他离开的时候，我又补充道，“总有一天我会去柏林的。我要为歌德和瓦格纳的同胞们跳舞，但是必须是在能配得上他们的剧院里跳舞，可能还不止一千马克呢。”

三年后，我的预言果然应验，我在著名的克罗尔歌剧院演出，由柏林爱乐乐团伴奏，演出的收入超过两万五千多马克。这位经纪人手捧鲜花来到我的包厢，非常诚恳地承认了自己的错误：“亲爱的小姐，您之前是对的，请允许我亲吻一下您的手吧。”

但在那一段时间，我们的生活非常拮据，经常捉襟见肘。不管是王公贵族们的赏识，还是我与日俱增的名气，都没能为我们带来足以果腹的收入。那时常常有一位身材娇小的女士来到我们的练舞房，她长得很像一位埃及公主，其实来自落基山以西的某个地方，在国内就已经成名已久。她的歌声像女妖一般美妙。我注意到清晨时，门下经常会塞进散发着紫罗兰香气的小纸条，然后雷蒙德就神秘地失踪了。因为他没有早饭前散步的习惯，于是我从这种种迹象加以推断，就明白是怎么回事。后来有一天，雷蒙德突然向我们宣布，他已经受聘于某个乐团，将要去美国做巡回演出。

于是，只有我和母亲两人留在巴黎。当时母亲正在生病，我们便搬到玛格丽特街上的一家小旅馆里，在这里母亲终于可以睡在床上，免遭练舞房冰冷地板上的刺骨冷风，而且旅馆也提供膳食，因此母亲也能有规律地饮食了。

在旅馆里，我注意到有一对夫妻格外引人注目。那女的大约三十岁，非常漂亮，尤其是那双眼睛，是我见过的最奇特的眼睛——温柔、深沉、诱人，而又充满磁力和火一般的激情，但同时又流露出纽芬兰犬那样的驯服和温顺。她有着一头赤褐色的秀发，像火焰一般衬托着脸庞，她的一举一动都像在激发起人们的怜爱之心。记得当时我还在想，如果有人望进她的双眸，肯定就会像掉进到火山口一样。

那男的身材修长，额头很漂亮，但脸上总带着与年龄很不相称的倦意。通常还有一个人跟他们在一起，这三个人常常专心致志地交谈，气氛非常热烈。他们看起来与平常人很不一样，仿佛永远不知疲倦，也不会厌烦，而是一直让内心的火焰不停地燃烧着；男的燃烧的是至纯至美的智慧火焰，女的燃烧的是激情的火焰，是随时准备好被火焰吞噬或摧毁的女性的激情火焰。只有第三个人显得有些倦怠，他更像是个不停追求感官享乐的人。

有天早上，这位年轻女士来到我的桌前说，“这位是我的朋友亨利·巴塔伊。这位是让·洛兰，他曾为您的艺术写过评论。我是贝尔特·巴蒂。我们很想哪天晚上去您的练舞房欣赏您的舞蹈。”

当然我非常激动，也非常高兴。我之前从来没有听到过，之后也从来没有听过像贝尔特·巴蒂这般的声音：充满磁性与热情，震颤着生命与爱意。我是多么地仰慕她的美丽啊！在那个时代，女性的时尚毫无审美可言，但她却穿着非常漂亮的紧身礼服，衣服的颜色每次都不尽相同，上面还装饰有闪闪发亮的金属片。有一次，我看到她穿着这样的礼服，头上戴着紫色的花冠，准备参加一个聚会，她要在聚会上朗诵巴塔伊的诗歌。我想，哪个诗人能拥有比她还要漂亮的缪斯女神呢?

那次会面之后，他们经常来到我的练舞房，有一次巴塔伊为我们朗读他的诗歌。就这样，我这个渺小而没受过多少教育的美国女孩，以某种神秘的方式获得了一把钥匙，它能打开巴黎知识界和艺术界精英们的心灵和思维。在我们这个世界、我们这个时代中，巴黎的地位就像古希腊繁盛时期的雅典一样。

雷蒙德和我都习惯了在巴黎漫步。闲逛的时候，我们经常发现一些有趣的地方。比如有一天，我们在蒙索公园区发现了一座中国博物馆，它是由一个古怪的法国富翁留下来的。我们还去了吉梅博物馆，这里有各种东方珍宝；在卡纳瓦莱博物馆里，我们惊叹于拿破仑的面具；在克吕尼博物馆里，雷蒙德长久地驻足在波斯古盘子面前，他还疯狂地爱上了一张 15 世纪的挂毯，上面织有一个女人和一只独角兽。

有一天，我们闲逛的时候，信步来到特罗卡第罗剧院。我们的目光立马被一张海报吸引住了，上面写着当天下午莫奈 - 苏利将要出演古希腊剧作家索福克勒斯的《俄狄浦斯王》[1]。当时我们还不知道莫奈 - 苏利是谁，不过很想去看这场戏。我们看了看海报底部标着的价格，又翻遍衣兜，发现身上正好带着三法郎，而最便宜的楼上站票也要 75 生丁。这也意味着，如果我们要看戏的话就没有钱吃晚饭了，但是我们还是毫不犹豫地买了楼上后排的站票。

特罗卡第罗剧院的舞台没有幕布，背景是根据现代人对希腊艺术的想象简单布置的。合唱团走进来，他们的服装也很糟糕，是根据某些书上对希腊服饰的描述而做的拙劣模仿。从乐队席中不断地传来音乐，虽然很一般，但曲调还算悦耳，就是太过于枯燥乏味。雷蒙德和我交换了一下眼神，我们都感到牺牲了吃晚饭的钱来看戏，真是太不值得了。这时，从左侧代表宫殿的门廊走

---

① 俄狄浦斯：外国文学史上典型的悲剧人物，希腊神话中忒拜国王的儿子，他在不知情的情况下杀死了亲生父亲并娶了亲生母亲。古希腊索福克勒斯在戏剧《俄狄浦斯王》中丰富了其命运悲剧的形象。

上来一个演员。在三流的歌剧合唱团和二流的法国喜剧背景前，他举起一只手，说道：

“孩子们，老卡德摩斯的年轻后代们，
为什么用哭喊声包围这座宫殿？
为什么手中拿着求援的树枝？”

啊，我该如何形容听到这个声音时的激动心情呢？我真怀疑在那些古代著名的时期——古希腊的全盛时期，狄奥尼索斯戏剧繁盛时期，索福克勒斯的辉煌时期，甚至是在整个罗马，或是在任何国家里，是否曾经有过这样一种美妙的声音。从那一瞬间，莫奈-苏利的形象和莫奈-苏利的声音，都变得越来越伟大起来，它吸纳了所有的文字、所有的艺术、所有的舞蹈，变得如此崇高，如此渊博，以至于整个特罗卡第罗剧院都已经无法容纳这位艺术巨人。我和雷蒙德坐在观众席的后排，也屏住呼吸。我们激动得面色苍白，快要晕过去了，泪水从我们眼中流淌下来。当第一幕结束时，我们狂喜不已，只有激动地拥抱住对方。幕间休息时，我们都不约而同地认定这就是我们艺术朝圣之旅的目标，这就是我们为什么在国外漂泊的根本原因。

第二幕开始了，伟大的悲剧在我们面前徐徐展开。自信得意的年轻国王开始心中生疑，变得焦躁不安起来，决心要不惜一切代价查出事实的真相。然后关键的时刻到来，莫奈-苏利跳起舞蹈。啊，这就是我一直以来梦寐以求的——跳舞的伟大英雄人物。

然后又到了幕间休息。我看着雷蒙德，他面色苍白，双眼充满火焰，我们激动得浑身虚脱摇摇欲坠。第三幕开始了。简直无法用语言去形容，只有亲眼看过的人，看到过伟大的莫奈 - 苏利的表演的人，才能够体会到我们此时此刻的感受。终于到了最后极度痛苦的时刻，俄狄浦斯王已神智错乱，处于极度疯狂的状态，还夹杂着犯下宗教罪恶的恐惧，他的自尊心严重受挫：他竟然就是每个人一直在找寻的罪恶之源！当他把自己的双眼挖出来后，他知道自己再也无法看见东西，于是便把子女叫到跟前做最后的诀别，然后寂然离去……特罗卡第罗剧院全场的六千名观众，都早已泣不成声。

我和雷蒙德走下长长的楼梯，步履缓慢，迟迟不愿离开，最后警卫不得不把我们推到门外。就在那时，我才意识到什么才是伟大的艺术，从此我知道以后的路该如何去走。我们步行回到家，心中涌出的灵感像美酒一样让我们陶醉，之后的几个星期里一直处于这种晕乎乎的状态。我当时做梦都没有想到，将来有一天我竟然能跟莫奈 - 苏利同台演出！

……

自从在博览会上看到罗丹的作品，他的艺术天分一直萦绕在我心中。有一天，我前往他在大学路的工作室拜访。我对罗丹的朝圣，就像是神话中的灵魂女神赛姬去山洞中寻找潘神一样，不同的是，她要问的是寻找爱神厄洛斯之路，而我要问的则是寻找艺术之神阿波罗之路。

罗丹个子不高，身材敦实有力，还留着短发浓须。他向我展示的艺术作品看似简单却极其伟大。有时，他轻声念叨着雕塑的名字，但我们可以感觉到这些名字对他来说并没有什么意义。他用双手轻轻抚摸着这些雕像。我记得当时还在想，他轻轻抚摸着的大理石雕塑，就像熔化的铅一样在他手中流动。最后，他拿起一小块黏土在手掌中揉捏，非常用力，呼吸都急促起来，他就像熊熊燃烧的火炉一样散发出热量。不一会儿，他就做好一个女人胸部雕塑，仿佛充满生命一般在他的指下颤动。

他抓起我的手，我们坐车来到我的练舞房。我很快换上舞衣，为他跳了安德烈·博尼埃为我翻译的古希腊诗人忒奥克里托斯的一首田园诗：

“潘神爱恋仙女艾珂，

但艾珂爱恋着萨帝尔……”

然后我停下来，向他解释我那套创造新舞蹈的理论，但是很快就发现他并没有听我讲话。他低垂眼帘凝视着我，双眼就像充满熊熊火焰，然后，他向我走来，表情和他在抚摸雕塑作品时一模一样。他伸出双手，抚摸着我的脖子和胸部，抓着我的双臂，滑过我的臀部，还有我裸露着的双腿和双脚。他像揉捏着黏土一样轻揉着我的整个身体，他散发出来的热情仿佛要把我点燃，把我熔化掉。我非常渴望把我自己的一切都献给他，真的，如果不是我所受的所谓教养使我感到害怕的话，我真的会那样做。但是我退缩了，我抓过外套披在舞衣外面，送走了困惑不解的罗丹。

我直到两年后从柏林返回到巴黎时才见到罗丹。之后的许多年里，他一直是我的朋友兼导师。

与此情景不同，但同样令人兴奋的是与另一位伟大艺术家——欧仁·卡里埃尔的会面。当时是作家凯兹尔的夫人把我带到他的工作室的。凯兹尔夫人非常同情我们孤苦伶仃的生活，于是常常邀请我们去她家吃饭。她的女儿当时正在学小提琴，她的儿子名叫路易，现在已经是位年轻的作曲家了。他们一家人围坐在桌灯旁，就像是一幅其乐融融的图画。我注意到墙上有一幅奇特的画作，散发着迷人而又伤感的气息。凯兹尔夫人说："这是卡里埃尔为我画的肖像画。"

有一天，她把我带到他位于埃吉西佩·莫罗大街的家中。我们登上台阶来到顶楼的工作室，卡里埃尔正坐在书籍当中，他的亲人和朋友们聚在他的身旁。他的精神力量，是我曾感知到的最强大的力量，充满智慧和光芒。他周身发出无尽的仁慈和博爱。他绘画作品中的美丽、力量、奇迹，都是他高尚灵魂的直接体现。来到他的面前，我感到就像是见到了耶稣基督。我心中对他充满无限的敬畏之情，如果不是因为我天性羞怯矜持，真的会对他跪倒膜拜。

多年后，约斯卡夫人是这样描述这次会面的：

"我少女时代所经历的事情当中，也许除了与欧仁·卡里埃尔的首次见面，给我记忆最深的就是在卡里埃尔的工作室里见到她，她的容貌和名字都在那天深深地刻在我的心灵上。我像往常一样，怀着忐忑不安的心情敲响了卡里埃尔公寓的门。每次走近这座'贫穷的圣殿'，我都努力压制住激动的情绪。在蒙马特的小屋子里，这位高尚的艺术家正幸福、安详地工作着，周围是他挚爱的亲人们，他的妻子和母亲都穿着黑色的毛呢料衣服，孩子们也没有什么玩具，但他们脸上都洋溢着对这位艺术家的爱戴之情。啊！多么圣洁的一家人啊。

"伊莎朵拉站在谦逊的大师与他的朋友——在巴斯德研究所

工作的安静的梅基尼科夫之间。她比这两位男士还要文静；除了丽莲·吉丝之外，我再也找不出像她那天那样害羞的美国女孩。当我站在那儿凝视着她的时候，欧仁·卡里埃尔拉起我的手，就像人们握着孩子的手去接近他们所崇敬的东西一样，对我说：这是伊莎朵拉·邓肯。然后是一阵沉默，使这个名字显得更加响亮。

“突然，说话总是慢条斯理的卡里埃尔以一种深沉而响亮的声音说道：这位年轻的美国人将会给全世界带来彻底的变革。”

我在卢森堡时，每当看到卡里埃尔的全家福照片时，总会禁不住落泪，因为这让我想起那间我后来经常光顾的画室。他们一家人都非常喜欢我，把我当成他们的好友，这是我年轻时代最美好的回忆之一。从那之后，每当我怀疑自己的时候，我就会回忆起与他们融洽相处的时光，然后就会重新找回自信。在我一生当中，欧仁·卡里埃尔的才华就像是上天对我的祝福一样无处不在，激励我不懈地坚持最高理想，并召唤我为探索更加纯洁的神圣艺术而前进。让人不可思议的是，当悲伤快要把我逼疯的时候，正是卡里埃尔的艺术作品给了我活下去的信心。

没有什么艺术能像他的艺术那样表现出如此强大的力量，没有哪一位艺术家的生命能像他一样能给予周围人们如此神圣的同情和帮助。他的绘画作品不应该摆放在博物馆里，而应当被供奉在精神力量的庙宇中，让所有人都能够与他伟大的灵魂进行交流，从而得到心灵上的净化和祝福。

第 10 章

追随富勒

有一天晚上，著名舞蹈家洛伊·富勒来到我的练舞房。自然，我也为她表演了舞蹈，并向她讲述了我那些舞蹈理论。是的，我会为每位到访者讲述我的理论，就算进来的是一个水管工人，我也照做不误。洛伊·富勒也很有激情地表达了她自己的看法，并说她第二天要去柏林，建议我跟她一起去。她本身不仅是一位伟大的艺术家，也是贞八重子的演出经纪人，而我一向也非常钦佩贞八重子的艺术。她建议我应该跟贞八重子一起在德国进行演出。我非常兴奋地答应了她的建议。于是，我们就这样约定好一起动身前往柏林。

临走的这一天，安德烈·博尼埃过来跟我道别，我们最后一次去了巴黎圣母院，然后他把我送到火车站。他像往常一样，矜持地与我吻别，但我好像看到他眼镜后面闪烁着一丝痛苦的目光。

到达柏林之后，我住在布里斯托尔酒店。在酒店的一个豪华套房里，我看到洛伊·富勒正被她的随行人员团团围住，有十来名漂亮的女孩围着她，依次抚摸她的双手，或是亲吻她。我所受的家教非常朴实，尽管母亲很爱我们，却几乎不曾爱抚过我们，因此当我第一次看到这种表达感情的极端方式时，着实大吃一惊，感到非常新奇，不过这里确实洋溢着一种我从未见过的热情氛围。

洛伊·富勒非常慷慨大方，她按铃叫了一顿极其丰盛的晚餐，让我禁不住地想这顿饭得花多少钱啊。她那天晚上要在冬日花园演出，但是当我看到她的状态，真的担心她是否还能如约进行表演，因为她看起来正遭受脊背的剧痛，她可爱的随行人员正把一些冰袋放到她的后背与椅背之间，“再来一袋就行了，亲爱的，”她说，“好像不怎么疼了。”

当天晚上，我们都坐在包厢里观看洛伊·富勒的演出。我们面前这个光彩照人的形象，与刚才那个饱受病痛折磨的病人简直判若两人。在我们眼前，她一会儿变化成绚丽多彩的兰花，一会儿变化成摇曳绽放的海葵，最后又幻化成回旋的百合花，就像拥有古代巫师梅林的魔法，变幻出流光溢彩。她真是一个伟大的天才！她的模仿者简直就是东施效颦，根本体现不出她的才华！我深深地为之陶醉，但我意识到这只是她才情的突然迸发，可能再也无法重现。在观众面前，她把自己变幻成无数个色彩绚丽的形象，真是难以置信。这种场景无法再现，也无法用语言形容。洛伊·富勒别出心裁地使用一种纱巾，令其充满色彩变幻，而且十分飘逸。她也是运用光与变幻色彩的开创者之一。我神魂颠倒地回到酒店，依然陶醉在这位艺术家的表演中无法自拔。

第二天早上，我第一次外出观赏柏林的景色。刚开始的时候，一直向往希腊与希腊艺术的我，一时间被柏林的建筑所打动。

“这就是希腊啊！”我惊叹道。

但在经过仔细观察之后，我发现柏林与希腊并不一样，它只是希腊的北欧翻版。这里的圆柱并不像陶立克圆柱般高高耸入奥林匹亚的蓝天，它们只是依据迂腐的日耳曼考古学教授们对希腊的臆想而建造的。当我看到皇家卫队正步走出波茨坦广场上的陶立克圆柱时，我再也无法忍受，于是回到布里斯托尔酒店，用德语对侍者说："请给我一杯啤酒。我累极了。"

我们在柏林逗留几天之后，离开布里斯托尔酒店，跟着洛伊·富勒的剧团到达莱比锡。我们所有行李都被扣留了，就连我那件小行李箱也没有幸免于难。我当时真不明白，这种情况怎么会发生在一位成功的演艺场艺术家身上呢？我们能过上香槟晚餐和富丽堂皇的豪华套房的生活，为什么还会被人赶出来，而且行李还被扣留？后来我才发现，因为贞八重子的演出惨遭失败，身为其经纪人的洛伊·富勒也因为要偿还债务而变得一贫如洗。

在这群美丽的海精灵、仙子和绚烂的幻影当中，有一位衣着讲究的奇特女子，总是一身黑衣。她很害羞，寡言少语，姣好的脸庞透着一股刚毅的神情，一头乌发向后梳着露出额头，双眼流露出忧伤和智慧。她总是把双手插在外衣口袋里。她非常热爱艺术，尤其谈起富勒的艺术时就变得滔滔不绝。她穿梭在这群艳丽缤纷的蝴蝶当中，就像是古埃及护身符上的圣甲虫。我立刻被她这种个性深深地吸引，但是感觉她对富勒的热情占据了她所有情感，已经无心留意我的存在。

在莱比锡，我每天晚上都坐在包厢里观看洛伊·富勒的舞蹈演出，我也越来越痴迷于她那变幻无穷的神奇艺术。她太神奇了——时而幻化为水，时而幻化为光，时而又幻化为色彩斑斓的火焰，最后变成熊熊燃烧的火焰，飘到无限的时空扩散开去。

在莱比锡时，我记得有一天凌晨两点，我被一阵谈话声吵醒。这声音有些含混不清，但我能听出那是一个长着一头红发的女孩，我们叫她“护士”，因为她总会乐于宽慰并悉心照料生病的人。从她俩兴奋的耳语声中，我大概听到“护士”说她要回柏林找某个人协商一下，看能不能凑够让我们大家前往慕尼黑的旅费。当时在黑夜里，这位红头发的女孩走近我，兴奋地在我脸上亲了一下，激动地对我说：“我就要去柏林了。”去柏林只有几个小时的车程，真猜不透她为什么这么激动不安。很快，她就带着去慕尼黑的钱回来了。

在慕尼黑，我们想到去维也纳，但我们再度资金匮乏，而且这次也不可能借到钱了，于是我自告奋勇去找美国领事寻求帮助。我请求他务必给我们买到去维也纳的车票，最终经过我的一番努力，我们来到维也纳。我们几乎都没有什么行李，不过我们又住进布里斯托尔酒店的豪华套房。这时，尽管我对洛伊·富勒的艺术相当崇敬，但我开始问自己，为什么要把母亲孤身一人留在巴黎？为什么要跟着这群漂亮又疯狂的女孩子们四处漂泊？到目前为止，我只不过是个无助而又充满同情心的旁观者，目睹着路上种种戏剧性的变化而已。

在维也纳的布里斯托尔酒店，我与红头发女孩“护士”共处一室。有一天大约凌晨四点钟，护士起身点亮一根蜡烛，然后走到我的床前说：“上帝派我来掐死你。”

我曾听人说过，如果有人突然发疯，千万不能惹恼他们，于是尽管我心中忐忑不安，仍然镇定自若地回答道：“没问题。不过先让我做个祷告。”

“好的。”她同意了，把蜡烛放到床边的一张小桌上。

我悄悄地溜下床，像被恶魔追赶一样，猛地打开房门，飞也似的跑过长长的走廊，冲下宽宽的楼梯，闯入酒店的办公室。我只穿着一件睡衣，卷发凌乱不堪，对酒店工作人员大声喊着：“那个女人疯了。”

“护士”在我身后紧追不舍，六个工作人员向她扑过去，紧紧地摁住她，直到医生赶到。医生的诊断结果让我感到十分后怕，于是我给母亲发去电报，让她从巴黎赶来。母亲来了，当我向她倾诉了我目前的境遇之后，我们俩下定决心要离开维也纳。

之前我与洛伊·富勒在维也纳的时候，有天晚上我在“艺术者之家”为一群艺术家们跳舞。在场的每一人都手捧红玫瑰，不断地把花扔到舞台上来，当我跳到酒神之舞时，我整个人都差点淹没在红玫瑰当中。当晚在场的观众中有一位匈牙利籍的演出经理——亚历山大·格罗斯。他找到我说：“如果你想有个美好的前途，就来布达佩斯找我吧。”

此时此刻，我被周围的一切吓得要死，恨不得马上跟着母亲离开维也纳，于是我们自然就想到格罗斯先生之前的提议，于是便来到布达佩斯寻找光明的前途。他跟我签订了一个合同，让我在乌拉尼亚剧院单独表演三十个晚上。

这是我第一次签订在剧院演出的合同，有些犹豫不决。我说：“我的舞蹈是属于精英的，属于艺术家、雕塑家、画家、音乐家的，而不给一般大众看的。”亚历山大·格罗斯反驳说，艺术家是最挑剔的观众，如果他们都喜欢我的舞蹈，那么公众们肯定会百倍喜欢它。

我最终被他说服签订了合同，后来亚历山大·格罗斯的预言果然应验。在乌拉尼亚剧院的首晚演出就获得巨大成功。接下来的三十天里，我在布达佩斯的演出都是场场爆满。

啊，美丽的布达佩斯啊！当时正值四月，是个春暖花开的季节。首场演出后不久，有天晚上，亚历山大·格罗斯邀我们共进晚餐，餐厅里正放着吉普赛音乐。啊，吉普赛音乐啊！是它，第一次唤醒我青春的情感，是它，让我含苞欲放的情感蓓蕾终于开始绽放出美丽的花朵。源自匈牙利土壤的吉普赛音乐啊，还有什么音乐能跟它媲美呢？多年以后，我还记得与约翰·沃纳梅克的交谈。当时我俩正在他百货商店的留声机销售区，我对他说："在所有的能工巧匠设计的精良乐器当中，没有任何一种乐器能够代替匈牙利农民在乡间土路上演奏的吉普赛音乐。匈牙利吉普赛音乐家能胜得过世界上所有的留声机。"

第 11 章

远离爱情

美丽的布达佩斯变成了花的世界，在河对岸，在山坡上，每一座花园里都绽放着紫丁花。每天晚上，热情奔放的匈牙利观众为我欢呼喝彩，他们纷纷把帽子扔到舞台上，不停地欢呼着“万岁”。

有天晚上，我突然想起早上看到多瑙河的河水在阳光下泛起层层涟漪、波光粼粼的景象，就让人告诉乐团的指挥，我要在表演结束前即兴表演施特劳斯的《蓝色多瑙河》。结果演出非常震撼，全场观众都万分激动地跳起来，我不得不一次又一次地重复跳着这支圆舞曲，他们的疯狂情绪才得以稍稍平静下来。

当晚，观众当中有一个年轻人也在热烈地欢呼着，他那天神一般俊美的容貌与身材，使我从一个纯洁的仙子，一下子变成狂野不羁的酒神女祭祀。周围所有的一切都在促成这种变化：暖暖的春夜，柔柔的月光，我们离开剧院时空气中到处都弥漫着的紫丁花的芬芳；观众的狂热激情，我第一次与一群放荡不羁纵情声色的人们共进晚餐；还有吉普赛音乐，匈牙利辣味菜炖牛肉，以及浓烈的匈牙利葡萄酒——我一生中第一次吃得这么有营养，而且是过度滋养，受到这些美食的刺激，所有这一切让我的身体首次觉醒，我意识到我的身体除了能舞出神圣的音乐，还有别的需求。我之前平坦的双乳现在开始变得丰满起来，这让我感到既惊喜又羞怯。我的臀部过去像男孩子那样平坦，现在也显露出曲线。我感到整个身体充满澎湃汹涌的渴望，以至于晚上常常因为这种兴奋躁动痛苦地辗转反侧无法入眠。

有天下午，在一个气氛友好的聚会上，透过一杯金色的匈牙利葡萄酒，我看到一双黑色的大眼睛正热情似火地望进我的双眸，一看到那火一般的爱意和匈牙利式的激情，我就像完全沉浸到布达佩斯的春天里一样。他身材修长，比例协调，长着一头浓密乌黑又泛着紫色的卷发。事实上，他完全可以给米开朗琪罗充当模特了。他一笑起来，两片红润性感的嘴唇之间就会露出坚实洁白的牙齿。从第一次对视起，我们所有的吸引力全都迸发出来，并把彼此牢牢抓住；从第一次凝视起，我们就已经融入彼此的怀抱，互相属于彼此，世界上再没有什么力量能阻止我们。

“你的脸庞就像花朵一样。你就是我的花朵。”他说，而且一遍又一遍地重复着，“我的花朵——我的花朵。”“花朵”在匈牙利语中指的是“天使”的意思。

他递给我一方小纸片，上面写着“匈牙利皇家国家剧院的包厢”。当晚，我和母亲去看他在剧中扮演的罗密欧。他是个出色的演员，后来成为匈牙利最伟大的一位演员。他对罗密欧年轻热情的诠释，捕获了我的芳心。演出后我去化妆间找他，剧团的所有人面带奇怪的微笑打量着我，似乎每个人都已知道是怎么回事，而且都替我们感到高兴，只有一个女演员看起来闷闷不乐。他陪我和母亲走回酒店，我们只简单地吃了点晚餐，因为演员登台演出前一般是不吃东西的。

过后，我等母亲以为我已经睡熟之后，又悄悄地返回到酒店的会客厅与我的“罗密欧”见面，这里与卧室之间隔着一条长长的走廊。他告诉我他当天晚上改变了对罗密欧这一角色的诠释。“之前，我跳过围墙后就马上用再平常不过的声音朗诵：

没有受过伤的才讥笑别人身上的创痕，

轻声！那边窗子里亮起来的是什么光？

那就是东方，朱丽叶就是太阳。

但是今晚你还记得吗，我低声说出这段台词，就像被扼住喉咙，因为自从我见到你之后，我才体会到爱情会让罗密欧的音调发生什么样的变化。只有现在，我才能体会到。因为，伊莎朵拉，你让我第一次真正懂得罗密欧的爱情应该是什么样子。现在，我将用完全不同的方式去演绎这个角色。”然后他站起身，为我重新演一遍，一幕接着一幕地演着，还时常停下来说：“是的，我现在知道了，如果罗密欧真的坠入爱河，他肯定会这样说，这与我过去扮演这个角色时想象的完全不同啊。现在我知道了。啊……犹如鲜花一般娇艳的姑娘啊，是你给了我灵感。有了这种爱，我一定会成为一个伟大的艺术家。”就这样，他为我朗诵罗密欧的台词，直到清晨的曙光爬上窗子。

我入迷地看着，听着，还时不时大着胆子与他对应台词，或建议他做出什么样的手势，最后在神父面前做出誓言的那一幕，我俩都双膝跪下，山盟海誓，此情不渝。啊，青春和春天，布达佩斯和罗密欧啊！当我想起你时，往事历历在目，仿佛刚刚发生在昨夜。

有天夜里，我们在各自的演出结束之后，悄悄地来到那个会客厅，母亲还以为我睡熟了。开始，“罗密欧”还兴致勃勃地朗诵他的台词，或者讲述他的艺术和戏剧，我也很乐意倾听，但渐渐地我注意到他看起来有些不安，有时很焦躁，说不出话来。他紧握双手，看起来像生病了一样。每当这个时候，我就注意到他英俊的脸庞涨得通红，双眼像要喷出火焰，双唇都几乎都被他咬出血来。

我也感到头晕目眩，心里有种无法抑制的冲动，想要把他紧紧拥入怀中。最后，他终于失去控制，陷入狂乱之中，猛地把我抱进房间。我心中有些害怕，但又充满狂喜，我知道这一时刻终要来临。坦白说，第一次的经历让人极其痛苦，但是看到他倍受煎熬，我又不忍心拒绝。

第二天一大早，我们从街上雇了辆旧马车，驶了几英里的路程来到乡下。我们停在一户农舍前，农妇给了我们一个房间，里面有一张老式的四柱床。那一整天，我们就待在乡下，“罗密欧”时不时地安慰哭泣的我，并为我擦干泪水。

现在回想起来，我那天晚上的演出肯定极其糟糕，因为我心中非常杂乱。但是当我后来在会客厅里见到“罗密欧”时，他兴高采烈的样子让我的痛苦得到安慰。尤其当他温柔地向我保证会让我领略到人间天堂的美妙时，我只渴望再次开始。而这个预言也很快就实现了。

“罗密欧”有着迷人的嗓音，他为我演唱他们国家的所有歌曲和吉普赛人歌曲，并把歌词和含义教给我。晚上，亚历山大·格罗斯在布达佩斯歌剧院为我安排一场庆祝晚会。我想在格鲁克的音乐后面，安排一个小型匈牙利吉普赛乐队上台为我伴奏，而我要在吉普赛歌曲的伴奏下跳舞。其中有一首有关爱情的歌曲是这样的：

世上有个小姑娘。

她是我可爱的小鸽子。

慈爱的上帝一定很爱我，

因为他把你给了我。

这首歌旋律优美，充满激情、渴望、泪水与爱慕。我的舞蹈充满真挚的感情，观众都感动得潸然泪下。我的最后一支舞蹈是《拉可夫斯基进行曲》，我穿着红色舞衣起舞，把舞蹈当作革命赞歌献给匈牙利的英雄们。

这场晚会也给我在布达佩斯的演出画上了圆满的句号。第二天，我和“罗密欧”就跑到乡下那间农舍里住了好几天。我们第一次体验到整夜都睡在彼此臂弯里的甜蜜。清晨醒来，发现我的头发与他的浓密黑发纠缠在一起，而他的手臂环抱着我，让我感到无比的幸福。我们回到布达佩斯，母亲知道我的事情后非常痛苦，这给我们幸福的天堂中带来第一片乌云。然后姐姐伊丽莎白从纽约回来，她觉得我就像犯下了某种罪行。她俩的担忧简直让我无法承受，于是我劝说她们去提洛尔做个短途旅行。

自从那时起，我的性情一直都有这样的特点：不论我的情感多么强烈，大脑总会保持清醒和敏捷的反应。因此，我从来没有像人们常说的那样被爱情冲昏头脑；相反，感官的愉悦越敏锐，我的思维就会越活跃。当渴求肉体欢愉的意志力受到理智的批判、压抑甚至侮辱时，它们之间的冲突会愈演愈烈，让我迫切地想找一种催眠剂让不断施加评语的理智暂时停止。我多么羡慕有些人完全沉浸于一时的感官享乐，丝毫不惧怕那些高高在上的人们准备随时强加给他们的批评。

但总是有些时候，理智也会屈服，它哭喊着："是的，我承认生活中一切东西，包括你的艺术，与此时的欢愉相比，都变得虚幻而毫无意义。所以，此时此刻，我情愿选择放弃，我会走向崩溃瓦解，走向自我毁灭，甚至不惜去死。"因此这种理智的失败，往往会引起最后的混乱，并让一切都沉沦为虚无，对智慧和精神来说，都是相当严重的灾难。

因此，当我充满这种欲望，极端的疯狂越来越逼近时，我放弃了理智。我不再在乎我有可能毁掉自己的艺术，不在乎母亲的伤心绝望，也不在乎世界是否会遭到破坏或毁灭。

让那些批评我的人们说去吧，但是如果要批评的话，自然或上帝更应当受到批评，正是上帝让这一激情时刻与宇宙中所有其他体验相比，更加让人渴望。自然地，飞得越高，觉醒时就会摔得越惨。

亚历山大·格罗斯为我安排了匈牙利的巡回演出。我在很多城镇都进行了表演，其中包括西本科钦镇。我在那里听到一个描述七位革命将军被吊死的故事，并被这个故事深深地打动。在城外的一片宽敞的空地上，我用李斯特的一支英勇悲壮的乐曲为配乐，编排了一段进行曲舞蹈，用来纪念这些将军。

在整个巡回演出的过程中，我在匈牙利的许多小城镇都受到观众们的热烈欢迎。每到一处，亚历山大·格罗斯都会为我安排欢迎会，会有一匹白马拉着四轮马车，车上摆满白色鲜花。我也是身着一袭白衣，在人群的欢呼呐喊声中在城里穿行而过，就像来自另一个世界的女神一样。但是，尽管我的艺术让我欣喜若狂，观众对我也是奉承膜拜，我仍然不停地忍受着对“罗密欧”的相思之苦，尤其是在夜深人静时，我感到倍加孤独。我觉得我宁可放弃所有的成功，甚至放弃我的艺术，只为能有片刻时光投入他的怀抱。每天我都在盼望回到布达佩斯，而这一天终于到来。“罗密欧”非常高兴地在车站迎接我，但我感到他好像发生了什么变化，然后他告诉我他要去参加排练，他将首次演出马克·安东尼这个角色。难道他的艺术气质和热烈的情感也会受到角色变化的影响？我不知道，但我却知道我的“罗密欧”最初那种纯真的激情和爱情都已发生了改变。他向我谈到我们的婚姻，好像结婚是早已决定好的事情。他甚至带我去看了一些公寓，让我从中选择一套供我们将来居住。这些公寓连浴室都没有，要到厨房还要走过无数级楼梯。看到这，我突然感到一种莫名的失意与沉重的感觉。

“我们住在布达佩斯以什么为生啊？”我问。

“怎么了？”他回答说，“当然你每天晚上坐在包厢里看我演出，还要学会跟我对戏，帮我练功啊。”

他向我背诵了安东尼的台词，但现在他所有的热情都已经放在安东尼这个罗马平民身上，而我，他的“朱丽叶”，再也不是他关注的焦点。

有一天我们在乡间漫步，走了很长时间后坐在一个干草堆旁，他终于问我难道不觉得我们各自追求自己的事业会更好一些吗。这不是他的原话，但意思大概就是这样。我仍然记得那个干草堆和我们面前的田野，当时一股凉意涌上我的胸口。那天下午我与亚历山大·格罗斯签订了合同，要去维也纳和柏林以及德国的其他城市做巡回演出。

我看了“罗密欧”出演马克·安东尼的首场演出。他给我留下的最后印象就是整个剧院的观众疯狂的热情，而我坐在包厢里，心中难过如鲠在喉，独自咽下泪水。第二天，我便动身去了维也纳。“罗密欧”消失了，我向“马克·安东尼”辞别，他阴沉着脸，一副心事重重的样子，以至于从布达佩斯到维也纳的旅程成为我一生中经历过最痛苦忧伤的路途。所有的快乐好像都突然间从这个世界上消失了。在维也纳我一病不起，被亚历山大·格罗斯送进一家医院。

一连好几个星期，我都处于极度衰弱的状态，十分痛苦。“罗密欧”从布达佩斯赶过来照顾我，还在我的病房里加了一张陪护床。他对我十分温柔体贴，但有天清晨我从睡梦中醒来，正好看到一个护士，那是一个天主教修女，脸上蒙着黑纱，她站在那里刚好把我与睡在小床上的“罗密欧”分隔开来，这一刻，我仿佛听到爱情葬礼的丧钟敲响的声音。

我需要很长时间才能完全康复，于是亚历山大·格罗斯带我到弗兰曾斯巴德休养。但我整日都无精打采，自怨自艾，对乡间的美景和对我十分关心的朋友们都提不起任何精神。格罗斯的妻子特地赶来，整日整夜地悉心照顾我。高昂的医疗费花光了我的银行存款，也许这对我来说是一大幸运吧，格罗斯为我安排在弗兰曾斯巴德、马里安巴德和卡尔斯巴德进行演出。有一天，我再次打开行李箱拿出那件红色小舞衣，记得当时我泪流满面。一边亲吻着这件曾穿着它跳过所有革命舞蹈的舞衣，一边发誓以后再也不会因为爱情而抛弃艺术。那时，我的名字在那个国家已经是家喻户晓，记得一天晚上，我和经理夫妇正在吃晚餐，餐厅的玻璃窗外面挤满了我的粉丝，人群拥挤甚至把玻璃都挤碎了，这让餐厅经理很是恼火。

我把爱情带给我的悲伤、痛苦和幻灭都转化到我的艺术之中。我根据伊菲革涅亚[①]的故事，编排了一段她在死亡祭坛上告别生命的舞蹈。终于，亚历山大·格罗斯为我安排去慕尼黑演出，在那我与母亲和伊丽莎白又团聚在一起，她们也很高兴看到我终于又是独身一人了，但是也发现我变得郁郁寡欢，与以前判若两人。

在我到慕尼黑之前，我和伊丽莎白去了趟阿巴齐亚。我们乘着马车在街上四处搜寻合适的旅馆，但是没有找到，反而在这个原本平静的小镇上引起不小的轰动，被刚好路过的费迪南大公瞧见。他对我很感兴趣，十分亲切地跟我们打招呼，然后还邀请我们去他位于斯蒂芬妮酒店花园的别墅住下。其实我们之间非常清白，但在贵族圈里却被传成丑闻。很快，许多贵族太太们频频拜访我们，开始我还天真地以为她们是对我的艺术感兴趣，后来才发现她们只想打探我们在大公家里的真正身份。就是这些太太们，每天晚上在酒店餐厅的大公桌前向他深深地行礼，我也遵照这礼仪，行礼时比其他人躬身都要深。

那时，我发明了一种新式游泳衣，后来变得非常流行。它是用质地精良的中国丝绸做成的浅蓝色束腰外衣，低领口，细肩带，裙摆刚刚及膝，露出双腿和双脚。在那个时代，女士们下水游泳时都得穿着一身长及脚踝的黑色裙子，还穿着黑色袜子和黑色泳鞋，所

① 伊菲革涅亚是古希腊剧作家笔下的悲剧人物。她是阿伽门农的长女，父亲在特洛伊战争前夕触犯了狩猎女神，决定把她献祭给女神。得知情况后她表现出镇定与牺牲精神，但在祭坛上被女神救走，送到了陶里斯担任神庙祭司。

以你可以想象，我的衣着打扮在当时引起了多大的轰动。费迪南大公经常在跳水桥边散步，用看戏时用的望远镜盯着我看，还会用别人都听得很清楚的声音喃喃地说，“啊，邓肯小姐多漂亮啊！啊，真漂亮啊！就连春天也没有她好看。”

过了一段时间，当我在维也纳卡尔剧院演出的时候，大公每晚都会带着一群年轻英俊的随从和中尉军官们到专门的包厢里看我演出，自然引起人们的纷纷议论。但是大公对我的兴趣纯粹是出于对美和艺术的欣赏，实际上他似乎也在刻意避免与女性的交往，而总是与他那些年轻英俊的军官随从们在一起。几年之后，我听说奥地利法庭做出裁决，要把他监禁在萨尔兹堡的一座阴暗的城堡里，我对他感到深深的同情。可能他真的有些与众不同，但真正有同情心的人不都是有点疯狂吗?

住在阿巴齐亚的那座别墅里的时候,我们的窗前有一棵棕榈树。那是我第一次见到在温带气候里生长的棕榈树。我常常观察它的树叶在清晨的微风中摇曳，并以此创造出我的舞蹈当中双臂、双手和手指的颤动。后来这个动作被我的模仿者们用滥了，他们忘了去寻找动作的最初起源,去观察棕榈树叶的震颤。只有先有内心的领悟,才能由内向外地表达出来。我时常凝视着这棵棕榈树，脑中忘记一切，只记得海涅的动人诗句:

南方有一棵孤独的棕榈树……

我和伊丽莎白又从阿巴齐亚来到慕尼黑。那时，“艺术家之家”是慕尼黑所有生活的中心，每晚都有很多大师，比如卡尔巴赫、伦巴赫、施图克等等。他们在这里相聚，喝着上好的慕尼黑啤酒，高谈阔论哲学和艺术。格罗斯希望把我在慕尼黑的首场演出安排在这儿。伦巴赫和卡尔巴赫都对此表示支持，只有施图克坚持认为舞蹈不太合适在“艺术家之家”这个艺术圣殿堂里演出。于是有一天早上，我便找到施图克的家，我要说服他相信我的艺术也有崇高价值。在他的工作室里，我脱下外套，穿着舞衣为他翩翩起舞，接下来的三四个小时里，我向他阐述了我的神圣使命，向他说明舞蹈也有可能被当作一种艺术。后来他常常对朋友们提起这件事，他说他一生之中从来没有感到如此震惊，我就像奥林匹克山上的森林精灵一般，突然从另一个世界来到他的面前。当然他也同意了我的演出，而且我在慕尼黑“艺术家之家”的首场演出，是这座城市多年以来最为盛大、最为轰动的艺术盛事。

之后我在凯姆学院表演舞蹈，学生们简直都为我疯狂。每天晚上他们都松开拉车的马匹，亲自拉着我沿街道前行，他们簇拥在马车周围，高唱学生歌曲，手举熊熊燃烧的火把，一路蹦着跳着。他们会聚集在酒店窗外唱歌，一唱就是好几个小时，直到我把手中的花束和手帕扔给他们，他们会争着抢夺这些东西，并且每个人把分得的那份戴在帽子上。

有一天晚上，他们簇拥着我把我带到学生咖啡厅里，抬着我把我放到桌子上，我就从一张桌子到另一张桌子不停地跳舞。整个晚上，他们一直在唱歌，不停地重复着：“伊莎朵拉，伊莎朵拉，啊，生活多么美好。”这天晚上的事情被《简报》报道，让城里很多保守人士大吃一惊。其实当晚的一切都是非常纯洁的“胡闹”行为，尽管第二天清晨他们送我回家的时候，我的裙子和披肩已经被他们撕成布条系在帽子上。

那时，慕尼黑是名符其实的艺术活动和文学活动的中心，城里的大街小巷都是学生。每个年轻女孩的腋下都会夹着书本或乐谱，每个商店的橱窗都会展出珍贵的书籍和古画，还有许多新近出版的各类读物。我还参观博物馆里无数珍贵的藏品，享受着从阳光山脉吹来阵阵凉爽的秋风。我拜访了满头银发的大师——伦巴赫，频繁结交哲学大师如卡维尔霍恩等人，所有这一切都激励我重新回到被中断已久的理性和精神生活中。我开始学习德语，并开始阅读叔本华和康德的德语原著，不久便能与每晚来"艺术家之家"聚会的艺术家、哲学家和音乐家们进行长时间的愉悦交谈；我还学会了喝慕尼黑啤酒，近来在感情上所受的打击也渐渐归于平静。

有天晚上，在"艺术家之家"举办的特别艺术晚会上，我注意到一位坐在前排鼓掌的男士，他的侧影非常特别，嘴巴略显柔和，没有那么刚毅。演出结束后，我才得知这位就是理查德·瓦格纳的儿子——西格弗里德·瓦格纳。他加入到我们的圈子里，我很有幸能结识这样一位仰慕已久的朋友，后来他也成为我最亲密的朋友之一。他谈吐不凡，常常回忆起他伟大的父亲，就像环绕在他头上圣洁的光环一样。

我当时刚刚开始阅读叔本华的作品，他阐述的音乐与意志的哲学关系，让我深深地敬仰。

我所遇到的这些超凡的精神，或德国人所说的神圣思想，让我感到就像是被领进一个超凡脱俗、天神一般的思想家的世界，他们的思想比我在世界上所有旅途中遇到的思想都要博大神圣得多。是的，在这里，哲学思想被当作人类的最高境界，只有更神圣的音乐世界才能与之匹敌。在慕尼黑博物馆里，来自意大利的珍贵作品也给了我莫大的启迪。而且考虑到我们离德国与意大利的边境线很近，我心中就有种抑制不住的冲动，于是伊丽莎白、母亲和我便坐上了前往佛罗伦萨的火车。

第 12 章
朝圣希腊

我永远也无法忘记那次美妙的旅程：我们跨越蒂罗尔山脉，然后沿着南面山坡顺坡而上，最终来到翁布里亚平原。

我们在佛罗伦萨下了火车，随后的几个星期里一直兴高采烈地到处游览，我们逛了许多画廊、公园和橄榄园。那时，波提切利的作品激起我年轻的想象力。一连好几天，我就坐在他那幅著名画作《春天》前，深受其启发。我创造出一段舞蹈，力图把画中人物所呈现出来的柔和与美妙的动作表现出来：开满鲜花的大地柔和起伏，仙女们围成圆圈，西风之神在空中飞翔，所有的一切都衬托出中心人物——她一半是阿佛洛狄忒，一半是圣母玛丽亚，她做出一个饱含寓意的手势，象征春天是一个孕育万物生机的季节。

我盯着这幅画看了好几个小时，深深为之着迷。一位上了年纪的管理员好心地给我搬来一个凳子，他还饶有兴趣地看着我痴迷的样子。我就坐在那儿看着这幅画，真的看到鲜花在绽放，画中人物赤裸的双脚在舞动，身体也在翩翩起舞；我还看到快乐使者向我走来。我想："我一定要把这幅画用舞蹈表达出来，我要向人们传递我费尽千辛万苦才体会到的爱、春天和万物生机的信息，我将用舞蹈向人们传递这种喜悦。"

闭馆的时间到了，我还在画前迟迟不愿离去。我想在这个美丽而又神秘的瞬间发现春天的意义。我感觉到目前为止，生活还只是一种毫无结果的盲目追求，我想："如果我能发现这幅画的秘密，我就可以给人们指引一条通往幸福快乐的道路。"我记得当时我觉得生活就像是一个人带着良好的意愿去参加战争，但不幸身受重伤，当他回顾过去时，他会说："我为什么不向人们传播福音呢？这样他们就会免受战争之苦。"

这就是我看着波提切利的《春天》时心中苦苦思索的内容，后来我试着把它改编成舞蹈。啊，甜蜜而又神秘的异教徒生活啊，阿佛洛狄忒散发出圣母般的仁慈与温柔，阿波罗像圣塞巴斯蒂安[①]一样，伸手触向春天的嫩枝！我感到这一切就像一股祥和喜悦的暖流涌进我的胸膛，我把这一切都融进我的舞蹈之中，并把它命名为"未来之舞"。

就在这儿，在一座古老宫殿的房间里，伴着蒙特威尔第的音乐以及一些早期无名大师们的旋律，我为佛罗伦萨的艺术界人士跳舞。其中有一支古提琴的优美乐曲，我在舞蹈中扮成一个天使，弹奏着想象中的小提琴。

我们仍一如既往地不切实际，钱很快就花完了，我们不得不给亚历山大·格罗斯发去电报，让他给我们寄一笔钱，以便我们能去

---

① 圣塞巴斯蒂安：在三世纪基督教迫害时期被罗马皇帝杀害。在有关他的绘画中，都极力展示他健美的躯体和利箭射穿身体时的痛苦和毁灭所带给人的震撼和壮美。

柏林找他。当时他正在柏林准备我的首场演出。

当我们到达柏林乘坐马车穿城而过时，整座城市到处都张贴着我的海报，宣传说我将在克罗尔歌剧院进行首场演出，爱乐乐团将会为我伴奏，这真让我倍感吃惊。亚历山大·格罗斯领我们来到位于菩提树下大街的布里斯托尔酒店内，在酒店的一个豪华套房里，所有的德国媒体都在等着我首次接受媒体采访。通过我在慕尼黑的学习以及在佛罗伦萨的经历，我变得善于沉思而且思维敏捷，我操着一口带美国口音的德语，向他们阐述我对舞蹈天真而又伟大的理解，我认为舞蹈艺术是“既伟大又原始的艺术”，它将唤醒其他所有艺术，这让媒体的记者先生们大吃一惊。

这些德国记者与后来听我解释舞蹈理论的美国记者相比，真是有着天壤之别。德国记者们会毕恭毕敬、专心致志地听我演讲。第二天德国的各大报纸会刊出长篇报道，他们对待我的舞蹈既严肃而又富含哲理。

亚历山大·格罗斯是一位极有勇气的开拓者。他把所有的资金都用在筹备我在柏林的演出上。他不惜成本地为我做宣传，租用一流歌剧院，还聘用最好的指挥。当大幕徐徐升起，露出蓝色的背景幕布，偌大的舞台上只有一个瘦小的身影，如果此时观众们还是一头雾水，仍然没有为我鼓掌的话，这就意味着格罗斯的投资会彻底失败。但他就像一个很有先见之明的预言家，我也实现了他所有的预期——整个柏林都为我疯狂。当两个多小时的演出结束时，观众们都拒绝离场，而是高呼着“再来一个，再来一个”，直到最后，热情高涨的观众冲到舞台跟前，数百个年轻的学生居然爬上舞台，我差点被这些狂热的观众挤死。之后几个晚上，他们重复着当时德国流行的一个有趣的仪式，他们把马匹从马车上解下来，然后像凯旋的战士一样拉着我的马车穿过街道，最后送我回到菩提树下大街的酒店。

从第一个晚上起，我就被德国公众称为“伟大圣洁的伊莎朵拉”。有天晚上，雷蒙德突然从美国回来了。他实在太想念我们，表示再也不会与我们分离。于是我们又重新拾起那个向往已久的计划，我们要去朝觐最神圣的艺术神殿——至爱的希腊。我感到自己现在只是徘徊在艺术殿堂的入口，还没有真正进入这座殿堂。在柏林的短暂演出后，不论亚历山大·格罗斯怎样恳求怎样惋惜，我都坚持离开德国前往希腊。我们再次踏上开往意大利的火车，眼中充满希望的光芒，心中无比激动雀跃。我们打算途经威尼斯，一起去完成期盼已久的希腊之旅。

我们在威尼斯逗留了几个星期，并满怀崇敬之情参观了这里的教堂和画廊。不过当时威尼斯在我们眼中却算不了什么，因为我们在佛罗伦萨时，就曾崇敬百倍地欣赏到智慧和精神之美。直到多年以后，我与一位身材修长、有着橄榄肤色和一双深色眼睛的情人重游威尼斯时，我才第一次感受到它的迷人之处。但是初来威尼斯时，我迫不及待地想乘船驶向更加崇高的艺术圣地。

雷蒙德觉得我们的希腊之行必须尽可能保持一种原始状态，于是我们没有乘坐宽敞舒适的客轮，而是踏上一艘来往于布林迪西和圣莫拉之间的小邮轮。我们在圣莫拉上岸，因为这里是古老的伊萨卡岛所在地，这里也有古希腊女诗人萨福跳海自尽的岩石。即使是现在，当我回忆起这次旅行时，我仍然记得当时脑海中浮现出英国诗人拜伦的诗句：

哀希腊

希腊群岛啊，美丽的希腊群岛！

火热的萨福在这里唱过恋歌；

在这里，战争与和平的艺术并兴，

狄洛斯崛起，阿波罗跃出海面！

永恒的夏天还把海岛镀成金，

可除了太阳，一切已经消沉。

清晨，我们从圣莫拉搭乘一艘小型帆船出发，船上只有两个水手。就这样，在火热的七月，我们驶过蔚蓝色的爱奥尼亚海。我们驶入安布鲁斯海湾，在小镇卡瓦萨拉斯上岸。

租用这条小船时，雷蒙德指手画脚地打着手势，偶尔还夹杂几句希腊语，向渔夫解释说我们希望旅程尽可能模仿尤利西斯的航行。渔夫好像并不了解尤利西斯的故事，可是一看到我们拿出很多德拉克马①，便鼓足勇气扬帆起航。不过他并不情愿把船驶远，而且还经常用手指着天空发出“轰……轰……”的声音，抖动双臂表示海上风暴即将来临，告诉我们大海变幻莫测，极其危险。我们想到奥德赛描述大海的诗句：

言罢，海神抓起三叉戟，

聚拢云团，搅荡着海面，

① 德拉克马为希腊货币。

从四面八方召集狂飙风暴，
笼罩起大地和海洋，黑夜从天空而降，
东风和南风互相缠卷，还有凶猛的西风和
寒冷刺骨的北风，掀起汹涌的海浪，
拍向他的木船，
瞬间撕碎他所有的希望和勇气。

——《奥德赛》第五卷

再也没有比爱奥尼亚海还要变幻莫测的大海了。我们这次航行冒着极大的生命危险，稍有不慎就真有可能像尤利西斯那样：

话音刚落，一峰巨浪迎头打来，
以排山倒海的巨力，打得木船不停摇转，
把他远远地扫出船板，脱手
握掌的舵杆。凶猛暴烈的旋风
汇聚荡击，拦腰截断桅杆，
卷走船帆和舱板，抛落在远处的峰尖。
奥德赛一直久久地浸在水下，
浸湿的衣服负荷如此沉重，
使他无法从惊涛骇浪下钻出，
但他最终得以探出头来，吐出
咸涩的海水，成股地从头上流淌。

之后，当尤利西斯的船沉没后，他遇到瑙西卡亚：

我承受着莫大的悲伤，
在海上颠簸了十九天，
直到昨天登陆，遭受狂风和海浪的打击，把我从
俄古吉亚海岛一路推搡——现在，命运把我带到此地，
继续遭受悲苦的折磨；我知道苦难
不会中止，在此之前，神们将让我备受磨殃。
怜悯我的不幸，我的女王！我承受了许多磨难，
你是我遇见的第一个凡人；在拥有这片土地，
这座城市的族民里，我没有亲友朋帮。

——《奥德塞》第六卷

我们在伊庇鲁斯海岸的一个名叫普雷韦扎的土耳其小镇稍作停留，在这买了一些食物，我们买了一大块羊乳酪，还买了很多熟橄榄和鱼干。帆船上没有遮蔽物，乳酪和鱼干曝晒在炽热的阳光下，散发出阵阵气味，而且小船总是摇晃颠簸。这真是一次令我终生难忘的旅程。有时海风停止，我们不得不亲自划桨。最终，黄昏时分，我们在卡法萨拉登陆。

当地居民都跑到海边迎接我们，可能就连哥伦布第一次登陆美洲大陆时也没有在土著人之间引起如此巨大的轰动吧。人们看到我和雷蒙德跪下亲吻大地，都惊得瞠目结舌。雷蒙德说：

美丽的希腊啊！心肠冰冷的人看到你，
才不会感受到恋人踏上热土的喜悦；

目光呆滞的人看到你，才不会因看见
你倒塌的墙壁，你倾圮的神殿而哭泣。

事实上，我们当时真是兴奋得发狂。我们想拥抱所有的村民，我们想呐喊："我们终于历尽千难万险到达希腊圣地了。啊，向您致敬，奥林匹亚的宙斯，还有阿波罗，还有阿佛洛狄忒。准备好，缪斯女神，再次起舞吧！我们的歌唱可能会惊醒狄奥尼索斯和沉睡的女祭司们。"

起来吧，啊，女祭司，妻子和少女，
来吧，啊，女祭司，来吧，
啊，给我们带来欢乐，
给我们带来播种之神的种子，
从弗里吉亚山上，
带来神奇的布洛米阿斯酒神，
来到街道、城镇和高塔，
啊，把酒神带回家吧！
穿上鹿皮外衣，镶着雪白的羊毛边，
就像我们的一样。
我在他的面前起誓，要用灰色和白色的兽毛，
装饰酒神的新神杖，
穿着他的鹿皮衣，头上戴着常春藤花冠。

卡法萨拉既没有旅馆，也没有铁路。当天晚上，我们就睡在一

个房间里，这还是客栈能为我们提供的唯一房间。其实我们一晚上都没怎么睡着，首先是因为雷蒙德整夜都在大谈苏格拉底的智慧和柏拉图式的爱情；其次是因为客栈的床板是用单块木板拼成，硬邦邦的很不舒服；还有就是因为希腊的蚊子不计其数，拿着我们饱餐一顿。

清晨我们离开村庄，母亲坐在一辆双驾马车上，车上放着四个行李箱，而我们几个手拿月桂树枝跟在后面护送她。全村人陪着我们走了很远，我们走的是两千多年前马其顿菲利浦国王曾经率军走过的道路。

从卡法萨拉到阿格里尼翁的道路是一条荒凉、崎岖的山路。那是个美丽的早上，空气清新如洗。我们健步如飞，像生了翅膀一样，不时地在马车前蹦着跳着，有时还欢呼雀跃地大喊大叫，或者高歌一曲。当穿过阿斯普罗波特莫斯河（也就是古老的阿基利斯河）的时候，我和雷蒙德都不顾伊丽莎白的苦苦劝阻，坚持要在清澈的河水中浸泡一下，在河水中来一次洗礼，只是没料到水流非常湍急，差点把我们卷走。

旅途中，两只凶恶的牧羊犬从远处一个农场冲出来，穿过整条山谷向我们追来。要不是勇敢的车夫用大皮鞭把它们吓跑的话，它们肯定会像恶狼一样袭击我们。

我们在一个路边小酒馆里吃午饭，第一次品尝到用传统的猪皮袋子加松香封口保存的葡萄酒。这酒喝起来就跟家具上光剂的味道一样，虽然我们喝得表情扭曲，但还是一个劲儿地夸这酒真好。

最后我们到达位于三座小山上的达斯特拉特斯古城遗址。这是我们第一次参观希腊的古城废墟。当我们看到陶立克圆柱时，都兴奋不已。我们跟着雷蒙德，来到坐落于西山上的宙斯神庙剧院遗址。我们充分发挥自己的想象力，在落日中仿佛看到了海市蜃楼——达斯特拉特斯古城再度在三座小山上矗立起来，重新焕发出美丽的光彩。

晚上我们到达阿格里尼翁，虽疲惫不堪，可是仍然兴高采烈，这可不是常人能体会到的。第二天早晨，我们乘坐公共马车到达迈索隆吉翁，在那里我们向拜伦那颗火热的心致敬，整座英勇的城市遗址就像是供奉拜伦的神庙，而这里的大地到处都浸染过烈士们的鲜血。当人们想到是拜伦从火中抢出雪莱的心脏[①]，难道不觉得奇怪吗？雪莱的心脏现在被供奉在罗马，也有可能这两位伟大诗人的心仍然有着某种神秘的交流，正如从“辉煌的希腊”到“壮观的罗马”一样永垂不朽。

所有这些回忆都使得我们欢腾喜悦的心情变得沉重伤感起来。这座城镇仍到处弥漫着画家德拉克洛瓦的名画《万索隆吉翁的突围》中的悲壮气氛，当时全城居民不论男女老幼，都在突围土耳其的防线时惨遭屠杀。

1824年4月，拜伦死于迈索隆吉翁。两年之后，也是在四月份，几乎是在他去世两周年的日子，这些烈士们也与他一同长眠于地下。拜伦为他们的解放而牺牲一切，还有比他在迈索隆吉翁的壮烈牺牲更令人动容的事情吗？他的心与其他烈士们一起，受到人们的供奉，

---

① 1822年，雪莱乘船不幸遇难，他的尸体漂到了托斯卡纳地区海滩上。根据当地法律，任何海上漂来的物体都必须付之一炬，雪莱的遗体于是由他生前好友拜伦和特列劳尼主持“希腊仪式”进行火化。特列劳尼从火化灰烬中取出了雪莱仍未被烧毁的心脏，并将它交给雪莱的遗孀玛丽。

而他们的牺牲也让全世界都认识到希腊的不朽之美。所有的牺牲最终都会得到回报。傍晚天色渐渐暗去，我们只得乘坐开往帕特拉斯的轮船离开。我们站在甲板上看着迈索隆吉翁从我们视野里渐渐消失，心中仍然满怀感动，双眼噙满泪水。

在帕特拉斯，我们左右为难，无法决定是去奥林匹亚还是去雅典。但瞻仰帕特农神庙的愿望最终占据上风，于是我们乘火车前往雅典。火车穿行在美丽的希腊大地上。我们时而瞥到白雪皑皑的奥林匹斯山，时而又穿行在橄榄林中，仙子和树精灵在我们身边翩翩起舞。我们一路上都兴奋不已，有时只能用含泪拥抱来表达心中的激动之情。小站上的农民们都困惑不解地看着我们，也许觉得我们不是喝醉了就是疯掉了，其实我们之所以如此兴奋，只是因为找到了最崇高最耀眼的智慧——雅典娜的蓝色眼睛。

当天晚上，我们到达雅典。第二天拂晓时分，我们踏上雅典娜神庙的台阶，心情无比激动，浑身不停颤抖，还差点儿晕厥过去。当我们向上走去的时候，仿佛我过去的生命就像一件色彩斑驳的衣服，此时正离我而去。仿佛我以前从来没有存在过。在长长的屏息凝神之中，在第一次凝视着圣洁之美的时候，我才真正诞生。

太阳从彭特利库斯山的后面冉冉升起。在阳光的照耀下，神庙显得愈发壮观，神庙的大理石也熠熠生辉。我们登上廊道的最后一级台阶，凝视着晨光下璀璨夺目的神庙，不约而同地保持着沉默，互相之间略微分开些距离。这里的美丽太过于神圣，不能用语言去亵渎它。我们心中诚惶诚恐，不敢再大喊大叫，也不敢相互拥抱，而是每个人都找到顶礼膜拜的最佳位置，一连几个小时只是沉浸于静默的沉思之中，以至于感到虚弱无力，浑身震颤。

现在我们又聚在一起了——母亲和她的四个孩子。我们觉得，只要邓肯一家在一起就足够了，其他人只会让我们偏离自己的理想。而且当我们看到帕特农神庙时，就觉得自己已经达到至善至美的极致。我们扪心自问，既然已经在雅典找到满足我们美感需求的一切东西，那么为什么还要离开希腊呢？有人也许觉得奇怪，那时我已经在公众当中获得了巨大的成功，而且在布达佩斯又曾有过一段轰轰烈烈的爱情，我不是应该渴望回归舞台或回到情人的怀抱吗？但事实却是，当我开始这段朝圣之旅时，我既不是求名也不是求利，这只是一次非常纯粹的精神朝圣，我要寻找的精神正是无法从别处寻迹、依然住在帕特农神庙废墟之中的女神——雅典娜。因此，我们决定，邓肯一家应该永远留在雅典，而且要在这里建立一座彰显我们特性的圣殿。

我在柏林的演出为我赚到一笔看似取之不竭的银行存款，于是我们开始选择一处合适的地址来建造圣殿。全家只有一个人不太高兴，那就是奥古斯丁。他一直心事重重，最后终于向我们坦白，他十分挂念不在身边的妻女。我们都觉得这是他的一大弱点，不过既然他已经结婚生子，我们也只能同意把他的妻子女儿接过来。

他的妻子带着年幼的女儿来了。她打扮非常时髦，还穿着路易十五时期风格的高跟鞋，这让我们十分不满。因为我们害怕亵渎帕特农神庙的大理石地板，都已换上凉鞋，但她坚决反对穿凉鞋。我们甚至觉得，即使我穿的那种法国督政时代风格的服装，以及雷蒙德的灯笼裤、敞领衫和领带等，都已经是堕落的服饰。我们必须换上古希腊人的服装，我们也真的这么做了，这让当地的希腊人见了都大吃一惊。

我们换上希腊式束腰外衣，系上古希腊斗篷，穿上装饰短裙，再用发带束起头发，然后就动身为我们的圣殿选择合适的地点。我们走访了科洛诺斯、法雷隆以及阿提卡的所有山谷，但是都没能找到配得上我们圣殿的地方。终于有一天，我们步行去伊米托斯山，那里以盛产蜂蜜而闻名。我们路过一个小丘时，雷蒙德突然把手杖放到地上，冲我们喊道：“看啊，我们和雅典卫城处在同一个高度上！”的确如此，我们向西望去，看到雅典娜神庙似乎就近在咫尺，但实际上我们离那儿足足有四公里远。

但是要买这块土地也有不少麻烦。首先，没人知道这块土地的主人是谁。它与雅典相距甚远，只有牧羊人才会来这里放羊。我们花了很长时间到处走访，才发现这块地属于五户农民，它就像一块蛋糕一样从中间被分成五份，这种状况已经维持一百多年了。在寻访很久之后，我们才找到这五个农户的户主，问他们肯不肯出售这块土地。这让他们非常吃惊，过去还从未有人对这块土地产生过兴趣。它远离雅典，土壤是岩土土质，只能生长荆棘，附近山上也没有任何水源，从来没人会觉得这块地有什么价值。可是当这些农民一听到我们想买下这块地，就聚在一起商议，认定这块土地肯定是无价之宝，便对我们狮子大开口地漫天要价。不过既然我们邓肯一家已经下定决心买下它，也只好与他们讨价还价。我们大摆宴席，邀请这五户农民出席，准备了烤羊肉和其他一些诱人的美食，还准备了很多“拉其”——当地产的一种白兰地。宴席上，在一位身材矮小的雅典律师的帮助下，我们起草了一份买卖契约，这些农民不会写字，就在上面画押。虽然买下这块土地的价格实在不菲，但我们觉得这顿宴席还是挺有效果的。这片与雅典卫城处于同一海拔高度、自古以来被称为科帕诺斯的荒凉小丘，从此就属于邓肯一家了。

下一步的工作就是找到图纸和绘图工具，制作出建筑设计图。雷蒙德找到建造阿伽门农宫殿的设计图作为模版，他不屑用建筑师帮忙，自己雇来建筑工人和运石工。我们觉得唯一能与我们圣殿相配的石头是来自彭特利库斯山的山石，因为帕特农神庙的圆柱就是开采自这座山崖。不过山脚的红色岩石就已经让我们很满意了。从那时起，每天人们都可以看到长长的运石队伍浩浩荡荡地走在彭特利库斯山到科帕诺斯山之间的山道上。看着一车又一车的红色岩石卸下来，我们也越来越感到欣喜。

终于到了圣殿奠基的关键时刻，我们觉得这件大事应该举行一个与它相配的庆祝仪式才行。众所周知，我们全家没一个有宗教观念，每个人的思想都因受到现代科学和自由思想的影响而获得彻底解放。但我们还是认为，基石的奠基应当遵照希腊的方式，请一位希腊祭司来主持的话肯定更加完美，也会更合时宜。我们还邀请方圆几英里内的全部村民来参加奠基仪式。

老祭司来了，他身穿黑袍，头戴一顶黑帽，法冠上垂下黑色的面纱。祭司要我们找一只黑公鸡当作祭品。这种仪式最早始于阿波罗神庙时代，经由拜占庭祭司流传至今。我们费了一番力气终于找到一只黑公鸡，并把它和祭祀刀一起交给祭司。这时，许多农民也从四面八方的村庄赶来，还有一些社会名流也专程从雅典赶来。黄昏时，科帕诺斯山上已经聚集了很多人。

神情庄重肃穆的老祭司开始了祭祀仪式。他让我们标明房屋地基的确切界线，我们就在雷蒙德提前画好的一个方形区域里跳舞，表明这就是地基。然后老祭司找到离房子最近的基石，趁着红日西下，他把黑公鸡的喉咙割断，让鲜红的鸡血喷到基石上。他一手举刀，一手举着那只被宰的公鸡，神情严肃地围着方形地基走了三圈，然后嘴里念念有词地说着祈祷和咒语。他先是问了我们的名字，就开始为建筑房屋的每一块石头祈福，祈祷辞里时不时地冒出我们的名字——伊莎朵拉·邓肯（母亲的名字）、奥古斯丁、雷蒙德、伊丽莎白和小伊莎朵拉（我的名字）。每次他念到我们的姓氏“邓肯”时，总会发出“僧肯”的发音，因为他总是把“D”的音发成很重的“S”音。他反复劝诫我们要在这座房子里虔诚和睦地住下去，并祈祷我们的后代也会在这座房子里过着虔诚和睦的生活。当他祷告完毕之后，乐师们便上前演奏原始的乡村音乐。人们打开成桶的葡萄酒和拉其酒，还在山上点燃了熊熊的篝火，我们与邻近的村民们喝酒跳舞，整晚都热闹非凡。

我们决定永远留在希腊。不仅如此，我们还发誓要像哈姆雷特说的那样，以后永远不会结婚，“那些已经结过婚的就保持现状吧。”

我们虽接受了奥古斯丁的妻子，但仍然与她保持距离。我们在笔记本上制订了一个计划，规定今后在科帕诺斯生活应当遵守一些规则，当然这些规则只是针对邓肯家的人。我们这样做与柏拉图在《理想国》中的设想有些类似，比如我们规定要日出而作，而且要用欢乐的歌声和舞蹈迎接初升的太阳，之后每人要喝一小碗羊奶来补充营养。上午的时间用来教当地居民跳舞唱歌，他们必须学会礼奉希腊诸神，并且要换下那身难看的现代服饰。而后，我们以绿色蔬菜当作午饭，因为我们早已决定戒除荤腥。吃完清淡的午饭后，下午的时间就用来沉思冥想，晚上则在适宜的音乐伴奏下进行异教徒仪式。

之后就是科帕诺斯圣殿的建造过程。阿伽门农宫殿的墙壁有两英尺厚，所以科帕诺斯圣殿的墙壁也应该具有同样的厚度。直到真正开始建造这些墙壁后，我才意识到我们需要那么多彭特利库斯山上的红色岩石，而且运送每车岩石得花费那么多钱。几天之后，我们决定在工地上宿营过夜，却突然意识到方圆几英里之内连一滴水也没有。我们遥望着盛产蜂蜜的伊米托斯山的高处，仿佛看到无数的清泉和潺潺的溪流；然后看到彭特利库斯山，它的山顶终年被积雪覆盖，雪水融化成许多瀑布沿着山边倾泻而下。唉，我们才明白科帕诺斯山只不过是一片干燥的不毛之地，离最近的泉水也有四公里之远！

但是雷蒙德毫不气馁，他雇了更多工人，让他们动手开挖一口自流井。在挖井的过程中，他偶然发现了许多古代文物，因此便认定这个地方在古代曾是一个村落。可我觉得那只不过是片墓地，因为越往下挖，土层就越干。最后，在科帕诺斯寻找水源的工作连续几周都徒劳无功，我们只得返回到雅典向能够预言未来的神灵请教，我们相信这些神灵就在雅典卫城里。我们向雅典市申请到一张特别许可证，这样我们就可以在月夜去那儿了。我们习惯坐在狄奥尼索斯神庙的圆形剧场里，在那里，奥古斯丁吟诵起希腊悲剧，我们也经常跳舞。

我们一家人过着完全自给自足的生活，也完全不跟雅典的居民打交道，甚至有一天当听到农民们说希腊国王要驾车来看我们的圣殿，我们也镇定自若，丝毫不为所动。因为统治我们的是古代的另外一些国王 —— 阿伽门农、梅内厄斯与普里阿摩斯。

第 13 章
天籁之音

在一个月光皎洁的夜晚，我们正坐在狄奥尼索斯神庙剧场里，突然一个男孩嘹亮的歌声划破夜空——这是男童特有的哀婉脱俗的天籁之音。突然，又响起另一个男孩的歌声，接着一个又一个的声音加入进来。他们唱的是希腊的一些古老歌曲，让我们听得如痴如醉。雷蒙德说："这肯定是古希腊合唱队的童声合唱团。"

第二天晚上，我们又欣赏到同样的歌声。我们给了男孩们很多德拉克马，于是第三天晚上合唱队人数大大增加。渐渐地，雅典的所有男孩都会在晚上来到狄奥尼索斯剧场参加合唱。

这时，我们对希腊教堂的拜占庭音乐产生了浓厚的兴趣。我们经常去参观希腊教堂，聆听美妙而哀伤的颂歌。我们还到雅典城外，参观专为年轻希腊祭司开设的神学院。他们向我们展示了始于中世纪的手稿图书馆。如同很多知名希腊文化研究者一样，我们也认为，那些对阿波罗、阿佛洛狄忒以及其他所有异教诸神的颂歌，流传到希腊教堂里，形式都已发生改变。

我们突发奇想，打算把这些希腊男孩组织起来，再现古希腊合唱队的原貌。每天晚上，我们都在狄奥尼索斯神庙剧场举行歌唱比赛，只有唱出最古老的希腊歌曲的孩子们才能获奖。我们还聘请了一位拜占庭音乐教师。这样，我们从全雅典选出了十位具有最优美嗓音的男孩组成一支合唱队。一位兼习古希腊语的神学院学生帮我们排练埃斯库罗斯[①]的《乞援人》。这些合唱可能是人类谱出的最优美动听的曲子。我尤其记得其中有一首合唱曲描述了一群少女心中的恐惧，她们聚集在宙斯圣坛寻求保护，以免受到跨海而来并带有乱伦意图的堂兄弟们的迫害。

就这样，我们研究雅典卫城，建造科帕诺斯，为埃斯库罗斯的合唱曲编舞，完全沉浸在自己的工作当中。除了偶尔去较远的村子游览，我们毫无他求。

我们还看了“厄琉西斯秘密仪式”，它给我们留下了非常深刻的印象。

“这些神秘的事实无法用语言表述。只有亲眼看到它们的人才能受到佑护；他死后的命运将与他人迥然不同！”

我们准备好参观厄琉西斯，它离雅典有 13.5 英里。我们赤着双腿双脚穿着凉鞋，沿着一条白色的土路跳着舞顺势而下，这条路绕过海边古老的柏拉图树林。为了取悦诸神，我们一路上跳舞前行代替步行。我们途中还经过达佛涅的一个小村庄和哈吉亚·特里亚斯教堂。透过群山之间的开阔地带，我们能看到大海以及萨拉米斯

① 埃斯库罗斯：古希腊悲剧诗人，被称为“悲剧之父”，与下文中提到的欧里庇德斯和索福克勒斯并称为古希腊三大悲剧大师。作品有《被缚的普罗米修斯》《乞援人》《阿伽门农》等。

岛。我们还在此稍作停留，还遥想到了历史上著名的萨拉米斯战役，当时希腊军队在此迎战并击退了国王薛西斯率领的波斯大军。

据说，当时薛西斯就在埃加罗斯山前面的一座小山上，坐着一把银腿椅子看着两军交战。当时是公元前480年，希腊人组织起一支有三百只战船的舰队，击溃了波斯军队，并由此获得独立。大约六百名精挑细选的波斯士兵驻扎在一个小岛上，目的是要截断希腊军队的退路，击毁他们的船只，并把他们赶到岸上去。但是阿里斯泰德斯已经从流放地被召回，他得悉薛西斯要摧毁希腊舰队的阴谋，用机智战胜了波斯人。

一艘希腊战船首当其冲，
腓尼基船头撞上了敌舰船头的雕像；
现在，战船之间进行着激烈战斗，
让敌人陷于绝望而情急拼命。
起初波斯舰队尚能顽强抵抗；
但是很快它的众多船只
却成为它失败的根源。
在狭窄的海湾里，
它们无法施展力量，挤作一团，
坚硬的船头互相碰撞，撞碎了自己的船桨。
此时希腊人却英勇攻击，
直到我们的战船让对方战船倾覆而露出龙骨。
蓝色的大海再也不复存在，
海面上漂浮着无数的残骸和士兵的尸体。

我们一路上真的是边跳边舞前行。只在一座基督教小教堂里逗留了一会儿，因为这里的希腊牧师看到我们走路的样子觉得非常奇怪，于是坚持让我们参观一下这座教堂，并品尝一下他自酿的葡萄酒。我们在厄琉西斯逗留了两天，期间参加了一些神秘的仪式。第三天，我们返回雅典，但我们并不觉得孤单，因为我们有古希腊剧作家和诗人的如影陪伴——埃斯库罗斯、欧里庇得斯、索福克勒斯和阿里斯托芬[①]。

我们再也不想去远处游历，因为我们已经到达心中的圣地，那就是至高无上的完美境地——希腊。我最初对智慧雅典娜的纯洁崇拜，后来发生了偏离；我承认，最后一次去雅典时，吸引我的再也不是对她的狂热崇拜，而是达佛涅一座小教堂里那尊耶稣受难像的面部表情。但在当时，我们正处于生命中茁壮成长的阶段，雅典卫城对我们来说是所有快乐和灵感的源泉。我们年轻气盛，充满叛逆之心，还不懂得悲哀究竟为何物。

每天清晨，我们登上雅典卫城的山门，去探究这座神圣山峰在每一个阶段的辉煌历史。我们还随身带着书，以考证每一块石头的来历。为了核实一些标记和特殊符号的起源和含义，我们还对所有著名考古学家的理论加以研究。

雷蒙德也有一些独到发现。他与伊丽莎白在雅典卫城待了一段时间，试图寻找卫城修建之前山羊上山吃草时留下的古老足迹。结果他们还真的找到一些印记，因为雅典卫城最初就是一伙在此放牧

① 阿里斯托芬是古希腊早期喜剧代表作家，有“喜剧之父”之称。

的人为使羊群有遮风挡雨和过夜的栖身之处而修建的。雷蒙德他们成功地找到羊群经常走过的交叉路线，其历史至少要追溯到雅典卫城建造之前的一千年前。

在年轻的神学院学生的帮助下，我们从几百名衣衫破旧的雅典男孩中挑选出十名具有天籁之音的男孩，并教这些孩子合唱。我们发现，在希腊教堂的礼仪中，从右向左行进时的合唱与相反方向行进时的合唱都十分恰当、协调一致，这印证了我们的结论：这些合唱是献给宙斯、天父、雷神和保护神的赞美诗；而且它们曾被早期的基督徒沿用，转而被献给耶和华上帝。在雅典图书馆，我们找到一些有关古希腊音乐的书籍，书中记载着这样的音阶和音程。在两千年后的今天，我们能够把这些失传的珍宝重新展现在世人面前。这些发现让我们欣喜万分。

当时我们住在英格兰酒店里。酒店非常慷慨地为我安排了一间大厅，我可以每天在那里工作。一连几个小时，我给《乞援人》的合唱曲编配舞蹈动作，灵感来源于希腊教堂的音乐节奏。我们非常专注，而且对这些理论深信不疑，没有注意到不同的宗教表达方式掺杂在一起会产生滑稽的效果。

正如往常一样，雅典当时正处于急剧的变革之中。这次的变革是由皇室与学生之间的矛盾引起的，他们争论的焦点是舞台上应该使用什么样的语言，是用古希腊语还是用现代希腊语。成群结队的学生们在街上游行，他们手中高举标语，坚决支持使用古希腊语。有一天我们从科帕诺斯回来的时候，他们围住我们的马车，对于我们身上穿着的希腊服饰大加赞赏，并邀请我们加入到他们的游行队伍中去。为了古希腊，我们欣然同意。这次会面之后，学生们为我安排在市立剧院进行一场演出。那十个希腊男孩和那位拜占庭神学院的学生都穿上多彩飘逸的古希腊服装，用古希腊语唱着埃斯库罗斯的合唱曲；而我则翩然起舞，这使学生们如痴如醉、狂喜不已。

乔治国王听说了这次表演的盛况，表示希望我在皇家剧院再进行一场演出。但是在王室成员和所有驻雅典的各国使馆人员面前演出，与在民众的剧院里为学生表演相比，缺少那种火爆的激情。这些戴着白色小山羊手套的手掌发出的掌声丝毫没有振奋人心的力量。乔治国王来到后台化妆间，请我去王室包厢里拜见王后，虽然他们表面上看起来非常高兴，但我却意识到他们并不是真心地热爱或理解我的艺术，芭蕾舞才是王公贵族眼中最好的舞蹈。

恰好在此时，我发现我的银行存款都已经花光。我记得在皇家剧院演出的当天晚上，我辗转难眠。于是第二天一早，我就径直去到雅典卫城。我走进狄奥尼索斯剧场，在那跳起舞来。我感到这应该是我最后一次在这跳舞。之后我登上卫城城门，站在帕特农神庙面前。突然间，我们所有的梦想全都像华丽的肥皂泡一样破灭：我们只是现代人，不可能拥有古希腊人的情感。我面前的这座雅典娜神庙，在过去的其他时代里都有着不同的色彩，而我毕竟只是一个有着苏格兰和爱尔兰血缘的美国人罢了，我与红种印第安人的关系，可能要比我与希腊人的关系还要亲近吧。我们在希腊这一年以来的美丽幻想就这样突然破灭了。拜占庭希腊音乐变得越来越模糊，而《伊索尔德之死》的伟大旋律在我耳边响起。

三天之后，我们辞别一大群艺术崇拜者，与十个希腊男孩眼泪汪汪的父母们告别，乘坐火车离开雅典前往维也纳。在火车站，我裹着蓝白两色的希腊国旗，十个男孩和所有送别者一同唱起优美的希腊国歌：

从希腊人心中
涌出对自由的礼赞
希腊！啊，希腊！
你代表自由精神！
希腊！啊，希腊！

当我回顾在希腊的这一年，我想它确实是一段非常美好的时光，我们努力回到两千年前寻找一种美，这种美或许既不被我们理解，也无法被众人理解。法国作家勒南对这种美有着如下描述：

啊，多么高贵！啊，多么简单至真的美啊！女神，你是智慧与理智的象征。你的神殿教导人们要遵从永恒的良知与真诚。我来到你的门槛步入你的神秘，已经太晚；于是我带着深深的愧疚，来到你的圣坛前。我历尽千难万险才找到你。雅典人一下就能受到你的恩赐，而我要通过沉思冥想，通过无尽的历练才能得到。

就这样，我们离开了希腊，在一个清晨抵达维也纳。同行的还有我们的希腊男孩合唱队和他们的老师——那位拜占庭祭司。

第 14 章
轰动

我们想要复兴古希腊合唱和古希腊悲剧舞蹈的愿望，确实是一件非常有意义的事情，但在现实生活中根本无法实现。在布达佩斯和柏林的演出为我获得了巨大经济收益之后，我就决定再也不去世界各地做巡回表演了，只想用赚得的钱建造一座希腊圣殿，以此复兴古希腊合唱艺术。现在回想起年轻时的远大志向，自己都觉得有些可笑。

我们在一个清晨抵达维也纳，为好奇的奥地利观众表演埃斯库罗斯的《乞援人》，希腊男孩表演合唱，而我翩然起舞。剧中有 50 名“达那俄斯的女儿”，我用瘦弱的身体同时表达 50 个少女的情绪确实非常困难，但我已经把众多的情感融入我的身体，尽我最大努力把这些情绪表现出来。

维也纳离布达佩斯只有四个小时的车程，但奇怪的是，在帕特农神庙的一年时光，已经渐渐拉开了我与布达佩斯的距离。因此，就连“罗密欧”从来没有花上四个小时来看望我，也丝毫没有让我觉得奇怪。其实，我也没觉得他应该来看望我。我对古希腊合唱深深地痴迷，并把所有的精力和感情都奉献给了它。说实话，我还真没有想起过“罗密欧”。相反，当时我的全部思维都被一些理性问题所占据，而这些问题把我的注意力都集中在与一位智慧超群的男士的友谊上，他就是赫尔曼·巴尔。

几年前在维也纳的“艺术家之家”里，赫尔曼·巴尔就看过我为艺术家们表演的舞蹈。而这次我带着希腊男孩合唱队回到维也纳演出，也引起他极大的兴趣。他在维也纳《新报》上撰写了许多精彩的评论文章。

赫尔曼·巴尔当时大约三十岁，他的头部很好看，还留着浓密的棕色头发和棕色胡子。尽管他经常在我演出结束后来到布里斯托尔酒店找我，并与我高谈阔论直到天明；尽管我经常起身为他跳起古希腊合唱曲的舞蹈，以此来表达我对歌曲的理解，但是，我们之间却丝毫没有那种男女私情的成分。可能有人会觉得太难以置信，但事实确是如此。在经历了布达佩斯的感情挫折后，一连几年的时间里，我的整个情感都发生了巨大转变，我觉得我已经把爱情封闭起来，将来只会全身心地投入到艺术中去。现在，如果想到我与生俱来就有女神维纳斯那种爱与美的天性，我那样做确实有些让人吃惊，今天看来也仍然感到很难理解。虽然这看起来有些不可思议，但在经历了那次惨痛的觉醒之后，我的情感又沉沉地睡去，而且对这方面，我也丝毫不再渴求什么。我的整个生命都投入到我的艺术之中。

我在维也纳卡尔剧院的演出再次大获成功。刚开始的时候，观众们对希腊男孩合唱的《乞援人》反应相当冷淡，但是在表演结束前我跳起《蓝色多瑙河》时，全场情绪高涨，观众们激情澎湃。演出结束后，我专门向观众解释说这不是我想看到的结果，我希望向他们传达希腊悲剧的精神。我们必须要复兴合唱之美，我说。但观众仍在高喊："别说了，不要说了！跳舞吧！跳《蓝色多瑙河》，再跳一次吧！"他们一次次地鼓掌呐喊。

我们在维也纳获得了丰厚的收入，然后来到慕尼黑。希腊合唱队的出现在慕尼黑艺术界和知识界引起了巨大轰动。著名的富特文格勒教授专门举行了一次演讲，探讨我们表演的由那位希腊教堂拜占庭老师配乐的希腊赞美诗。

慕尼黑大学的学生们对我们的演出充满热情。这些漂亮的希腊男孩们表演相当叫座，只是我要在独舞中表达出50名少女的感情，有时感到力不从心，于是在表演结束后，我经常向观众解释说我并不是在表演独舞，而是代表50名少女，我正在努力，虽然现在只有一人，但是请大家耐心等待，我很快就会创办一所学校，把我现在的角色还原为50名少女。

柏林对我们的希腊合唱队并不怎么感兴趣，尽管著名的科尼利厄斯教授专程从慕尼黑赶来为我做介绍，但是柏林的观众还是像维也纳的观众一样高喊："唉，跳《蓝色多瑙河》吧，别管什么重建希腊合唱曲。"

与此同时，这些希腊小男孩们也与环境格格不入。酒店的老板多次向我抱怨，说这些孩子毫无礼数，而且脾气暴躁。他们总是要求给他们提供黑面包、熟透的黑橄榄和生洋葱，如果吃饭时没有这些食物，他们就对服务员大发脾气，甚至把牛排扔到服务员头上，还用餐刀攻击他们。因此，他们被好几家高档酒店拒之门外。没办法，我只得在我公寓的客厅里放置了十张床，让他们跟我们住在一起。

考虑到他们还是孩子，每天早上我都会带着他们去提尔公园散步，我们穿着凉鞋，打扮得就像古希腊人那样。一天早上，我和伊丽莎白走在这支奇特队伍的前面，忽然遇到德国皇后骑马出行，看到我们的样子，皇后大吃一惊，在一个拐弯的地方从马上跌落下来，估计那匹普鲁士良种马从来没见过像我们这样古怪的人，因此受到惊吓行为失控，把皇后摔到地上。

这些可爱的希腊孩子们只跟我们待了六个月的时间。后来，我们突然发现他们天籁般的嗓音开始变声，就连非常喜欢他们的观众们也都惊愕地面面相觑，开始不满起来。我继续鼓起勇气，努力扮演宙斯圣坛前乞求援助的 50 个少女，但非常吃力，尤其希腊男孩们唱得越来越走样，而且他们那位拜占庭音乐老师也变得三心二意。

这位神学院学生对拜占庭音乐越来越提不起兴趣，他仿佛把所有的热情都丢在了雅典。他也经常缺席演出，而且缺席的频率越来越高，时间也越来越长。最糟糕的事情终于来了：警察告知我们，这些希腊男孩在夜里偷偷地从窗子里爬出去，就在我们以为他们正在睡熟的时候，他们却常常出没在一些廉价咖啡馆里，与一些不入流的人们鬼混。

而且，自从来到柏林之后，他们每个人都长高了半英尺，完全丧失了当初在狄奥尼索斯剧场演唱时那种纯真如天籁般的童声。每天晚上在剧院表演《乞援人》合唱时，越来越不成调子，这简直就是可怕的噪音，我们再也不能以“这就是拜占庭音乐”当作借口为自己开脱。所以有一天，在经历了多次痛苦的商议之后，我们终于做出决定。我们带着所有的希腊男孩来到威特海默百货商店，给矮个男孩买了上好的成品灯笼，给高个男孩买了长裤，然后带他们坐着出租车来到火车站，给每个人买了一张去雅典的二等座车票，与他们挥手告别。他们离开后，我们也暂时搁置复兴古希腊音乐的计划，重新钻研克里斯托弗·格鲁克的《伊菲革涅亚》和《俄耳甫斯》。

从一开始，我就认为舞蹈是一种合唱的形式，是一个群体共同表达感情的方式。正如我努力向观众表现达那俄斯的少女们的悲伤一样，在《伊菲革涅亚》中，我扮演在柔软沙滩上玩着金球的卡尔基斯的少女们，之后在陶里斯的悲伤流放的场景中，我用略带恐怖的舞蹈，表达出希腊同胞和受害者们流血牺牲的场景。我热切地盼望着能创造出一群舞者在舞台上表演的气势，因此她们真的存在于我的想象中。在舞台的金色灯光下，我看到身穿雪白舞衣，体态轻盈的同伴们：她们有着强健有力的双臂，轻轻上扬的头颅，充满朝气的身体和敏捷灵活的双腿，她们都围绕着我翩翩起舞。在《伊菲革涅亚》的最后一幕，陶里斯的少女们为俄瑞斯忒斯的得救起舞狂欢。当我跳起这狂欢的回旋曲时，我仿佛感觉握到她们的双手，当回旋曲越来越快、越来越疯狂时，我感到她们小小的身体的扭动和摇摆。当我最终在极度的喜悦中倒在地上，我看到

直到她们倒下，如同
“在长笛声中，酩酊大醉
独自在树林中追逐着渴望”

我们在维多利亚大街的家中每周都举办一次宴会，现在宴会成为了艺术和文学界人士聚会的中心。还举办过很多次有关舞蹈艺术的

讨论，德国人对待每一种艺术讨论，都非常严肃认真，而且对问题的思考也非常深刻。我的舞蹈也成为他们激烈争论的主题。各大报纸上也经常发表整版的评论，有时称赞我是这种新艺术的天才，有时则批判我破坏了真正的古典舞蹈，也就是芭蕾。每当我结束令观众欣喜若狂的表演回到家后，我都会穿着白色的希腊式衣裙，伴着一杯牛奶，翻阅康德的《纯粹理性批判》，只有老天才会知道，我怎么相信我正从这本书中找到能让我创造出至纯至美舞蹈动作的灵感。

在经常拜访我们的艺术家和作家当中，有一位年轻人，他长着高高的额头，眼镜后是一双目光锐利的双眸。他觉得他有义务向我介绍尼采的才华，他说，只有通过尼采，你才能像你希望的那样充分展示舞蹈的表现力。他每天下午都来找我，用德语为我朗读尼采的作品《查拉图斯特如是说》，并向我解释书中我不明白的单词和短语。尼采的哲学充满魅力，让我陶醉其中，而与卡尔·费登每天相处的几个小时也对我有着极大的诱惑力。因此，尽管我的经纪人极力劝我去汉堡、汉诺威、莱比锡等地进行短期的巡回演出，尽管那里有热情的观众和大笔大笔的钞票等着我，我仍然极不情愿。他常向我描述我的世界巡回演出肯定会大获成功，但我对这丝毫提不起兴趣。我想学习，想继续我的研究，创造出当时还不存在的舞蹈和舞姿。童年时就萌生的创办舞蹈学校的梦想，现在变得越来越强烈。我要待在练舞房中做研究的想法，差点把经纪人给急疯了。他不断地对我进行狂轰滥炸，一会儿恳求我去做巡回演出，一会儿又向我哀叹不已，还拿来一些报纸给我看，告诉我在伦敦和其他地方，我的舞台幕布、演出服装和舞蹈形式都被很多人争相模仿，而且有些还反响强烈、颇为成功，这种对我舞蹈的模仿竟然还被赞为富有原创性。但是即使这样，我也无动于衷。当夏天即将来临的时候，我告诉他这整个夏天，我都打算在拜罗伊特度过，以便在瓦格纳音乐的发源地潜心研究理查德·瓦格纳的音乐。这个决定实在是让经纪人怒不可遏，忍无可忍。直到有一天，有人来访，那不是别人，正是瓦格纳的遗孀。她的到访，使我做出最后的决定。

我从来没有见过像科西玛·瓦格纳这样聪慧热情的女人，她给我留下了如此深刻的印象。她身材高挑，举止端庄优雅，长着一双美丽的眼眸，她的鼻梁对于女性来说也许有些过于挺拔，额头散发出智慧的光芒。她精通各种深奥的哲学，并熟知大师们的每一个名句和音符。她跟我谈起我的艺术时，态度十分优雅，而且对我充满鼓励。然后她向我提到理查德·瓦格纳生前对芭蕾舞和芭蕾服装的厌恶之情，提到他对酒神节的狂欢和花样少女的艺术梦想，还提到那个季节柏林芭蕾舞团在拜罗伊特的表演根本不能表达出瓦格纳的梦想。接着，她问我是否同意在《汤豪瑟》[①]里表演舞蹈。不过这可是个非常棘手的问题。照我的意愿来说，我绝不可能与芭蕾有任何牵连，因为芭蕾舞的动作严重冲击着我的审美观，因为在我看来，芭蕾的表现方式是既机械呆板而又粗俗不堪的。

“唉，我为什么没有自己梦寐以求的学校呢？”我这样回复她的邀请，“那样我就可以把瓦格纳梦想中的仙子、农牧神、森林神和美惠三女神带到拜罗伊特您的面前。但现在我只是独自一人，能做得了什么呢？但是，我会来的，我会尽自己努力，至少能用我的舞蹈把美惠三女神的可爱、温柔和性感的动作表现出来。”

---

① 瓦格纳的著名歌剧。

第 15 章
我爱瓦格纳

在一个明媚的五月天，我到达拜罗伊特，并在黑鹰酒店租下几个房间。其中有一间非常宽敞，我可以在里面跳舞，我还摆放了一架钢琴。每天我都会收到瓦格纳夫人的便条，邀我去用午餐和晚餐，或是晚上去她的万弗里德别墅做客。瓦格纳夫人会尽地主之谊热情款待客人，每天都有至少 15 人去赴午宴。瓦格纳夫人仪态端庄地坐在桌子上首主持宴会，她应变十分灵活，用语非常得体。客人当中有许多德国伟大的艺术家、音乐家，还常常有来自其他各个国家的大公、公爵夫人或皇室成员。

理查德 · 瓦格纳的墓地就在万弗里德别墅的花园里，从图书室的窗口就能看到那。午饭后，瓦格纳夫人会挽着我的手臂走进花园，我们一边绕着坟墓缓缓而行，一边交谈，她语气中充满了甜蜜的忧郁，满怀一些虚幻的希望。

晚上她家里还常常有四重奏演出，每一种乐器都是由著名的艺术大师亲自演奏。像身材高大的汉斯 · 李希特、瘦小的卡尔 · 穆克、颇有魅力的莫蒂、汉姆帕丁克和海因里希·索德，当时每一位艺术家都曾受邀到万弗里德别墅，并且在这儿受到热情的款待。

身穿白色希腊式舞衣的我，竟然能受邀与这些大名鼎鼎的知名人士共赴宴会，我感到莫大荣幸。我开始学习歌剧《汤豪瑟》的音乐，它表达的是大脑对肉欲的疯狂渴望，因为这种狂欢的情景总会在汤豪瑟的脑海中出现。半人半羊的农牧神、林中女神和维纳斯藏身的洞穴被封闭起来，寓示着瓦格纳思维的洞穴也被封闭起来，他不断地渴望能找到一个发泄情欲的出口，但这种出口只能在他的想象中才能找到。

他是这样描述这种狂欢的想法：

“我只能够给你一种模糊的暗示，只能粗略勾画出舞者在未来将是什么样子——人群像旋风般狂舞，像被音乐的狂潮缠住无法挣脱，因纵欲和狂喜而如波涛般澎湃。如果，凭我自己的力量，我有胆量做出类似的举动，那是因为这一切都源自纯粹的想象。这一切只是汤豪瑟在维纳斯怀抱里安睡时所看到的幻象。”

为了实现这些梦境，一个简单的恳求手势，就会激发起上千个手臂伸出；头轻轻地向后一扬，就能代表狂欢激动的情绪，正好表现出汤豪瑟血液中流淌着的似火热情。

“在我看来，这段音乐集中表现了未被满足的感官需求、疯狂的渴望与激情被压抑后的烦闷；简而言之，它是全世界一切欲望的呐喊。

“所有这一切都能表现出来吗？这些幻象是不是仅仅存在于作曲家燃烧的想象之中？那么它们能否以具体的形式表现出来呢？

“为什么要尝试这种不可能实现的事情？我再重述一遍，我不是要去实现它，我只是指出来。

“当这些可怕的欲望爆发的时候，当它们打破所有障碍，就像是无法阻挡的洪流向前奔腾时，我便让烟雾弥漫整个舞台，人们虽然都无法用眼睛看见，但他们会在想象中看到故事的结局，这样远胜过肉眼看到的清晰景象。

“经过这种爆发和破坏之后，经过破中有立、立中有破的过程后，一切归于平静。

“这是美惠三女神，代表着宁静，代表了爱欲得到满足之后的慵懒倦怠。在汤豪瑟的梦中，她们时而纠缠在一起，时而又分离开来，当她们纠结在一起的时候，时分时合轮流更替。她们颂唱着宙斯的爱情。

“她们讲述着宙斯的猎艳经历，讲述他幻化成公牛驮着那名叫欧罗巴的少女渡过大海。她们的脑中满是爱情，她们的情欲就像是丽达爱上了宙斯幻化的白天鹅一样无法自拔。因此，她们命令汤豪瑟躺在维纳斯雪白的臂弯里进入梦乡。

“有必要以粗俗的形式把这些幻象呈现在观众面前吗？你不是更愿意看到在朦朦胧胧当中，欧罗巴一只纤细的手臂搂住那只大公牛的脖子（她将宙斯紧紧搂住），向河对岸呼唤她的女伴们挥手作别？

“你不是更想偷窥丽达被天鹅的翅膀半遮半掩，因等待即将到来的热吻而浑身颤抖吗？

“可能你会回答：‘是的，你在那能做什么呢？’我可以简单地告诉你——‘我会暗示。’”

从清晨一直到夜晚，在山丘上这座红砖殿堂里，我参加所有的排练，期待着第一场演出。《汤豪瑟》《指环》《帕西法尔》，我不断地排练，直到我完全陶醉在音乐之中。为了更好地理解它们，我甚至把这些歌剧的所有台词都背得滚瓜烂熟，以至于脑海中塞满了这些传奇故事，我的整个身体都随着瓦格纳的音乐旋律而颤动。我已然达到一种忘我的境界，似乎外部世界完全是阴冷、黑暗而虚幻的，对我来说唯一真实的就是剧院里上演的故事。有一天，我饰演金发的西格琳达，她躺在哥哥西格蒙德的怀抱中，这时美妙的春天之歌响起。

春天来了，让我们跳舞吧……

让我们跳舞吧，我的爱人。

接下来，我又扮演因失去神性而哭泣的布伦希尔德，还扮演因受到科林索尔的蛊惑而疯狂诅咒的昆德丽。但是最极致的体验是我的灵魂升腾的那一刻，在基督的鲜血染红的圣杯里颤栗。这是多么非凡的魅力啊！啊，我真的忘却了蓝眼眸的智慧女神雅典娜，忘却了她在雅典的山顶上那座完美的神庙。在拜罗伊特山上，另一座神庙正在崛起，它神奇的曲调和回响，使得雅典娜神庙都黯然失色。

黑鹰酒店拥挤不堪，让人觉得很不舒服。有一天，我在赫米特基区的花园里散步——这些花园是由巴伐利亚的疯子国王路德维希建造的——我发现了一座由石头砌成、建造精美的老房子，这曾是马格雷夫的狩猎别墅。它有一个既宽敞又漂亮的客厅，古老的大理石台阶一直通向一座充满浪漫气息的花园。房子已经年久失修，有些破旧，里面住着一大家子农民，他们在这里已经住了有二十多年。我给了他们一大笔钱让他们搬走，至少这个夏天他们可以住在别处。然后我请来油漆工和木匠，把房子内部的所有墙壁都涂上灰泥，刷上淡绿色的油漆。我还赶到柏林订购了沙发、垫子、藤椅和书籍。最后，我终于得到了这座名为“菲利浦别苑”的房子，因为它最初是被当作狩猎休息的别苑。后来，我常常想起它，我把它叫作“海因里希的天堂”。

当时我独自一人待在拜罗伊特，母亲和伊丽莎白正在瑞士消夏，雷蒙德返回到雅典继续建造科帕诺斯的圣殿。他经常给我发来电报说：“自流井进展顺利。下周定会出水。速寄钱来。”这种情况一直持续着，直到科帕诺斯的工程花掉了一大笔钱，让我很吃不消。

离开布达佩斯已经有两年的时间，我一直过着守身如玉的生活，很奇怪的是，我仿佛又回到了童贞的少女时代。我身体的每一个细胞，从大脑到躯体，都完全沉浸在对希腊的热情中，现在已经转到了对理查德·瓦格纳的狂热之中。我睡得很少，每天早上醒来后，就会哼唱头天晚上刚刚学过的主题音乐。但是，爱情又一次在我心中醒来，尽管与上次的情形很不一样。也许，这是同一个爱神，只是戴着另一副面具。

我和朋友玛丽两个人住在“菲利浦别苑”里，这里没有仆人的房间，男仆和厨子只能住在附近的小旅馆里。有天晚上，玛丽对我说：“伊莎朵拉，我不是想吓唬你，可是你快来窗边看看吧。就在那儿，在对面那棵树底下，每天晚上半夜过后总有个男的在那看着你的窗户。我担心这是个不怀好意的窃贼。”

果然树下站着一个身材瘦小的男人，正望着我的窗户，把我吓得浑身哆嗦。但突然间月亮露出来，照亮了他的脸庞。玛丽一下子紧紧地抓住我，我们俩都看清了，那是海因里希·索德仰着的面孔，满脸充满了兴奋。我们俩赶紧从窗户边向后退去，像女学生那样咯咯大笑了一阵，这也许是恐惧消失后的自然反应吧。

“他每天晚上就像这样站在那里，已经整整一个星期了。”玛丽小声说。

我告诉玛丽在屋里等着。我在睡衣外面套上一件外套，轻轻地走出房子，径自朝着海因里希·索德站着的地方走去。

“亲爱的好朋友，”我说，“你真这么爱我吗？”

“是，是啊……”他结结巴巴地说，“你就是我的梦想，你就是我的圣克莱拉。”

我当时还不知道这是什么意思，后来他告诉我他正在写他的第二本伟大作品，是有关圣弗朗西斯的。他的第一本书描写了米开朗琪罗的一生。正如其他伟大的艺术家一样，索德也会沉浸在他作品的想象世界中，此时他变成了书中的圣弗朗西斯，而把我想象成为圣克莱拉。

我拉起他的手，轻轻地把他领上台阶，走进别墅里，但他仍像在梦游一样，用充满了祈盼、闪着亮光的双眼凝视着我。我回头迎向他的目光时，突然感觉到身体飘了起来，与他一起穿越天国的空间，穿越无数条光彩四溢的道路。这种爱情的奇妙感觉，是我以前从未体验过的，它使我的整个身体都脱胎换骨，散发出光芒。我们对视很长时间之后——我也不知道究竟有多长时间——我感到浑身发软，头晕目眩，我所有的感官都为之心醉神迷，然后，在一股莫可名状的巨大幸福感之中，我晕倒在他的怀抱里。当我醒过来时，那双漂亮的眼睛仍然直射进我的双眼。他轻轻地吟道：

“我坠入爱河了，

我坠入爱河了！”

我再次体会到超凡脱俗、飘飘欲仙的感觉，索德俯下身亲吻着我的双眼和额头，我们一直相处到第二天早上才分开。但这并不是世俗的情欲之吻。也许有些多疑的人很难相信，不管是这天晚上，还是在以后的每一天晚上，他都来到别墅看我，索德从来没有对我做出任何世俗间越轨的行为。他总是用闪烁着光辉的眼眸凝视着我，直到我被融化在他的目光里，我的灵魂像生出一对翅膀，与他一起飞向天际。我也不希望他对我进行任何世俗的表白。我沉睡了两年的感官，现在已经完全沉浸在一种超凡脱俗的狂喜之中。

拜罗伊特的排练开始了。我和索德一起坐在黑暗的剧院里，听着《帕西法尔》序曲的第一个音符响起。愉悦的感觉传遍了我全身的每一根神经，变得如此强烈，甚至他的胳膊轻微地触碰到我，我也会因狂喜而颤栗，整个人变得虚脱眩晕，陶醉在甜蜜而又痛苦的快感之中。这种感觉像千万束光芒在我脑中盘旋，这种喜悦在我的喉咙中涌动，我真想高声呐喊出来。但我经常感觉到他把轻柔的手按在我的双唇上，来平息我无法抑制的叹息和轻微的呻吟。我身上的每一根神经，都仿佛达到了爱情的极致，而这种感觉通常只是一瞬间。我就这样忍不住地哼着，不知道那是极度的喜悦，还是可怕的痛苦。或许我二者兼有，我渴望着与剧中的安福斯塔一起呐喊，与昆德丽一起尖叫。

每天晚上，索德都会来到菲利浦别苑。他从来不会像恋人那样，也从未试图解开我的衣衫，虽然他知道我身体的每一部分都是属于他的。我从未体验过的激情在他的注视下苏醒过来，而这种激情又是如此强烈，常常让我窒息晕倒，然后再次醒来时又会看到他那美丽的双眸。他完全占据了我的灵魂，我只能凝视着他的目光，希望就此死去。因为这不像世俗之爱那样，无法满足或稍作停歇，总是充满强烈的渴求。

我完全失去了食欲，甚至也不想睡觉，只有《帕西法尔》的音乐能让我激动地流下泪水，仿佛只有这样才能把我从这种微妙而可怕的爱情迷潭中暂时解脱出来。

海因里希·索德的意志力非常强，如果他愿意的话，他能从这些令人陶醉眩晕的幸福中唤醒我的纯粹理智。他会一连数小时，滔滔不绝地与我谈论艺术。此时，我觉得世上只有一个人能和他相提并论，那就是邓南遮。索德在某些方面与邓南遮很像，比如他也身材矮小，长着一张大嘴和一双奇特的绿色眼睛。

每天他都会给我带来一部分《圣弗朗西斯》的手稿。每写完一章都会为我朗读。他还从头到尾为我诵读了但丁的整部《神曲》。他会一直为我读到深夜，读到清晨。他经常在日出拂晓时才离开菲利浦别苑。虽然他朗读时除了用清水润润喉咙之外什么也没喝，但他像醉汉一样走得摇摇晃晃的，那只是因为他陶醉在自己的超凡智慧的圣洁本质之中。有一天早上，正要离开菲利浦别苑时，他突然惊惶失措地抓住我的手臂说：

"我看到瓦格纳夫人正朝这走来！"

确实如此，在晨曦之中，瓦格纳夫人出现了。她面色苍白，我还以为她正在生我的气呢，但并非如此。我们在前一天曾因《汤豪瑟》中酒神祭祀的狂欢场景中，我为美惠三女神所编的舞蹈是否含义准确而发生了一些分歧。当天晚上，瓦格纳夫人无法入睡，就翻出瓦格纳先生的遗物，发现他的一本小册子里有一段描述，这与任何已发表的资料相比，都能更加准确地反映出他在构思这段狂欢舞蹈时的真实想法。

于是这位亲爱的夫人再也按捺不住急切的心情，天刚蒙蒙亮就过来找我，要表明我是对的。不仅如此，她还用颤抖的声音说:“我亲爱的孩子，你肯定是从大师那里得到的灵感。你看，这是他写的，跟你的直觉完全吻合。从今往后，我再也不会干涉你的创造，拜罗伊特的舞蹈编排全都听凭你的。”

我猜想可能就在这个时候，瓦格纳夫人萌生出一个想法，就是我应该嫁给她儿子西格弗里德，与他一起传承大师的传统。但事实上，西格弗里德一直以兄长之情对待我，也一直都是我的朋友，但从来没有表露过要把我当成恋人的想法。而且就我来说，我整个身心都沉浸在与索德的超乎凡人的爱情之中，而且当时也没有意识到与西格弗里德的结合将对我有什么样的价值。

我的灵魂就像一个战场，阿波罗、狄奥尼索斯、耶稣基督、尼采和理查德·瓦格纳在这个战场上争战不休。在拜罗伊特的日子里，我在维纳斯堡与圣杯之间苦苦挣扎。在瓦格纳的音乐洪流中，我被卷起，随波逐流漂到远方。

我很高兴，在我年轻的时候，当时人们没有像现在这样强烈的自我意识，也不像现在这样憎恨生活，拒绝享乐。在《帕西法尔》幕间休息时，人们平静地喝着啤酒，但这并不妨碍他们的理性和精神生活。我常常看到伟大的汉斯·李希特静静地喝着啤酒，吃着香肠，但这并不影响他过一会儿就像个天神一样指挥乐队，也不影响周围的人们继续讨论崇高智慧和精神意义的话题。

在那个年代里，任性而为并不等同于灵性。人们意识到，人的精神是一种积极向上的力量，必须通过巨大的能量和活力，它才能展开。大脑只不过是身体多余的能量。而身体，像一个章鱼一样，会吸收它所遇到的任何事物，而把它不需要的传送给大脑。

拜罗伊特的很多歌唱家都身材高大魁梧，但当他们张嘴时，歌声就会传到不朽的神灵们所居住的那个精神与美的世界中去。这就是为什么我坚持认为，这些人没有意识到，对他们来说，他们的身体只不过是个面具，掩盖了其体内能表达神圣音乐的无尽能量与活力。

第 16 章

拜罗伊特的异教徒

我在伦敦时，曾在大英博物馆里读过厄恩斯特·海克尔[①]的英译版作品。他对宇宙间各种不同物质做出的清晰明了的阐述，给我留下了深刻的印象。我还给他写过一封信，向他表达了感激之情，感谢他的作品给我启发。也许是这封信里有什么地方引起了他的注意，后来我在柏林演出时，他还给我写了回信。

当时，因为他的自由言论，厄恩斯特·海克尔遭到德国皇帝的放逐，不得擅自到柏林来，但我们仍然一直保持书信往来。当我来到拜罗伊特后，便给他写信邀请他前来做客，并观看我的演出。

在一个雨天的早上，我乘坐一辆双驾敞篷马车（那个年代里还没有汽车），去火车站迎接厄恩斯特·海克尔。这位伟大的人物从火车上走下来，尽管他已年过花甲，但却有着运动员般的体格，而且白须白发，气度不凡。他穿着宽松得有些奇特的衣服，手中提着

① 海克尔（1834—1919 年），德国动物学家，宣扬达尔文进化论。

一个毛毡旅行袋。我们虽从未谋面，却一见如故，立马就认出了对方。他一下子就用那粗大的手臂把我搂进怀中，我的脸也埋进他的大胡子里。他整个人都散发出一种健康、力量和智慧的芳香，如果智慧也可以比喻成香气的话。

他随我来到菲利浦别苑，我们专门为他准备了一个装点着鲜花的房间。然后我急匆匆地跑到万弗里德别墅，把这个好消息告诉瓦格纳夫人，告诉她伟大的厄恩斯特·海克尔已经到来，正在我家做客，而且他还要来听《帕西法尔》呢。但让我奇怪的是，瓦格纳夫人对这个消息反应相当冷淡。我当时还没有意识到瓦格纳夫人床上方的十字架和床头柜上的念珠并非只是装饰，她经常去教堂做礼拜，是一个虔诚的天主教徒。而厄恩斯特·海克尔曾写过《宇宙之谜》，他信奉达尔文的学说，也是自达尔文以来最著名的反宗教人士，因此他在万弗里德别墅肯定不会受到热情招待。但我天真又坦率地向她解释海克尔的伟大之处，告诉她我对海克尔的崇敬之情。瓦格纳夫人与我关系不错，不好回绝我的请求，才极不情愿地答应在众人艳羡的瓦格纳包厢里给他留个位子。

那天下午，在幕间休息时，我穿着希腊式舞衣，裸着双腿，赤着两脚，与厄恩斯特·海克尔手牵手地走在瞠目结舌的观众面前。他身材高大，一头白发也高出众人之上。

在观看《帕西法尔》的过程中，海克尔一直保持沉默，直到演到第三幕时，我才意识到舞台上这些充满神话色彩的激情丝毫不能引起他的兴趣。他的思维过于科学理性，根本不会接受神话传说。

由于他并没有收到万弗里德别墅的任何宴请，于是我决定为厄恩斯特·海克尔举办一次欢迎宴会以向他表达敬意。我邀请到很多知名人士，比如当时正在拜罗伊特访问的保加利亚费迪南国王，还有德国皇帝的妹妹萨克森 - 迈宁根公主，她也是一位思想相当开明的女性，此外还有卢塞恩的亨利王妃、汉姆帕丁克、海因里希·索德等人。

我在晚会上发表了演讲，赞颂海克尔的伟大，并为他献上舞蹈以表敬意。海克尔对我的舞蹈作出高度评价，把它比作大自然中存在的普遍真理，并说它是一元论的一种表现形式，因为它起源于单一的根源，而且只有一个发展方向。接着，著名的男高音歌唱家冯·巴里献唱。我们共进晚餐，海克尔高兴得像个孩子一样。我们整晚都享受着美食美酒不停欢唱，一直到天亮。

但是，第二天，海克尔天一亮就起床了，他住在菲利浦别苑期间的每天早上都保持着早起的习惯。他常常来到我的卧室，邀请我和他一起爬山。坦白说，我对爬山可没有他那么大的热情，不过爬山的过程还是挺有意思的，他总会把路上的每一块石头、每一棵树以及每一个地质层向我解说一番。

最后，我们终于到达山顶。他站在那儿，像天神一样，用嘉许的目光观察大自然的杰作。他随身背着画架和颜料盒，画了很多森林和山岩的速写。他是个很不错的画家，不过他的画里唯独缺少艺术家的想象力，更像是科学家熟练准确的观察。我不是说厄恩斯特·海克尔不懂得欣赏艺术，而是对他来说，艺术只不过是自然进化的另一种表现形式。每当我向他讲起我们对帕特农神庙的热爱时，他更感兴趣的是大理石的材质如何、来自哪个地层、取自彭特利库斯山的哪一侧，而没有兴趣听我赞叹雅典雕塑家菲迪亚斯的艺术瑰宝。

一天晚上，我们正在万弗雷德别墅做客时，保加利亚费迪南国王驾到。每个人都站起身来，有人悄声提醒我也站起来，但我的民主意识非常强烈，仍然像名画中的露卡米埃夫人那样优雅地斜倚在沙发上。很快费迪南就向别人打听我是谁，然后径直向我走来，这使得在场的王公贵族们很没面子。他很随意地坐在我身边，并兴致勃勃地对我讲起他对古希腊文化的热爱。我告诉他我梦想着创办一所学校来复兴古希腊文化，接着，他用每个人都能听到的声音大声说："这个想法很不错。你一定要来我们国家，在我那座位于黑海岸边的宫殿里创办你的学校。"

在晚宴上，我问他能否哪天晚上在我表演结束后驾临菲利浦别苑，我可以进一步向他解释我的理想，此时我们的谈话达到高潮。他很有风度地接受了我的邀请，并如约来到菲利浦别苑，与我们共度了一个美好的夜晚。而我也了解到这位了不起的人物，他既是诗人、艺术家、梦想家，也是一位真正充满智慧的君王。

我有一个留着德国皇帝式小胡子的管家，他对费迪南的到访印象非常深刻。当他用托盘端上一瓶香槟和一些三明治的时候，费迪南说："不，我可从不沾香槟酒。"但当他看到瓶子上的商标时，"喔，'酩悦香槟'啊，这可是法国的香槟，给我来一点。说实话，在这里喝德国香槟简直就像喝毒药一样难受。"

尽管我们只是坐在那儿谈论艺术，但是费迪南多次来访，而且我们的交谈通常是在半夜进行的，还是在拜罗伊特引起了轩然大波。事实上，我做的每一件事似乎都很与众不同，总能引起人们的大惊小怪。

菲利浦别苑里有很多长沙发和垫子，还有着玫瑰色的灯光，但没有一把椅子。因此在有些人眼中，这里就是“邪恶的殿堂”，尤其是著名的男高音歌唱家冯·巴里晚上常来做客，他常常突发灵感，整晚引吭高歌，我则随着歌声翩翩起舞，村民们觉得这里简直就是不折不扣的魔窟，把我们纯洁的欢宴称为“不堪入目的纵欲行为”。

当时在拜罗伊特有一家名叫“猫头鹰”的酒馆，是艺术家们常去地方，这些人常常通宵达旦地喝酒喝歌，但是人们觉得这很正常，因为他们的行为方式是每个人都能理解的，而且他们穿着普通的衣服。

我在万弗里德别墅认识了一些年轻军官，他们常常邀请我早晨跟他们一起骑马。我穿着希腊式长裙，光脚穿着凉鞋，任卷发在风中飘舞，活脱脱一副女妖布伦希尔德的模样。菲利浦别苑离剧院有一段距离，于是我便向一名军官购买了一匹马，然后像布伦希尔德那样骑着马去参加所有的排练。这匹马已经习惯了原先的军官主人用马刺踢它，很难驾驭。当它发现只有我在控制它时，便会做出一些奇怪的举动，比如，它在路上总会在军官们喝酒的酒馆门前停住，四条腿像钉在地上一样一动不动，直到它原先主人的朋友们哈哈大笑着从酒馆出来，护送我走一段。你可以想象得出，我最终到达剧场时，会在观众当中造成什么样的轰动。

《汤豪瑟》首演时，我穿着透明的希腊式舞衣，在穿着粉色紧身袜的芭蕾舞演员之间跳舞，显露出我舞动着的身躯，这在观众当中引起很大轰动。最后瓦格纳夫人实在看不下去了，便派她的一个女儿送来一件白色的长裙，恳请我套在薄纱演出服的里面。但我非常执拗，坚持按自己的方式穿衣跳舞，要不然就干脆什么也不穿。

“你们等着瞧，用不了多少年，所有的酒神女祭祀和花样少女都会像我这样穿着打扮。”后来我的这一预言果真得到应验。

但在当时，我那美丽的双腿却引起了人们激烈的争论：我裸露着光滑如丝的肌肤是否合乎道德，我是否应该穿上肉色的丝质紧身衣。我多次为自己声嘶力竭地辩白说，这些肉色紧身衣是多么的庸俗不雅，而在充满高尚思想的人们看来，裸露的人体是多么的美丽圣洁。

就这样，我被所有人当成作一个不折不扣的异教徒，与那些对艺术一窍不通的俗人进行顽强的抗争。但是我这个异教徒在对圣弗朗西斯的崇拜中产生了狂热之爱，这种爱即将把我征服，而且我要按照银号角的仪式，颂扬高高举起的圣杯。

在这个充满传奇的神话世界里，夏天渐渐远去，最后的时刻终于到来。索德要离开这里去外地做巡回讲学，我也为自己安排了在德国的巡演。我离开拜罗伊特，但血液却像中了强效毒药，我甚至能听到海妖的召唤。思念的痛苦、挥之不去的悔恨、令人伤痛的牺牲、爱情呼唤死亡的主题——所有这一切，都将永远抹掉陶立克圆柱和苏格拉底的推理智慧在我心中清晰的影像。

我巡回演出的第一站是海德堡。在那里，我聆听了索德给学生们做的演讲。他用时而温和、时而激扬的声音向学生们畅谈艺术。突然他在演讲中提到我的名字，然后对这些男孩子们讲述一个美国人给欧洲带来了一种全新的审美形式。他的称赞让我抑制不住心中的喜悦和自豪而颤抖起来。那天晚上，我为学生们表演舞蹈，之后我与索德站在酒店的台阶上，与他一同分享成功的喜悦。海德堡所有的年轻人跟我一样深深地热爱着他。每个商店橱窗里都贴着他的照片，每个商店里都堆满了我写的那本小书《未来之舞》。人们总是把我们的名字联系在一起。

索德的夫人为我举办了一次欢迎会。她是位和蔼可亲的女士，但在我看来，她似乎配不上索德的高尚情操。她太过务实，无法成为索德的灵魂伴侣。事实上，在索德生命的最后一段时光，他离开了妻子，与一位小提琴家一起住在加尔德湖畔的别墅里。索德夫人的一只眼睛是棕色的，另一只是灰色的，因此她看起来老是一副心神不安的样子。在后来一起著名的案件中，还有人争论她的身世问题，她究竟是理查德·瓦格纳的女儿，还是德国宰相冯·比洛的女儿。但不管怎样，她对我很友好，就算她心存妒意，也并没有表现出来。

任何因索德而心生妒忌的女人都会使自己陷入酷刑般的痛苦折磨之中，因为不管男人还是女人都很崇拜他，他是每次聚会的核心人物。如果要是研究一下嫉妒都包含哪些内容，这倒是一件很有趣的事情。

虽然我与索德一起度过了很多美好的夜晚，但我们之间并没有发生过肉体关系。即便如此，他对待我的态度，让我整个身体都变得极为敏感，一次不经意的触碰，有时仅仅是一个眼神，都让我感受到最强烈的愉悦和浓浓的爱意，这与在梦中得到的真正欢愉颇有异曲同工之妙。我感到这种状况有些太不正常，因为我最后竟然到了食不下咽的地步，而且还常常会有莫名其妙的眩晕感，我的舞蹈也变得越来越虚幻。

我这次是独自一人去做巡回演出，只带了一个女仆照顾我的起居。最后，我对索德的迷恋竟然痴迷到夜里不断地听到他呼喊我的名字，然后第二天保准能收到他的来信。人们开始为我日渐消瘦而担心，并对我无缘无故的憔悴而议论纷纷。我变得寝食难安，经常彻夜难眠；我觉得自己身体里好像有成千上万个魔鬼折磨着我，便不断地用柔软发烫的双手抚遍全身，试图减轻这种折磨，或是找到发泄的出口，但却总是徒劳无功。我眼前总是浮现索德的身影，耳边总是响起他的声音。在这样的夜晚，我常常在痛苦绝望中起身，在凌晨两点钟乘坐火车跨越大半个德国去找他，只为了能与他相处短暂的一个小时，然后再独自返回继续进行巡回演出，接着承受更大的痛苦。他在拜罗伊特曾用智慧激发起我的狂喜，现在这种狂喜逐渐变成一种无法抑制住的欲望。

直到我的经纪人给我带来一份去俄国演出的合同，这种状况才得以结束。从柏林到圣彼得堡只有两天的车程，但从跨越边境线的那一瞬间，就好像进入到一个完全不同的世界里。视线所及之处都是白雪皑皑的平原和林海。冰冷的雪——闪着亮光、一望无际的雪，似乎让我发热的头脑冷静下来了。

海因里希！海因里希！他现在返回到海德堡，给漂亮的男学生们讲述米开朗琪罗的《夜》和美丽的《圣母像》。而我在这里，离他越来越遥远，我已经进入到一个广袤冰冷的白雪世界里，偶尔能看到破旧的村庄，从蒙着一层厚厚冰霜的窗子里透出微弱的灯光。我仍能听到他的声音，但是已经非常模糊了。终于，维纳斯堡、昆德丽的哭号和安福斯塔福痛苦的呐喊声，都被冰封在一个透明的冰球里。

那天晚上，在卧铺车厢里，我梦到我全身赤裸跳出了车窗，跳进了雪里，在雪中翻滚着，终于冻僵在雪的冰冷怀抱里。真不知道弗洛伊德博士该如何解释这个梦呢？

第 17 章
俄罗斯之旅

当你早上拿起报纸，读到一则新闻说在一起火车事故中有20人遇难（或许他们前一天根本没有想到死亡会降临到自己头上），或者读到新闻说某个城市整个被海啸或洪水淹没。此时，你难道还会相信有上天眷顾或自有命运指引吗？那么为什么还要固执而又自以为是地认为，冥冥之中会有个上帝为我们这些微不足道的人们指引方向呢？

然而在我的生命中，确实发生过许许多多离奇的事情，让我有时不得不相信宿命。比如，那列驶往圣彼得堡的火车并没有按时在下午四点钟到达，而是因为风雪阻拦，第二天凌晨四点才到，整整晚点十二个小时。车站没有一个人迎接我，当我从火车上走下来时，外面的气温只有零下十度，我从来没有感到这样的寒冷。穿着厚厚棉衣的俄国车夫们不停地用戴着手套的拳头敲打着自己的胳膊，让血液在血管里保持流动而不被冻僵。

我留下女仆去取行李，自己乘坐一辆单驾马车，让车夫把我拉到欧罗巴酒店。就这样，在俄国黑暗的黎明中，我孤身一人坐在驶向酒店的马车上，突然看到了爱伦·坡[1]小说中描述的那种恐怖景象。

我看到远处有一个长长的队伍正向这边走来，看起来黑压压的，充满了悲恸凄凉的气氛。男人们扛着一口口棺材，棺材的重量把他们的脊背都压成弓形。车夫让马慢下来，低下头在胸前划着十字。在朦胧的晨曦中，我看着眼前的这一切，心中充满了恐惧。我问车夫这是怎么回事，尽管我听不懂俄语，但他还是设法让我明白了他的意思：这些死者是前一天——可怕的1905年1月5日——在冬宫前被枪杀的工人，手无寸铁的他们来恳求沙皇帮助他们解决困境——只是为了给妻子儿女要些面包。我让车夫把马车停下。当这支长长的送葬队伍经过时，我的泪水流了下来，在脸颊上凝结成冰。但是为什么要在黎明时送葬呢？因为如果在白天送葬的话很有可能会引起更大的动乱，所以这种场景是不能在白天出现在市里的。望着这群贫苦悲伤的工人们扛着死难者缓缓前行，泪水哽住我的喉咙，胸中充满无尽的愤慨。如果火车没有晚点十二个小时，我是决不会看到这种场景的。

啊，黑暗悲恸的夜晚，看不到一丝黎明，

啊，这一列哀伤的队伍中，穷人们蹒跚而行，

双眼因忧伤而哭泣，双手因劳作而粗糙

---

① 爱伦·坡（1809—1849年），19世纪美国诗人、小说家和文学评论家，侦探小说鼻祖，科幻小说先驱之一，也著有大量恐怖小说，象征主义先驱之一，唯美主义者。

裹紧破旧的黑色披肩
在死去的亲人身边呜咽呻吟——
趾高气扬的卫兵走在队伍的两边。

如果我从来没有见过这种场景，也许我的整个人生就会是另外一个样子。看着这支似乎没有尽头的队伍，面对这种悲剧，我对自己发誓，我要尽毕生之力，服务于人民大众，尤其是那些深受压迫的人们。啊，我个人的爱欲和痛苦是多么的渺小，多么的微不足道啊！即使是我的艺术，如果不能帮助这些人们的话，又有什么价值？终于，最后一个悲伤的送葬者从我们身边走过去。车夫回过头，看着我泪流满面的样子非常不解，叹了口气，再一次在胸前划了一个十字，然后策马向着酒店的方向驶去。

我登上酒店的楼梯，来到豪华的房间，躺在安逸的床上，哭着哭着就沉沉睡去了。但是那个清晨看到的悲惨一幕，以及我心中油然而生的怜悯与愤怒之情，对我今后的人生都产生了深远的影响。

欧罗巴酒店的房间非常宽敞，有着挑高的天花板和永远封死的窗户，窗户从来不曾打开，空气通过墙壁高处的通风管道进行流通。我很晚才醒来，这时我的经纪人来看我，并带来鲜花，很快我的房间里就摆满各式鲜花。

两天之后，我在贵族剧院里为圣彼得堡社交圈的社会名流进行表演。这些业余艺术爱好者们早已看惯了有着豪华装饰和布景的华丽芭蕾，当他们看到一个穿着薄纱舞衣的年轻女孩，在简陋的蓝色布景前跳着肖邦的音乐，以她的灵魂舞出肖邦音乐的灵魂，这是多么奇特的事情！当第一支舞蹈结束时，台下就爆发出雷鸣般的掌声。

一听到悲壮的序曲音乐，我的灵魂便充满愉悦与悲痛之情；一听到激昂的波兰舞曲，我的灵魂就立志反抗；一想到清晨那支悲惨的送葬队伍，我的灵魂就因愤怒而哭泣。这样的灵魂竟然在这群养尊处优的贵族观众当中激起热烈的掌声，真是不可思议！

第二天，有位长相迷人而又身材娇小的女士来拜访我。她穿着黑貂皮大衣，戴着钻石耳坠和珍珠项链。她说她就是著名的舞蹈家可斯辛斯基，这着实让我大吃一惊。她代表俄国芭蕾舞团来欢迎我，并邀请我欣赏当天晚上在歌剧院举行的一场盛大晚会。在拜罗伊特时，我早已习惯了芭蕾舞团的冷遇和敌视，他们甚至还把图钉撒在我跳舞的地毯上，把我双脚都扎伤了。但现在在俄国，我却受到截然不同的待遇，这让我又高兴又吃惊。

那天晚上，一辆铺着昂贵毛皮、温暖舒适而相当气派的马车把我接到剧院。我坐在第一排的包厢里，包厢里摆满鲜花、糖果，还有三个圣彼得堡的英俊小伙子。当时我依旧穿着白色的希腊式衣裙和凉鞋，在圣彼得堡的富人和贵族看来，我这副样子肯定非常怪异。

我一向反对芭蕾舞，因为我觉得它是一种虚假而又荒谬的艺术，甚至都算不上是门艺术。但是当可斯辛斯基仙女一般的身姿在舞台上轻盈优雅地起舞时，更像是一只可爱的小鸟或蝴蝶在飞舞，我实在是禁不住地为她鼓掌。

幕间休息时，我环视四周，看着这些世界上最漂亮的女人，她们穿着低胸露肩的礼服，浑身珠光宝气，由衣着同样讲究的男士们陪伴着。这种奢华的排场与头天清晨的送葬队伍形成鲜明的对比，令人难以理解。这些面带笑容、生活幸福的人们与那些可怜的人们难道不是一国的同胞吗？

演出结束后，我应邀来到可斯辛斯基的豪华宅邸参加晚宴。在那里，我遇到了米哈伊尔大公，并向他讲述要为普通大众的孩子们创办一所舞蹈学校的计划，这让他有些吃惊。在他们看来，我一定是个很难理解的怪人，但他们仍然极其热情友好地款待我。

几天之后，美丽的舞蹈家巴甫洛娃来访，于是我再一次坐在包厢里，欣赏她在芭蕾舞剧《吉赛尔》中的动人表演。虽然这些舞蹈动作与任何艺术及人类情感都是背道而驰的，但我还是抑制不住地对巴甫洛娃在舞台上空灵轻盈的舞姿报以热烈的掌声。

晚宴是在巴甫洛娃的家中举行，虽然她家不及可斯辛斯基的家那般豪华，但同样也很漂亮。我坐在画家巴克斯特和贝诺瓦斯特中间，第一次见到了艺术活动家谢尔盖·加吉列夫，并与他热烈地谈论起我作为芭蕾的反对者对舞蹈艺术的见解。

当晚进餐时，画家巴克斯特为我画了一小幅速写，现在这幅画已收入他的书里。画中的我表情严肃，卷发垂在一侧显得有些伤感。巴克斯特有着超强的洞察力，那天晚上竟然给我看起手相来。他发现我手上有两个十字纹。“你将会收获巨大的荣誉，”他说，“但你将会失去世界上你最爱的两个人。”当时，他的预言对我来说还是个不解的谜团。

晚餐后，精神奕奕的巴甫洛娃再次起舞为朋友们助兴。我们告辞时已经是早上五点多了，她仍然邀请我说，如果想看她练功的话，可以当天早上八点半去。不过我迟了三个小时才到（说实话那晚真是累得够呛），发现她穿着薄纱练功服在把杆旁练习，她不断地做着各种高难度的体操动作，而旁边有一位年长的绅士正拉着小提琴为她打着节拍，并督促她更加努力练功。这位绅士就是著名的大师珀蒂帕斯。

整整三个小时，我一动不动地坐在那儿，困惑不解地注视着巴甫洛娃高超的芭蕾技艺。她看起来像是用钢铁和橡皮筋制成的一样，坚硬而富有韧性。她美丽的面容呈现出殉道者般的坚毅线条。她从不停下来休息一下。这整个训练仿佛是要把身体的体操动作与大脑的思维完全分开一样，而思维只能远远地看着严酷的肌肉训练而痛苦不堪。这与我的舞蹈体系所依赖的理论是完全背道而驰的。我认为，身体会变得透明，仅仅是表达思维和心灵的工具。

时间已接近正午十二点，午饭也已准备就绪，但是坐在餐桌前，巴甫洛娃面色苍白，几乎没怎么吃东西，葡萄酒也没怎么喝。我承认当时真是饿坏了，吃了很多炸肉排。巴甫洛娃送我回酒店后，又接着去皇家剧院参加那些没完没了的排练。疲惫不堪的我倒在床上就呼呼大睡了，心里感谢我的守护星座没有让我那么命苦地成为一名芭蕾演员。

第二天，我破天荒地八点钟起床，去参观俄国皇家芭蕾舞蹈学校。在那里，我看到站成一排一排的孩子们，正做着那些令人倍受折磨的动作。他们用足尖站立，一站就是几个小时，就像是遭受严刑拷打的受害者。宽敞的练功房里空荡荡的，让人丝毫感受不到美感和灵感，只挂着一张沙皇的大幅画像，整个练功房就像是一个刑房。我更加深信皇家芭蕾舞蹈学校就是自然和艺术的敌人了。

在圣彼得堡待了一个星期之后，我又动身前往莫斯科。起初，莫斯科的观众不如圣彼得堡的观众那般热情，不过，还是让我引述伟大的斯坦尼斯拉夫斯基的话吧：

“大约是在 1908 年或 1909 年的时候，确切的时间我已记不清了，我结识了当时两位伟大的天才——伊莎朵拉·邓肯和戈登·克雷格，他们给我留下了极为深刻的印象。我无意间看到了伊莎朵拉·邓肯的表演，在此之前我对她一无所知，也没有看到她来莫斯科演出的宣传海报。因此，当我看到在为数不多的观众当中，竟然有以马蒙托夫为首的艺术家和雕塑家，还有许多芭蕾界的艺术家，以及许多爱看首场演出和新奇演出的观众们时，我十分惊讶。邓肯在舞台上的第一次演出并没有引起太大的轰动。因为我并不习惯于看到一个近乎裸露的身体在舞台上表演，所以我也很难欣赏并理解这位舞者的艺术。第一支舞蹈表演完毕后，只有稀稀落落的掌声和些许口哨声，但是在接下来的几个节目中，其中有一个节目特别精彩，我再也无法忍受观众们的冷淡反应，就开始卖力地鼓起掌来。

“到了演出休息时间，我已经成了这位伟大艺术家的信徒，跑到舞台前去为她鼓掌。我很高兴看到马蒙托夫就站在我的身边，与我一样起劲地鼓掌，他的旁边还有一些著名的艺术家、雕塑家和作家。当普通观众看到鼓掌的都是莫斯科知名的艺术家和演员时，他们感到非常震惊，嘘声停止了，陆陆续续有观众开始鼓掌，直到全场都响起了热烈的掌声。观众们还一再请她出来谢幕，演出结束时全场都在欢呼喝彩。

“从那时起，我就一场不落地观看了邓肯的全部演出。这种去看她演出的冲动，是来自我内心深处与她惺惺相惜的艺术感。后来，当我进一步了解到她的舞蹈艺术和她的好友克雷格的思想后，我才明白，在世界的很多地方，很多不同领域的不同人们都在艺术当中寻求同样源于自然的创造原则。当他们一旦遇到对方，都会惊诧于彼此思想上的共同点。我现在正在描述的与邓肯的邂逅，也正是如此。我们无需说话，便知对方的心意。邓肯初次来莫斯科时，我无缘与她相识，但她再次到访时，她来到我们的剧院，我就把她尊为贵宾了。不光是我，我们剧团的全体演员都来欢迎她，因为他们都了解她，而且也都深深地热爱着这位艺术家。

“邓肯不知道如何逻辑而又系统地阐述她的艺术。她的想法都是在偶然的机会中获得的，都是来自日常生活中一些意想不到的事情。比如有一次，有人问她是谁教她跳舞，她回答说：

“‘是歌舞女神忒耳普西科瑞。从我刚会站时我就开始跳舞了。我一生中都在跳舞。人，整个人类，整个世界，都得跳舞。现在是这样，将来也是这样。如果人们想干涉这一切，不愿理解自然赋予给我们的这一项自然需要的话，那么都是白费心机。就是这些。’她用独特的带美国腔的法语说道。还有一次，她提到有一次演出刚刚结束时，就有人来到她的化妆室拜访她，但是这样妨碍了她为下一场表演做准备，她解释道：

“‘这样我没法演出。我上台前，必须在心灵里安装一台发动机。当它开始运转时，我的四肢和整个身体才能脱离我的意志而自由活动。但是如果我没有时间在心灵里装上那台发动机，我就不能跳舞。’

“我当时正在寻找那种富有创造力的发动机，演员们在上台前必须得先学会在心灵中安装一台这样的发动机。显然，我向邓肯提的问题肯定让她很厌烦，于是我就仔细观察着她的演出和排练，发现她的情绪变化会改变她的面部表情，同时她闪亮的双眼会充分展示出她灵魂里的一切。记得当时我们会偶然讨论起艺术，而且把她的追求与我的努力相比较的话，我发现我们所追求的目标竟然不谋而合，都是追求艺术不同分支中的共同的东西。我们在谈论艺术时，邓肯不断地提到戈登·克雷格的名字，她认为他是一个天才，是当代戏剧界最伟大的艺术家之一。

“‘他不仅仅属于他的国家，还属于全世界，’她说，‘他必须生活在一个最能展现他天赋的地方，而且这个地方的工作条件和艺术氛围都必须要符合他的要求。他的位置就在你的艺术剧院里。’

“我知道她给克雷格写了很多提到我和我们剧院的书信，劝说他来俄国。而我，也开始游说我们剧院的经理邀请这位伟大的舞台导演。因为当时我们的剧院就像冲破了面前的障碍，他的到来将给我们的艺术注入新的活力，就像在面团里放进更多的酵母。我必须要为我的同事们说句公道话，他们像真正的艺术家一样来讨论这件事，并决定动用一大笔钱来促进我们的艺术发展。”

正如芭蕾舞让我深感恐惧一样，斯坦尼斯拉夫斯基剧院对我的热情也让我激动不已。只要我自己没有演出，每晚就会去那里，剧团的所有人都对我非常热情。斯坦尼斯拉夫斯基也经常来拜访我，他觉得通过向我提问，他可以把我所有的舞蹈转变成他戏剧中的一种新的舞蹈体系。可我告诉他，只有从孩子抓起才能成功。鉴于此，我第二次去莫斯科的时候，发现他的剧团里有一些年轻漂亮的女孩在试着跳我的舞蹈，但效果却很糟糕。

由于斯坦尼斯拉夫斯基整天忙于剧院排练，所以他通常是在演出结束后来看我。在他的书中有这样一句话：“我想我的问题肯定让邓肯觉得很厌烦。”不，他并没有烦到我。我当时倒是热情非常高涨，一心想要传播我的艺术观点。

事实上，冰冷刺骨的雪天和可口的俄国美食，尤其是鱼子酱，已经完全治愈了与索德精神恋爱引起的疾病。现在我的整个身心都渴望着与一位性格坚强的人交往。当斯坦尼斯拉夫斯基站在我面前时，我感到他就是这样一个人。

一天晚上，我看着他俊朗的体格、宽阔的肩膀、鬓角开始发灰的一头黑发，内心突然升起一股强烈的反抗意识，我再也不要扮演艾吉丽亚的角色了。当他要离开的时候，我把双手搭在他的肩膀上，勾住他强有力的脖子，然后把他的头拉向我，并吻了他的嘴唇。他温柔地回应我的吻，但脸上却露出一副吃惊的表情，仿佛从来没有预料过会发生这样的事情。然后，当我试着进一步靠近他时，他却退缩了，一脸惊愕地看着我，大声嚷嚷着："但是我们的孩子该怎么办呢？""什么孩子？"我问。"什么，当然是我们的孩子。我们该把他怎么办？"他仍没完没了地继续说，"你看，我决不允许我的孩子没有我的管教成为私生子，但我现在有家室，也不可能把孩子放在我家抚养。"

他一本正经地考虑着孩子的问题，这可真是大大超出我的幽默感，我禁不住大笑起来，弄得他有些不悦地看了我一眼，就转身急匆匆地朝着宾馆的门廊走去。整个晚上，有时我想起来这件事来还觉得好笑。但笑归笑，我还是有些不快，甚至非常生气。我想我终于彻底明白，为什么一些极有品位的男人在与一些聪慧的女人约会几次之后，便会跑去那些乌烟瘴气见不得人的地方。可是身为女人，我就不能这样做；所以我那天晚上整夜都辗转反侧无法入睡。第二天早上，我去了一家俄国浴室，在热腾腾的蒸汽和冷水的交替作用下，我恢复了精神。

然而与此相反的是，在可斯辛斯基的包厢里遇到的那些年轻人，会倾其所有为我付出一切，只为能获得我的芳心。但他们一开口讲话，就让我觉得讨厌，我对他们只有冷若冰霜，丝毫提不起兴趣。我想这就是所谓的“爱才不爱貌”吧。当然，在与查尔斯·哈莱和海因里希·索德这样有思想有修养的人交往之后，我再也无法忍受这帮纨绔子弟。

很多年之后，我把这件趣事讲给斯坦尼斯拉夫斯基的妻子听，她很开心地笑了，说:“哦,这倒挺像他的。他对待生活一向很严肃。”

即使我主动出击，也仅仅得到一些甜蜜的吻，但除此之外，我得到的仅仅是冰冷的抗拒，而且毫无回旋的余地，斯坦尼斯拉夫斯基在演出结束后再也没有冒险来过我的房间。但是有一天让我开心的是，他用一辆雪橇带着我到了乡村的一家餐馆，我们在单间里共进午餐。我们喝着伏特加和香槟，谈论着艺术。我终于相信了，即使是妩媚的女妖塞西亲自前来，也无法攻破斯坦尼斯拉夫斯基严守道德的坚固防线。

我常常听人说，从事演艺事业的年轻女孩经常会遭遇危险，但是读者们可以看到，迄今为止，我的艺术生涯却恰恰相反。我只会让我的崇拜者们产生敬畏和尊敬的心理，这反而使我痛苦不堪。

离开莫斯科后，我们在基辅作短暂的访问演出。成群结队的学生因为负担不起我演出的昂贵门票，只得站在剧院前面的广场上，将我团团围住不让我通过，直到我保证再做一次演出，让他们都有机会看到我的表演。我离开剧院后，他们仍站在那儿，表达对剧院经理的不满。我站在雪橇上对他们说，如果我的艺术能够鼓舞俄国的知识青年，我将会感到无比的骄傲与欣慰；因为全世界还没有哪个地方的学生能像俄国学生这样关注理想和艺术。

因为之前签订了返回柏林演出的合同，我的首次俄国之行就此结束。但我离开之前，又签了一份春天再回俄国演出的合同。尽管我在俄国访问的时间很短，但却产生了巨大的影响。人们就我的艺术展开了激烈的争论，有支持者，也有反对者。有一次，一个狂热的芭蕾舞爱好者和一个邓肯拥护者之间还发生了决斗。正是从那个时代起，俄国的芭蕾舞开始使用肖邦和舒曼的音乐，开始穿上古希腊服饰，一些芭蕾舞演员甚至更为彻底，开始不穿芭蕾舞鞋和袜子。

第 18 章

我的舞蹈学校

我回到柏林之后，决心开始创办我酝酿已久的舞蹈学校，再也不能耽搁，必须马上动手。我向母亲和姐姐伊丽莎白表达了我的计划，她们也非常兴奋，于是我们开始为未来的学校寻找房子。我们行动干脆利落，就像我们做其他任何事情那样。短短一周之内，我们在格伦瓦尔德的特拉登街上找到一套刚刚完工的别墅，就把它买了下来。

我们简直就像格林童话里的人物一样：我们前往威特海默百货商店，买了四十张小床，每张床上都挂着白色薄布帘，用蓝色的缎带绑起来。然后我们开始着手把别墅布置成一个名副其实的儿童乐园。在中央大厅里，我们挂上一张希腊神话中女英雄亚马逊的巨幅画像，足足有真人的两倍大。在宽敞的练舞房里，有意大利雕塑家卢卡・德拉・罗比亚的浮雕雕像以及多那太罗的儿童舞蹈雕像。卧室里则是蓝白两色的婴儿像，圣母怀抱圣婴的雕像也是蓝白两色的，还以水果花环镶框装饰——这也是罗比亚的作品。

我把这些艺术品放在学校里，因为它们能表现出人们理想中的儿童形象。比如浮雕和雕像描述了一群正在跳舞的儿童，此外还有书籍和绘画作品等，都是描述了自古至今不同时代的画家和雕塑家理想中的儿童形象；除此以外还有古希腊花瓶上描画的跳舞的儿童，希腊塔纳格拉和皮奥西亚出土的小雕像，多那太罗创造的儿童群舞雕像，以及英国画家庚斯博罗的跳舞的儿童画像。

这些儿童形象都憨态可掬，天真可爱，仿佛兄弟姐妹一样，跨越不同的时代手牵着手聚到了一起。而我们学校的孩子们在这些艺术形象当中学习生活，一定也会越来越像他们，举手投足间就会不经意地流露出同样的喜悦之情和童真的优雅。这将会是她们美丽蜕变的第一步，也是通往新舞蹈艺术的第一步。

我还在学校里放置了一些描绘年轻女孩跳舞、跑步、跳跃的艺术品——这些都是年青的斯巴达女孩，她们必须接受严格的训练，这样将来才能成为英雄战士的母亲。这些陶器上的图案非常精美，刻画着一些健步如飞且常在年度比赛中获得奖项的少女形象，她们面纱飞扬，衣裙飘飘。还有在节庆上手拉着手翩翩起舞的少女们，她们代表了我们追求的完美目标。我们学校的孩子们也渐渐喜爱上这些少女们，将来一定会以她们为楷模，也会一天天感受到这种和谐的神秘力量，因为我坚信，人们只有唤醒内心深处追求美的意愿，才有可能真正地获得美。

为了达到我所期待的那种和谐，她们每天都必须完成依据目标制定的练习。但是这些练习必须与她们的意愿相一致，这样她们才能心情舒畅而且充满渴望地完成这些练习。每个练习并不仅仅是为实现目标的一种手段，练习的本身就是目的，为了让生活的每一天都变得充实与快乐。

体操是一切身体训练的基础，因此给予身体足够的空气和光线是很有必要的。更重要的是要有条不紊地指导身体的发展，而且要激发出身体里的全部能量，并使其得到充分的发展——这些就是体操老师的责任。紧接着就是舞蹈教育了。要在身体协调发展并发挥出最大能量之后，再把舞蹈精神注入到身体内。对于体操运动员来说，身体的运动与培养就是他们的目标；但是对于舞蹈演员来说，这只不过是一种手段。所以舞者必须要忘掉身体的存在，它只是一架和谐匀称的仪器，它的舞姿要表现出舞者内心的丰富情感和深刻思想，并不像体操运动员那样，仅仅为了展示身体的各种动作。

我们的日常练习，目的是让身体在不同的发展过程中尽可能变成完美的表现工具，表现出万物之中不停发展变化的和谐。而此时的身体已经准备好接受这种和谐。

这些练习由一套锻炼肌肉的简单体操动作开始，目的是使肌肉变得柔软而强健。只有在完成这些体操练习之后，才能开始舞蹈学习的第一步。最开始是伴着简单的音乐节奏，学习简单缓慢的行进步伐；之后再配着复杂的音乐节奏，练习快步行走；然后在节奏中的特定部分要练习跑步，起初很慢，然后可以进行缓慢跳跃。通过这样的练习，学生们可以学会音乐音阶的各个音符，进而学会舞蹈动作音阶的音符。之后，这些音符可能构成最复杂多变的舞蹈动作。但是，这些练习只是她们学习的一部分。孩子们在做运动时，在嬉戏玩耍时，在林中散步时，都穿着宽松随意的衣服；她们任由天性地跑着跳着，直到学会能用舞蹈动作轻松自如地表达自己的感情，就像人们用语言或歌声表达感情一样。

她们的学习和观察并不仅仅局限于艺术形式，而更重要的是，首先要观察大自然中的一切运动：云朵随风飘动，树枝摇曳生姿，鸟儿展翅飞翔，树叶变换颜色，所有这一切都对孩子们有着重要的意义。她们要学会如何观察大自然每个动作的特点，感受灵魂深处不为人知的神秘力量，并以此为引导探究大自然的奥秘。她们的身体经过训练都变得柔韧灵活，能对大自然的旋律做出回应，并与之共舞。

为了给学校招生，我们在各大报纸上登广告进行宣传，说伊莎朵拉·邓肯学校专为天资聪颖的孩子们开办，目的是把她们培养成我的艺术信徒，而我也希望把我的艺术传播给成千上万的普遍人家的孩子。当然，学校的开办太过突然，没有预先筹划，没有足够资金，没有周密的组织工作，真是草率行事，快把我的演出经纪人气疯了。他一直为我安排全世界巡回演出，而我处处违背他的意愿。我先是坚持在希腊逗留一年，这被他称作浪费时间；现在我又完全停下我的事业，要招收培养那些他认为绝对没有任何前途的孩子们。不过这件事与我们所做的其他事情真是保持了一致作风，都非常不切实际、不合时宜，而且冲动鲁莽。

雷蒙德从科帕诺斯传来的消息越来越让人吃惊。打井的花费越来越大，而且随着时间一周一周地过去，打出水的可能性越来越渺茫。建造阿伽门农神殿的费用更是一项庞大支出，我不得不打消这个念头。科帕诺斯自从被希腊革命的不同派别占据当作堡垒之后，变成了山头上一片永远存在的美丽废墟。现在它仍然矗立在那儿，也许未来还有建成的希望吧。

我决定把所有的财力物力都投入到这所为全世界年轻一代创建

的学校上，当时我认为德国是一个哲学和文化中心，于是选择在此办学。

成群成群的孩子们前来报名。记得那天，我结束了白天的演出回家，发现街道上挤满了父母和他们的孩子。那个德国马车夫回头对我说：“有个疯女人住在这里，她在报纸上登了一则广告，所以招来这么多孩子。”

我就是那个“疯女人”。我现在还没搞清楚，当时到底是怎么选出四十个孩子的。我当时只是急切地想填满格伦瓦尔德的学校和四十张小床，因此并没有特别地挑剔，或者仅仅因为她们甜美的笑容或美丽的眼睛就选中她们；我并没有问问自己，她们是否有成为舞蹈家的资质。

比如有一天在汉堡，有个头戴高礼帽，身穿礼服大衣的男人走进我入住的酒店的客厅里，手中抱着一个披肩围着的包裹。他把这个包裹放在桌子上，我打开包裹，看到一双机警的大眼睛正望着我——那是个大约四个月的小女孩，是我见过的最安静的孩子，她一声也不哼。这位绅士一脸焦急的样子，问我愿不愿意收下这孩子，迫不及待地等着我的回答。我的目光从孩子的小脸转移到他的脸上，发现他们长得很像，这可能正是他行事隐秘又匆匆忙忙的原因吧。就像我平常做事从不仔细思考后果一样，我答应他收下这个孩子，然后那个人就马上离开了，我再也没有见过他。

就这样，那个人把孩子神秘地交到我手上，仿佛她只是个玩具娃娃一样。从汉堡到柏林的火车上，我发现这孩子正发着高烧，她得了严重的扁桃腺炎，回到格伦瓦尔德之后，我们在两个护士和著名的外科医生——赫法医生的帮助下，给她治疗了整整三个星期才把她从死神手中抢回来。赫法医生非常欣赏我办学的想法，并为我们提供免费的治疗。

赫法医生经常对我说，“这哪是一所学校啊，这简直就是个医院。这些孩子们都患有遗传性的疾病，你将来就会明白，你得尽心尽力地让她们活下来，这要比教她们跳舞还要费力。”赫法医生真是一位乐善好施的人道主义者。他本可以凭借高超的医术得到丰厚的报酬，但他却把所有的积蓄拿出来，在柏林郊外建造了一所医院，用于帮助穷苦的孩子们，而且所有费用都由他一人承担。我们建校伊始，他就自告奋勇地担任我们的医生，负责所有孩子的健康和学校的环境卫生问题。说实话，如果没有他的不懈帮助，我绝不可能把这些孩子们培养得这么健康美丽。赫法医生身材高大健壮，相貌端正，脸颊红润，脸上总是挂着友善的微笑，所有的孩子都和我一样喜欢他。

选拔学生、筹建学校、授课，以及安排她们的生活起居，占据了我所有的时间。尽管我的演出经纪人多次提醒我说，在伦敦等地，有人模仿我的舞蹈而大获成功，并大发不义之财。但是，我却丝毫不为所动，坚决不离开柏林。每天从早上五点到晚上七点，我都教这些孩子们跳舞。

孩子们进步神速，我相信她们良好的健康状况要归功于赫法医生提议的合理素食。他主张不论如何教育孩子，都有必要让她们吃大量的新鲜蔬菜水果，不能吃肉。

当时，我在柏林的名气之大简直难以置信。人们叫我圣洁的伊莎朵拉，甚至还有人传言，只要生病的人来剧院看我的演出，就会不治而愈。因此每次我白天演出时，总能看到有人用担架把病人抬进剧院的奇特场景。我一直穿着白色的希腊式舞衣，赤脚穿凉鞋。观众们都怀着一种绝对的宗教狂热来观看我的演出。

有天晚上，我演出结束正准备回家时，一群学生卸掉马车的马匹，他们自己拉着我穿过著名的胜利大道。在大道的中央，他们强烈请求我发表演说，于是我就站在敞篷马车上——当时还没有汽车——对学生们说：

“再也没有比雕塑更伟大的艺术了，但是你们身为艺术爱好者，怎么能容忍城市中心出现这么可怕的恶行呢？看看这些雕塑吧！你们都是学习艺术的学生，可是如果你们真的热爱艺术的话，就应该在今天晚上搬起石头，把它们全部毁掉！艺术？它们也算艺术吗？不！它们只是代表了德国皇帝的个人喜好。”

学生们都赞同我的观点，纷纷叫着喊着，对我表示支持。如果不是因为警察及时赶来的话，他们极有可能照着我的意思，砸烂柏林市这些丑陋的塑像。

第 19 章

初遇克雷格

1905 年的一天晚上，我正在柏林演出。一般在跳舞时我不会注意台下的观众，在我看来，他们就是神灵，就是伟大人性的象征。不过，在那天晚上，我注意到有一位不同寻常的人物坐在第一排。我并没有仔细看他到底是谁，但从内心深处我可以感受到他的存在。演出结束后，有一位优雅的男士来到我的包厢，但他的脸上却带着怒容。

“你跳得太棒了！”他称赞道，“真是了不起！不过，你为什么要窃取我的创意？你是从哪里搞到我的舞台设计创意的？”

“你在说些什么？这是我自己设计的蓝色背景。我五岁时就有这个创意，而且一直拿它当作我的舞台背景。”

“不！这是我的舞台设计创意！不过我当时就想象着有一位像你这样的人在它的衬托下舞蹈。你的出现实现了我所有的梦想。”

“那请问你是谁？”

随后他说出的话让我激动不已：

“我是艾伦·特里的儿子。”

艾伦·特里，那可是我最崇拜的女性偶像！艾伦·特里！

母亲对他的话一点也不怀疑，于是说：“来我们家用餐吧。既然你对伊莎朵拉的表演这么感兴趣，就请一定来我们家里用餐。”

于是克雷格真的跟我们第一次享用了晚餐。

他当时特别兴奋，不断向我解释他的各种创意和想法。

我也非常有兴趣地听他讲述。

不过，我母亲和其他的家庭成员似乎对这些没什么兴趣，他们很快就开始疲倦了，于是找各种理由离开餐桌回房睡觉，最后只剩下我们两个人。克雷格继续讲述着他对舞台艺术的理解，讲得手舞足蹈。

突然，他话题一转，说道：

“你为什么要留在这个地方？你这样伟大的艺术家为什么要留在这样的家庭中？这是为什么？这太荒谬了！是我发现并创造了你，你应该和我设计的舞台融为一体。”

克雷格身材修长，他的脸庞会让人想到他伟大的母亲，在有些地方甚至会显得更为精致。尽管他身材很高，你却可以在他身上感受到一些女性气质，特别是他的嘴，那是一张嘴唇很薄而且富于艺术气息的嘴。他有一头金色卷发，但比儿时照片上的发色更深（伦敦观众都见过艾伦·特里的金发小男孩的照片，所以对他非常熟悉）。他的眼睛高度近视，但却炯炯有神，从他的眼睛中似乎可以喷射出钢铁一般的火焰。他给人的总体印象是精致秀美，甚至会有一些女人的柔弱，只有他的双手显示着力量。他的手指尖端很宽，大拇指也有些呈方形，就像是猴子的手指。他经常开玩笑说他的拇指是用来杀人的:“亲爱的，用这样的拇指把你掐死可是很容易的哟!”

当时的我就像被他施了催眠术，很顺从地让他替我把披肩套在我那件白色希腊式长裙外面。然后他拉着我的手，我们飞也似的冲下了楼梯来到街上。他拦住一辆出租马车,用流利的德语对司机说:“我夫人和我想去波茨坦。”

好几辆出租马车都拒绝搭载我们，但我们最终还是找到了一辆车。黎明时分我们到了波茨坦。我们停在一家刚刚开门的小酒店门口,走进去喝了杯咖啡。太阳慢慢升起时,我们又踏上了回柏林的路。

大约九点时我们回到柏林，然后想接下来我们去哪儿呢?那时我们不能直接去找我的母亲，于是想到一位叫艾尔斯·德·布鲁盖尔的朋友。艾尔斯·德·布鲁盖尔有着波西米亚人的性格。她怀着极大的同情心招待了我们。她为我们准备了煎蛋和咖啡当作早餐。然后让我去她的卧室睡觉。我一直睡到傍晚时分才醒来。

随后，克雷格带我去参观了他位于柏林一座高层建筑顶端的工作室。他的工作室里铺着深色的打蜡地板,上面洒满了玫瑰花瓣——人工制作的玫瑰花瓣。

在我眼中，他风华正茂、优雅端庄、才华出众；爱意像火焰一样喷薄而出，我迫不及待地扑进了他的怀抱。我一直期待着某种能够吸引我的个人气质，这种期待潜伏了两年之久，随时准备爆发。而克雷格身上的气质正与这种期待相对应，正与我的精神状态相吻合。在他身上,我找到了自己的血肉。他也经常兴奋地对我大喊:“天啊，你就像是我的姐妹。”

我不知道其他女人会怎样回忆他们的情人。我想，对于她们来说，身体的描述仅限于头、肩和手，随后就会转而描述他们的衣服。

在她们看来，这是合乎常理的方式。而在我眼中，克雷格的形象总停留在我们在他工作室过的第一个晚上。当他的身体像破茧一样从衣服中蜕出时，那白皙、光滑、柔软而又带着光泽的胴体让我目眩神迷，惊叹不已，那一时刻，我已完全被他征服。

他的形象应该正像恩迪米恩[①]被月之女神戴安娜第一次看到的那样，身材高挑、皮肤白皙，能与之媲美的还有神话中的雅辛托斯、纳西索斯以及智慧勇敢的珀尔修斯。他不像是一个普通的年轻人，更像是英国艺术家布莱克笔下的天使。当我第一眼看到他的时候，就已经完全被他的俊美所吸引，进而被他所缠绕，最终熔化在他的身体中。就像一团火焰遇到另一团火焰，我们最终烧成了一团熊熊烈火。他，就是我的伴侣，我的爱人，我自己——我这样说是因为我们不是两个人，而是一个人，这正像柏拉图在他的《费德鲁斯》中提到的那种令人惊叹的存在方式：拥有同一个灵魂的两个不同个体。

这并不单纯只是一个年轻男子和一个年轻姑娘在肉体上的水乳交融，而是两个极为近似的灵魂终于融合在一起。肉体上的接触伴随着如此巨大的狂喜，使得这种世俗的感情生活更像是两团白色烈焰在天堂相拥。

这种喜悦如此完整，如此完美无瑕，一个尘世中的人是很难完全享受这一切的。啊，我多么希望，在那天晚上，我那燃烧着的灵魂可以找到出口，像布雷克笔下的天使一样飞出地球的云层，飞到另一个世界去！

① 希腊神话中月神戴安娜所爱的美貌牧童。

他对我的爱新鲜而又强烈，充满了年轻人的活力。不管从哪个角度说，他都不是耽于酒色的人，他喜欢把男女之爱时的热情尽快转化到艺术创作之中，从而成就了他艺术上的奇迹。

他的工作室里没有沙发，也没有扶手椅，他甚至都无法向我提供像样的饭菜。那天晚上我们睡在地板上。他身无分文，我也不敢回家向家里人要钱。我在那儿一直呆了两个星期。当我们需要吃东西时，他就会叫外卖，而且还只能赊账。外卖送到时我躲在阳台上，等送外卖的走了，我再溜回来享受难得的食物。

我那可怜的母亲跑遍了当地的警察局和大使馆，报警说有个卑鄙的引诱者把她的女儿拐跑了。而我们剧团的经理更是被我的突然失踪逼疯了，他又急又气又担心，只能婉言劝走了大批来看我演出的观众，而观众们也不知道到底发生了什么。后来，剧团想出一个好主意，对外宣称伊莎朵拉·邓肯小姐得了严重的扁桃腺炎，所以不能继续演出。

两周后，我回到了母亲身边。说实话，尽管我与他爱得如胶似漆，但我已经开始对睡在硬地板上有些厌烦，还有就是除了熟食店和我们在天黑之后偷偷上街找来的食品外，没有像样的饭菜。

当我母亲看到戈登·克雷格时，她冲着他大叫："你这个卑鄙的引诱者！从我们家滚出去！"

她表面上怒不可遏，其实内心对他还有着深深的嫉妒。

戈登·克雷格是我们这个时代最杰出的天才之一，他是像雪莱一样的人物，有着烈火的热情和雷电一样的灵感。他的很多想法都影响了现代戏剧的发展趋势。诚然，他并没有亲身参与舞台布景的设计。他所做的是在舞台外冥想，而冥想的结果就是你所能看到的现代舞台上所有可以称之为美的东西。如果没有他，我们就不会有后来的莱因哈特、雅克·考波和斯坦尼斯拉夫斯基。如果没有他，我们就会依然停留在传统的现实主义舞台风格阶段，每棵树上都挂满了叶子，每个房间都需要装上真实的门窗。

克雷格也是一个杰出的伴侣。他能够从早到晚一直保持兴高采烈、激情四射的状态。这样的人是极为少见的。清晨的第一杯咖啡就可以使他的想象力火花四射。平常只要和他走在街上，就像是和高贵的大祭司走在古埃及底比斯城的林荫大道上一样。

也许是因为他的高度近视，有时他会突然停下来，拿出铅笔和纸板，看着一幢典型的德国现代建筑，也许是一种新型的实用主义的公寓楼，向我解释它是多么的漂亮。然后他开始在纸板上疯狂地画起来，作品很像埃及的丹德拉神庙。

在路上行走时，他经常会因为一棵树，一只小鸟，或者一个孩子而沉浸于一种狂喜的状态。和他在一起的时光决不会感到无聊。是的，决不会。他或者处于高度兴奋之中，或者走向另一个极端——每到这时，整个天空会瞬间变得昏暗，一种突然的恐惧弥漫于空气之中。人的呼吸都会变得极为困难，仿佛身体中的气息都被抽出体外，整个世界别无所剩，只有苦痛充斥世间。

不幸的是，随着时间的推移，这种糟糕的情绪变得越来越频繁。为什么会这样呢？主要是因为他时常会大喊“我的作品，我的作品！”，每次他这样肆无忌惮时，我就会轻柔地对他说：“不错，这是你的作品。确实很棒。我知道你是个天才——不过，要记得，这是我的学校。”随后他就会用拳头猛砸桌子，大喊：“不错，但这可是我的作品。”然后我会说：“当然，你的作品很重要。你的作品是不可缺少的舞台背景，但舞台演出中第一位的是活生生的演员，因为只有他们的灵魂才能辐射出一切。首先要有我的学校，培养出富有感染力的演员，他们在舞台上优雅的舞蹈；其次是你的作品，完美地衬托这些杰出的舞者。”

这样的争论一般都会使他怒容满面，随之而来的就是令人压抑的沉默。这时，我心中女性的一面会突然惊醒。“亲爱的，我是不是冒犯到你了？”他会说：“冒犯？不会！所有的女人都是该死的麻烦，你也不例外，你这样的麻烦就会干扰我的创作，毁坏我的作品！记住，那可是我的作品，我的作品！”

他会气冲冲地走出去，把门狠命一摔。这时，只有他摔门的声音在提醒我，我已经陷入了怎样的灾难之中。我会一直等着他回来，如果他一天不回来，我就会整晚悲苦地流泪。悲剧就是这样发生的。这样的场景一次次地重复，最终使得我的生活痛苦不堪，简直无法继续下去。

与这样一个天才相爱是我的宿命；而努力使我自己的事业与对他的爱相结合同样是我的宿命。这简直是一种不可能的结合！经过与他前几周疯狂而又热烈的身心之爱后，我们之间爆发了有史以来最为激烈的战斗，主要原因是他的天才创造与我对艺术的理解格格不入。

“你为什么不能停下来？”他曾对我说，“你为什么一定要上台演出？你为什么不能待在家里帮我削削铅笔，支持一下我的创作？”

当然，他非常欣赏我的艺术创造，但他的自负，他作为艺术家的嫉妒心，使他无法认同女人可以成为真正的艺术家。

……

我的姐姐伊丽莎白为格伦瓦尔德学校建立了一个委员会，这个委员会由柏林知名的贵族妇女组成。当她们听说我和克雷格交往后，联名给我写了一封长长的信，信中用词极为正式，表示说她们作为上流社会的成员，无法容忍这样的事情发生。如果我继续这种不光彩的男女交往，她们将不再资助我们的学校。

门德尔松夫人，就是那位著名银行家的妻子，受命将这封长信交给了我。当她带着这封沉甸甸的羊皮纸信来到我面前时，起初她有些不安地看着我，随后突然泪如雨下，把信扔在地板上，冲上来一把把我搂在怀里，哭诉道："我可没有在这该死的信上签字。这些都是她们干的，我也拿她们没办法。她们已经决定不再资助您的学校。只是，她们还是很信任伊丽莎白的。"

伊丽莎白有着自己的想法，但她还不想对外公布，由此我明白了这些贵族夫人的信条：只要你不对某些事发表意见，那你就是对的！这些女人激起了我的愤怒，于是我在爱乐大厅发表了一次特别演讲，阐明我的舞蹈就是寻求人性解放的艺术，而任何女人都拥有自由恋爱和生育的权利。

当然，人们随之会问："那么孩子们该怎么办？"针对于此，我可以列举出很多知名人士的名字，他们都是非婚生的。这并不能阻止他们获得名誉和财富。不过，撇开这一点，我有时会问自己，如果在一个女人看来，这个男人品质如此卑劣，遇到矛盾冲突时，他竟然会不管自己的子女，那么这个女人为什么要和他订立婚姻契约？如果她真的认为这个男人是这样一个人，她还为什么要与他结婚？我一直认为真相和相互信任是恋爱过程中的首要原则。不管怎么说，我坚信，作为一个靠工资为生的女人，如果我牺牲了自己的精力、健康，甚至生命来要一个孩子，我就决不会允许那个男人在某一天来到我面前说：这个孩子在法律上是属于我的，我要把他带走，而你每年只能探视孩子三次！

曾有一个美国作家，他的情妇问他："如果我们不结婚的话，将来我们的孩子会怎么看我们？"他巧妙地回答说："如果你的孩子和我的孩子都是那样的孩子，我们也就不必在乎他们怎么看我们。"

任何头脑清楚的女人，如果她们读过婚姻契约，而又义无反顾地走进了婚姻的殿堂，就应该能够承担婚姻所带来的一切结果。

这次演讲引起了轩然大波。一半的观众对我表示同情和支持，而另一半则大发嘘声，并把手里的东西不断向台上扔过来。最后，不满意的人离开了大厅，而我的支持者们留了下来，我们展开了一次关于女人权利的大讨论，这可远远比现在的妇女解放运动超前。

我继续住在维多利亚街的公寓里，而伊丽莎白搬去学校住。我母亲的立场不断在这两个地方之间摇摆。她一直是一个坚强的人，在艰难困苦面前总能表现出巨大的勇气，但从那时起，她开始觉得生活变得越来越无聊。也许这是她作为爱尔兰人的个性，可以经受苦难，却无法享受富足。她的性情变得越来越不稳定，结果几乎没有什么东西可以取悦她。自从我们出国以来，她第一次开始表达自己对美国的思念之情，在她看来，美国的一切都要比这里的好，比如说食物，或者其他什么东西。

有时我们会带她去柏林最好的饭店用餐，主要是为了让她高兴一下。这时我们会问她："妈，您想吃点儿什么？"她会说："我想吃虾。"如果恰巧这时不是吃虾的季节，她就会絮絮叨叨地数落这个国家，说这是个什么可怜的国家，竟然连虾都吃不到，然后就会拒绝吃任何其他东西。如果这里恰好有虾，她就会拿这里的虾和美国的作比较，说在旧金山的虾比这里的好多了。

我想母亲的性格转变可能是由于她过惯了恪守美德的日子。这么多年，她将大部分时间都花在了子女身上，而现在，子女们都找到了自己的兴趣所在，这些兴趣使他们越来越远离她，这时她才意识到自己最美好的时光都用在了照顾子女上，而并没有给自己留下多少兴趣爱好。在我看来，很多母亲都有类似的感受，特别是一些美国母亲。她这种不稳定的情绪越来越频繁，有时她会嚷着要回老家。不久后，她真的回到了美国。

……

我的头脑中经常浮现位于格伦瓦尔德的那个别墅，那里有四十张小小的床铺。有时命运真是无法解释，因为如果我能早几个月遇到克雷格，这里就肯定不会有什么别墅，或有什么学校了。从他那里，我逐渐意识到根本没有必要建立什么学校。但现在我儿时的这个梦想已经开始成真，建立学校的事儿已经成为我脑中的一种固定观念。

不久，我发现自己怀孕了，这一事实逐渐变得无可置疑。我梦到艾伦·特里穿着闪闪发光的礼服出现在我面前，她的礼服就是在演出《伊莫金》时穿的。她的手里领着一个金发的女孩儿，女孩儿长得和她一模一样。艾伦·特里用她那不同凡响的声音向我呼唤道："伊莎朵拉，这就是爱，这就是爱，这就是爱……"

从那一刻起，我知道了在一个生命诞生前，从这个幽暗的虚无世界中向我走来的是什么。这个孩子会给我带来欢乐和悲伤。欢乐和悲伤！生存与死亡！生命之舞的节奏！

这个神圣的讯号响彻我的整个生活。我继续在公众面前舞蹈，进行我的教学工作，同时用真心去爱我的恩迪米恩。

可怜的克雷格开始变得焦躁不安，闷闷不乐，经常痛苦烦闷地咬着指甲，还经常生气地大叫："这是我的作品，我的作品，我的作品。"

野蛮的个性经常会干涉艺术创作。幸运的是我曾两次梦到艾伦，这给了我很多安慰。

春天来了。我又签订了几个去丹麦、瑞典和德国演出的合约。在哥本哈根，我惊奇地看到很多与众不同的年轻女人，他们留着黑色卷发，头上戴着学生帽，像男人一样在大街上昂首挺胸地走着，脸上流露出无比的睿智和兴奋。我被惊呆了。我从来没有看到过这样光彩照人的女孩子。有人告诉我，这是由于她们的地位发生了改变，丹麦是第一个允许女性参加选举的国家。

我参加这次巡回演出也是迫不得已，因为学校的经济状况已经变得很糟。我不得不动用我的全部储备基金，现在我手里已经没什么钱了。

在斯德哥尔摩，我受到了非常隆重的接待。演出结束后，从体操学校来的姑娘们陪我一起回到酒店，她们在我马车周围又唱又跳，以表达见到我后的喜悦心情。我参观了她们的体操研究院，但这次参观给我留下的印象并不好。在我看来，瑞典的体操把身体看作是静态的，而忘记了我们的身体本应是鲜活流动的。而且，他们把肌肉只是看作肌肉本身，一种类似机械结构的东西，而没有意识到肌肉是我们成长的无尽源泉。瑞典体操界建立了一种关于身体文化的错误系统，他们不懂什么是想象力，而只是将身体看作一件呆板的物体，看不到它的力量和运动潜能。

我在参观体操学校时尽量详尽地将我的理解讲给学生们听。但他们并不是很懂，这也是我能够预料到的。

我在斯德哥尔摩演出时，曾向我无比尊敬的剧作家斯特林堡发出邀请，希望他能够来看我跳舞。他回复说他从不出门，因为他讨厌人类。我特地为他保留了一个在舞台上观看演出的座位，但他依然没有接受邀请。

在斯德哥尔摩的演出非常成功，随后我们乘船返回德国。在船上，我得了重病，这使我意识到该休息一段时间了。其实，我也渴望独处，从“人类”的视线中解脱出来。

六月时，我在学校住了一段时间，然后忽然产生了要在海边呆一阵的强烈愿望。我先来到海牙，然后从那里去了一个叫做诺德维克的小村庄，这个村子位于北海边。在那里的沙丘地带，我租了一栋面积不大的白色别墅，命名为玛丽亚别墅。

我对于生孩子这件事根本没有经验，幼稚地以为这是一个完全顺其自然的过程。我选择的这座别墅距离任何城镇都在一百英里以上。我来此居住后，聘用了一名乡村医生作为我的私人医生。由于我的无知，我当时竟然对那个医生非常满意，现在想起来，这个乡村医生只配给那些乡巴佬的妻子看病。

距离诺德维克最近的村庄叫做卡德维克，两者相距大约三千米。可以说，我完全是一个人独自居住。每天我都会在诺德维克和卡德维克之间往返一次。我一直渴望能够住在海边，就像这样，一个人住在诺德维克的白色小别墅里，周围都是绵延数里的沙丘。我在玛丽亚别墅从六月住到八月。

同时，我和伊丽莎白频繁通信，她在我隐居期间一直掌管着格伦瓦尔德学校。七月时，我在日记中写下了学校的教育规范，并总结出了近 500 种练习方式来帮助学生们从最简单的动作到可以掌握最复杂的动作，这基本上是一本完整的舞蹈动作汇编。

我的小侄女坦波儿来这里和我住了三个星期。她当时正在格伦瓦尔德学习。在这三周内，她不断在海边练习舞蹈。

克雷格依然躁动不安。他曾来过这里，但很快又离开了。现在的我已不再会感到孤单，因为腹中的孩子已经越来越明显地让人感觉到他的存在。看着自己像大理石一样光洁美丽的身体开始变得柔软，变得虚弱，随后伸展变形，那种感受真是难以言表。人的精神越进化，头脑越敏感，遭受痛苦的可能性就越大。这是大自然对人类的可怕报复。不眠的夜晚，痛苦的时刻，幸好其中也充满了欢乐，这种欢乐无边无际，不可抑制。这种欢乐无时无刻不伴随着我。每天我都会在两个村子之间往返一次，行走在没有人烟的海滩上，一边是起伏的沙丘，一边是汹涌的海浪。无论什么时候，海滩上都是有风的，有时是温柔的和风，有时这风会突然变得强烈，我要费力保持身体平衡。偶尔也会有暴风雨，玛丽亚别墅在风雨中颠簸摇晃，就像怒海中的小舟。

我开始越来越讨厌人群聚集的地方。人们总是重复着一些陈词滥调。一个即将成为母亲的女人是多么的神圣，而这却鲜有人提及。有一次，我看到一个女人抱着孩子独自从街上走过。过路人却并没有用尊敬的眼神看着她，而是带着嘲笑的表情互相使眼色，仿佛这个妇女抱着的是未来生活的沉重负担，她的人生将成为一个巨大的玩笑。

在玛丽亚别墅，我总是闭门谢客，只有一个人例外，因为他是我最忠实的好朋友。他经常骑着自行车从海牙来这里，给我带一些书刊杂志，跟我聊聊音乐、艺术或是文学，好让我不至于太无聊。当时他已经和一个著名的女诗人结婚，每次提到他的妻子，他的语气中都充满了温柔与崇敬。他是一个做事有条不紊的人，会在每个月固定的几天里来看我，就算是遇到大雷雨也不会失约。除他之外，只有海浪、沙丘和腹中的孩子陪伴着我。我感觉，孩子已经有些迫不及待要来到这个世界。

有时我在海边散步时，会感受到无穷的力量和勇气，头脑中会认定这个小生命是完全属于我自己的；但当天空乌云密布，北海冰冷的浪头发狠似的拍打着海岸时，我的情绪会瞬间低落，感觉自己是一头被困的野兽，急于找到出口冲出去，逃出去。但我又能逃到哪儿去呢？也许可以跃入大海的怒涛之中。我又在内心与这种急于逃离的情绪作战，最终，勇气战胜了怯懦，而且，我不准许任何人怀疑我的感受。但这种坏情绪还是不时地光顾我的大脑，有时很难驱赶掉。还有，我感觉身边的人们都在离我远去。母亲仿佛在千里之外，克雷格也只是沉浸于自己的艺术创作之中，对我来说，他像陌生人一样遥不可及。而我已经无心去想自己的艺术创造，而是完全陷入了这让人感觉恐惧的巨大任务之中。这神秘的任务让人疯狂，有痛苦也有喜悦。

时光一点点缓慢流逝，每一天、每一周、每一月都仿佛是在爬行。心中的希望与失望不断变换，这让我想到童年时的朝圣之旅，以及我的青春时光，还有在遥远国度的漫游和在艺术上的发现，这一切都像遥远而模糊的序幕，一直引领到此 —— 一个即将诞生的婴儿。那些农村妇女能想到些什么！这可是我所有愿望的最高点！

为什么我的母亲不守护在我身边？这是因为她对我的未婚先孕有一种荒谬的偏见。其实她自己结过婚，后来发现这桩婚姻已经无法维持，于是又离了婚。她自己已经饱受婚姻之苦，为什么又要我走进这样一个陷阱？我用自己的一切聪明才智来反对婚姻。我过去相信，现在依然坚信，婚姻这件事荒诞不经，而且会让人处于奴役状态。一般的婚姻，特别是艺术家的婚姻，最终都不可避免地要走向离婚法庭，随之而来的就是无休无止，让人烦不胜烦的离婚诉讼。如果有人质疑我的说法，他们可以去查一下近十年的美国报纸，列举一下所有离婚艺术家的名单，重温一下由于离婚所带来的各种是是非非。我认为，大众都喜爱自己的艺术家，没有这些人，他们是活不下去的。

八月时，有一个护士来和我同住，这个女人不久成为我最好的朋友，她的名字叫玛丽·奇斯特。她的耐心、温柔、和善都是无与伦比的。她对我是巨大的安慰。从那时开始，我不得不承认，我的心灵已经被各种恐惧所占领。我曾对自己说，每个女人都要生孩子的。我祖母生了八个，我母亲生了四个，这是女人一生中必然的一部分。但即使这样，我依然可以意识到自己的恐惧。恐惧什么呢？当然不是死亡，也不会是分娩时的疼痛——那是一种未知的恐惧，至少当时我还不了解。

八月过去，九月来临。我身体的负担变得越来越重。玛丽亚别墅建在沙丘之上，需要爬将近一百级台阶才能走到门口。我的头脑中有时会想着自己的舞蹈动作，有的时候会因为自己现在无法跳舞而自责。这时我会感到腹中三下有力的胎动，像是这个小东西在转身。我会微笑起来，心里想：到底什么是艺术？艺术不就是努力要反映生命的奇迹与欢乐吗?

我惊异地发现，我那可爱的身体不断隆起，本来小巧坚实的乳房开始变得硕大而柔软，而且有些下垂。本来灵巧的双脚连走路都有些吃力，脚踝也开始肿胀，臀部有时会感到疼痛。我那曾经仙女一般的身材已经不复存在。就连我的梦想，我的名气也不知哪里去了。想到这里，我常会情绪低落，不知所终。毕竟，这场与生命轮回的游戏对我来说太过残酷。但只要一想到即将出世的孩子，所有痛苦的感觉都瞬间化为乌有。

还没有睡着时，那等待的时刻无助而又残酷；起先我尝试左侧卧，但心脏会感觉像窒息了一样；翻身到右面，依然不舒服；最后只能仰面朝天。现在我是孩子为获取能量而捕获的猎物，有时，我把手放在隆起的身体上，想要把什么信息传递给孩子。夜晚静静的等待，是那么残酷。有多少个夜晚就是这样度过的。作为母亲我们感到光荣，但光荣背后我们要付出很多。

有一天，巨大的惊喜向我袭来。我在巴黎认识的一个好朋友——她的名字叫卡斯林 —— 从巴黎来到这里，说想要与我同住。她是一个很有吸引力的人，浑身充满了活力、健康和勇气。不久，她嫁给了一位探险家 —— 斯科特船长。

一天下午，我们正在喝茶。突然，我听到一声巨响，仿佛有人在我背上猛击了一下，随后就是可怕的疼痛，似乎有人把一把螺丝刀插进了我的脊椎中，想要把脊椎劈开。从那一刻起，痛苦的折磨开始了。我变成了一个可怜的受害者，任由一个彪悍而又无情的刽子手蹂躏。剧痛一浪一浪袭来。怎么说呢？想象一下西班牙宗教裁判所[1]吧！据说女人不必为生孩子感到一丝害怕。比起宗教裁判所中的酷刑，生孩子只是一种相当温和的运动。这个看不见的可怕精灵将我牢牢地掌控在它的手中，随着我身体的一阵阵痉挛，它不断撕扯着我的筋骨。它冷酷无情，不知怜悯，一刻也不停手。他们说这样的痛苦会很快被忘掉。我要做的只是闭上眼睛。之后我就听到了自己的尖叫和呻吟声，这种声音仿佛与我无关，但却时时缠绕着我。

所有的女人都要经受这种可怕的折磨，这真是闻所未闻的野蛮行为。这种状况必须被改进。这种折磨必须被停止。现代医疗技术如此发达，而无痛分娩竟然不能成为理所当然的事情，这真是荒唐之至。这就像医生可以不用麻醉剂就给病人割掉盲肠一样不可饶恕。当女人知道生命中有一个时刻要经历这样对自己的野蛮摧残，却不去想办法去做些改变，这是何等愚蠢而缺乏理智的忍受！

这种难以名状的痛苦一直持续了两天两夜。第三天早上，这个让人恐怖的医生拿来了一把大钳子，没有用任何麻醉剂，最终完成了他的屠夫工作。我认为，除了让火车从身上碾过，没有其他情况会造成比我遭受的更大的痛苦。在女人可以结束这种毫无疑义的剧痛之前，不要跟我谈什么女权运动，什么争取选举权的运动。我坚持相信，分娩过程可以像其他任何手术一样无痛，即使有痛苦也可以被人轻易接受。

到底是什么非理性的迷信阻碍了这种分娩方式的产生？为什么那么多人对此漠不关心？难道他们没有意识到，这种漠不关心也是

---

① 西班牙宗教裁判所是1478年由西班牙卡斯提尔伊莎贝拉女王要求教宗思道四世准许成立的异端裁判所，用以维护天主教的正统性。这里以残酷手段惩罚异端，直至19世纪初才取消。

一种犯罪？当然，有人可以反驳说，并非所有的妇女在分娩时都会疼痛到这种程度。确实，印第安人、农村妇女，以及非洲的黑人不会忍受那么大的痛苦。但女人的受教育程度越高，就会对这种剧痛越发恐惧，而且这种剧痛是毫无意义的。就算为这些更为文明进化的女人考虑，无痛分娩的方式也应该尽快被找到。

当然，我并没有因疼痛而死掉。是的，我没有死掉，就像被人及时从绞刑架上拉下来的受刑者没有死掉一样。也许，你会说，当我看到我忍受剧痛创造出的这个孩子时，想法就会不一样了。确实，看到孩子时我欣喜若狂，但这并不能将我分娩过程的心理阴影抹杀。每次想到我遭受了怎样的痛苦时，我都会浑身发抖，同时义愤填膺，心中强烈谴责那些号称懂得科学，但却时刻以自我为中心，对女人的痛苦视而不见的男人们。他们竟然允许这样的残暴行为在他们眼皮底下发生，而实际上，这一切是可以被改变的。

现在来看看我的孩子吧！她真是让人又惊又喜，她长得酷似丘比特，有着蓝色的眼睛和棕色的长发，后来棕色长发又让位给了金色卷发。更为奇妙的是，她那张小嘴儿在我胸前搜索，最后用她那没有牙齿的牙龈咬住了乳头，开始用力地吸吮，奶水就汩汩地涌了出来。不知有多少母亲描述过自己这时的感受，婴儿的嘴是怎样咬住自己的乳头，然后乳汁是怎样涌出来。这张吸吮的小嘴儿就像是情人的嘴，而情人的嘴又会让我想到自己的孩子。

啊，女人，当她们看到这种奇迹发生时，怎么还会想到要当律师、画家，或者雕塑家？现在我感受到了这种巨大的母爱，这种爱远远超过男人对孩子的喜爱。我为生下她而付出了鲜血和痛苦，感受了剧痛时的无助，而这个小生命一边吸吮一边嚎哭。生命，生命，生命！给我生命！我的艺术之路到底在哪里？且不管是我的艺术还是所有其她艺术，为什么我如此钟情于艺术？现在我感到自己就是神，远胜于所有的艺术家。

生下她以后的前几周里，我大部分时间都在躺着。孩子就在我的怀里，我看着她熟睡；有时也能看到她注视我的目光。我感觉非常接近一种边缘，也许是一种神秘力量，也许是关于生命的知识。这个新生命的灵魂用熟悉的目光回应我的注视，她的眼神中有一种永恒，她的目光中也充满了爱意。也许，爱就是一切的答案。什么言语可以形容这种喜悦？我不是作家，也无法找到任何言语来描述这种生命的奇迹。

我带着孩子和我的亲密朋友玛丽·奇斯特回到了格伦瓦尔德学校。所有的孩子们看到这个婴儿都兴奋不已。我对伊莉莎白说：“她是我们最小的学生。”所有人都在问我：“我们该给她起个什么名字？”克雷格想到了一个绝佳的爱尔兰名字：迪尔德丽。迪尔德丽——爱尔兰的宠儿。于是我们就亲昵地叫她迪尔德丽。

我逐渐恢复了体力。有时，我会站在我们学校尊奉的亚马逊女战士雕像面前，心中充满了同情和理解，她也已经不适合重返战场了。

第 20 章
重返俄国

朱丽叶·门德尔松住在距离不远的豪华别墅里，她的丈夫是位著名的银行家。她不顾很多中产阶级朋友的反对，依然对我们的学校情有独钟。一天，她邀请我们去参加舞会，席间我见到了自己的偶像——意大利女演员埃莉诺拉·杜丝。

我向杜丝引见了克雷格。一番交谈后，她很快被克雷格对于舞台设计的一些想法所吸引。后来我们又见过几次面，相谈甚欢，于是她邀请我们一起去佛罗伦萨，并希望克雷格能够把他的一些想法付诸实施。最终，杜丝决定邀请克雷格为她在佛罗伦萨出演的出自易卜生笔下的《罗斯梅尔庄园》做舞台设计。我们一起乘坐豪华列车去往佛罗伦萨，其中包括杜丝、克雷格、奇斯特、孩子和我。

我在路上精心照管孩子，但我却有些奶水不足，于是我只得用一些瓶装食品作为补充。我内心非常高兴，因为我看到两个最值得崇敬的人物在我面前相遇。克雷格有机会实践他的艺术创作，而杜丝也找到了施展才华的最佳舞台。

到达佛罗伦萨后，我们住进了一个小旅馆，而埃莉诺拉住进了不远处一家酒店的豪华套房。

随后两人开始具体商谈合作事宜。在讨论中我一直充当翻译的角色，因为克雷格既不懂法语，也不懂意大利语，而杜丝对英语也是一窍不通，两个人没有一种共同的语言。 但当我开始从事这项工作时，却发现两个伟大的天才有着很多难以调和的地方。我想做的是让他们彼此高兴，并使双方产生好感。于是在翻译过程中，有很多地方我都做了改动。我希望我的这些误译能够得到他们的谅解，因为他们从事的是一件伟大的工作。我希望两人的合作能够取得圆满成功。但是如果两人知道彼此实际上说了些什么，那么合作基本上是进行不下去的。

在《罗斯梅尔庄园》的第一场中，依我之见，易卜生认为客厅的设置应该是“老式风格，让人感到舒适的房间布置”；但克雷格却认为客厅应该是埃及神庙的内部风格，高挑的天花板直指云霄，四面墙都隐在远处。唯一与埃及神庙不同的是位于远端的巨大方窗。在易卜生的描述中，从窗户中能看到一条两边长满古树的街道，街道直通一个庭院。克雷格认为从窗户中至少能看到 10×12 米的空间。窗外应该是富于激情的场景，以黄色、红色和绿色为主，这有点儿像摩洛哥的某些景色。因此，不论怎么看也似乎都不是复古风格的。

埃莉诺拉看到这样的设计有些不满，她对我说：“我觉得这里应该是一个小窗户。我们不能把它搞得太大。”

听到这样的话，克雷格火冒三丈，他用英语吼道：“告诉那个可恶的女人，别来干扰我的创作！”

我非常小心地把这话这样转告给埃莉诺拉："克雷格说他非常尊重您的意见，会相应作一些修改的。"

而如果杜丝再有反对意见，我会使用一些外交手段转告克雷格，比如："杜丝说，既然您是个天才，她不会随意对您的设计方案指手画脚，您可以尽情发挥您的才智。"

这样的对话有时要持续几个小时。很多时候对话就发生在我给孩子喂奶的时候，这种时候，似乎很容易就能够承担调停员的工作。但过了喂奶时间之后，我就会感到非常痛苦，因为我还要继续做口译工作，而且翻译的是两个艺术家没有说出口的话！我当时感到非常疲惫，健康状况开始下降。这种累人的工作使我的健康恢复期变得非常痛苦。但我很快意识到自己从事的是一项多么伟大的工作，我不久就可以看到《罗斯梅尔庄园》的演出，而且是克雷格为杜丝设计舞台背景。一想到这些，我就会对自己说，为这件事做多大的牺牲都值得。

那段时间，克雷格完全把自己关进了剧场里。他面对着一排大桶的油漆，手里拿着大刷子，开始自己动手画背景图案。他亲自上阵是因为他找不到能够理解他创作意图的意大利工匠。他也找不到合适的画布，于是只能把麻袋拆了再缝在一起。有一段时间，一群意大利老年妇女坐在台面上缝麻袋；年轻的意大利画工在台上跑来跑去，传达克雷格的指令，而克雷格自己甩着长头发向他们叫喊，同时在油漆盒里蘸蘸大刷子，然后爬上摇摇欲坠的梯子去画画。他整天待在剧院里，有时晚上也要工作。他甚至都不出来吃东西。要不是我在午餐的时候用小篮送上一点儿饭菜，他就真的会饿着肚子工作。

他曾下过一个严肃的命令："把杜丝从剧院里赶出去。别让她待在这儿。要是我看到她在这儿待着，我马上坐火车离开佛罗伦萨。"

而杜丝却很想去看看舞台设计的进展怎么样。于是如何让她不进剧院，而又不至于冒犯她，就成了我的任务。我曾带她去公园中长时间地散步，最终公园里精致的雕塑和可爱的花草让她精神放松，不再想去剧院的事了。

我永远忘不了和杜丝在公园中一起散步的场景。她不像是处在这个世界中的女人，而更像是彼特拉克[①]或者但丁笔下富有神性的人物，之所以来到这里只是由于命运的捉弄。所有的人们都为她让路，带着好奇和尊敬的神情看着我们。杜丝不喜欢人们注视的目光。她会为此而选择走小路。同时，她跟我不同，没有对于下层人们的同情和怜爱。她认为这些人大部分都是贱民，这个词是她亲口告诉我的。

她这样说主要是由于她那过于敏感的个性，并没有其他原因。她认为这些人对她过于挑剔。当杜丝和某个人开始有了个人来往后，你会发现她极为善良而富有同情心。

我会永远记住和她在公园中散步的情景：园中的白杨树，以及杜丝那引人关注的头部。只要周围没有别人，杜丝就会摘掉帽子，让那一头黑发在微风中飘动，当时她的头发已经有些灰白。她那睿智的前额和奇妙的眼睛，让我永远也不会忘记。她的眼睛中常有一丝忧伤，但只要她兴奋地仰起脸来，我就会看到世间最温馨快乐的

---

① 彼特拉克（1304—1374年），意大利学者、诗人和早期的人文主义者，被认为是人文主义之父，以14行诗著称于世，为欧洲抒情诗的发展开辟了道路，被后人尊为"诗圣"。

表情，这是任何人、任何艺术作品都无法超越的！

《罗斯梅尔庄园》的舞台设计工作进展顺利。每次我去剧院为克雷格送饭菜时，都会感受到他的情绪在愤怒和狂喜之间游走。这一刻，他会说他创造了艺术世界中最伟大的景象。而转眼之间，他又开始大声抱怨在这个国家工作是多么困难，他没有好油漆，找不到好画工，什么事情都得他自己完成。

终于到了埃莉诺拉能够欣赏舞台全景的时候——为了不至于提前泄密，我不知想出了多少花招好不让她走进剧院。到了那一天，我在事先约定好的时间接她一起去剧院。她当时既紧张又兴奋，我一直担心她的兴奋之情会随时爆发，转变成一场暴风雪。我们约好在她酒店的大厅见面。当我见到她时，她把自己裹在一件肥大的棕色毛皮大衣里，头上戴着一顶棕色的皮帽，这使她看起来很像来自俄罗斯的哥萨克人。帽子呈一个有趣的角度戴在头上，半遮住了眼睛。原来，尽管她的很多热心的朋友都建议她要让时尚的设计师来设计服装，她在一段时间内也确实这样做了，但她却从来不穿流行的服饰，或者穿任何感觉有些时髦的衣服。她的衣服总是一边高一边低。帽子也总是歪戴着。不管她买的衣服多贵，她穿上后都不像是在穿着，而像是屈尊把它们挂在了身上。

在我们去剧院的路上，我有些过于紧张激动以至于很难说出话来。不过，我又使用了一次外交手段，使她没有急匆匆地奔向剧场后门，而是带她从前门进入了包厢。之后就是长时间的等待，这期间我承受了难以名状的痛苦，因为她一直在追问："窗户是按照我的想法设计的吗？这一场的背景在哪儿？"

我紧握着她的手，一边拍打着一边说："再等一等——你马上就会看到了。耐心一点。”其实我自己也已经被焦急和恐惧所占领，因为我想到了杜丝提到的小窗户，现在从这个窗户中你可以看到你所能想象到的最宏大的场面。

偶尔我们可以听到克雷格的声音，他总是带着被激怒的语气，一会儿想用意大利语来指挥，一会儿又说：“混蛋！混蛋！你干嘛不把它放在这儿？你干嘛不按照我的要求去做？”随后舞台上又没了声音。

我们等了很长时间，我们感觉该有几个小时了，这时埃莉诺拉的情绪已经非常躁动，随时都会爆发出来。正在这时，幕布缓缓拉开了。

啊，我该如何去描述眼前的奇迹呢？我前面是不是提到过埃及的神庙？现在看来，埃及神庙也不配拥有这样的魅力。哥特式的大教堂？雅典的宫殿？不，完全不能！我从来没有看到过如此壮观的景象。穿过蓝色的空间，你会感受到天体的和声、上升的线条和无穷的高度，而最终你的灵魂会被吸引到远处巨大窗户所呈现的光亮中。从窗户中看到的不是小小的街道，而是无尽的宇宙。蓝色空间呈现的是所有的思想，所有的沉思，以及世间人类的哀伤；而窗外是喜悦，是狂喜，是他的想象力所创造的奇迹。这还是《罗斯梅尔庄园》中的客厅吗？我不知易卜生看到这些会怎么想。也许他会和我们当时的感受一样——被震撼到目瞪口呆，一语难发。

埃莉诺拉的手紧抓住我的手。我感到她的胳膊慢慢地向我伸过来。她紧紧地抱住了我。我看到泪水从她美丽的脸庞上滑落。我们半晌没有说话，就这样紧紧地拥抱着坐在一起——埃莉诺拉感受到的是艺术所带来的欢乐以及对创造者的崇敬，而我感受更多的则是宽慰。看到她对设计结果如此满意，我之前的担心已荡然无存。我们就这样坐了好久。忽然，她拉起我的手，带我走出包厢，大踏步穿过长廊来到台上。她站在台上，用她标志性的声音喊道:“戈登·克雷格，快点儿过来！”

克雷格从侧面走了过来，看起来羞涩得像个小男生。杜丝把他紧紧抱在怀里，然后用意大利语不断说出对克雷格的赞颂之辞，她说得飞快，我都来不及逐字翻译。这些话就像喷泉中的水一样从她的嘴中流淌出来。

克雷格没有像我们一样激动地哭泣，而是沉默了很久。我知道，对于他来说，这就是在享受美好的感觉。

随后杜丝把所有的工作人员都叫了过来。他们一直在后台漫不经心地等着。杜丝发表了热情洋溢的讲话:

“能找到戈登·克雷格这样伟大的天才是我命中注定的。现在我决定将我余生所有的时间都用来向世界展现他的伟大艺术创作。始终如此，始终如此。”

接着她继续展现了自己非凡的口才，严厉批判了现代剧院舞台设计的趋势，所有的现代场景以及现代社会对演员生活和工作的理解。

她讲话时一直拉着克雷格的手，并不时地将目光转向他。同时她高度赞扬了克雷格这位天才，说他使伟大的舞台设计艺术再次复活。“只有戈登·克雷格，”她一次次地重复着，“才能让我们摆脱现在舞台设计的诸多陋习，而不至于使我们演员感到每天都待在停尸房里。”

你可以想象我当时是多么高兴。那时的我年纪还轻，尚不谙世事。也是由于我当时过于兴奋，唉，我竟然幼稚地相信人们都会心口一致。我真的以为杜丝今后将全力帮助克雷格展现他的艺术才华，创造舞台设计史上新的辉煌。唉，我当时竟然没有意识到女人的热情是无法持久的。埃莉诺拉·杜丝尽管才华出众，但也只不过是一个女人，这在后来就慢慢地显示出来。

《罗斯梅尔庄园》首演的当晚，大批观众涌进了佛罗伦萨的这家剧院。人们都非常期待今晚的演出。当幕布拉开时，观众们全都赞叹不已。效果不出我们的预料。这次演出一直到今天都还被艺术鉴赏家们铭记。

杜丝有着绝佳的艺术直觉。她当晚穿了一件白色的礼服，宽大的袖子在身体的两侧飘摆。她上场后，看起来非常动人，与其说她像英国作家丽贝卡·威斯特，不如说她更像德尔斐的女先知。她的天才得到了完美的体现，背景中的每一条线、每一束光都与她的动作紧紧契合。她真的为此改变了很多姿势和动作。她在台上忘情地表演，像是一位预言家宣布伟大的福音。

但当其他演员上场时，就像是幕后的工作人员不小心走到了台上。比如说罗斯梅尔，他上场时双手还插在口袋里。这真是让人感到痛苦。只有扮演布伦德尔的男演员能够与身后精美绝伦的背景相吻合，他慷慨陈词道："当我被不断涌来的金色梦想紧紧缠绕时，当令人心醉的深刻思想在我头脑中生根发芽时，我的热情就会被它们不断闪动的翅膀点燃，它们就会带我飞向高空。当这样的时刻降临时，我会把它们转化为诗歌、图画或是真实的景象。"

我们看完演出后都非常兴奋。克雷格更是欣喜若狂。因为他已经看到了未来，他将会为杜丝设计一系列的舞台背景。现在他开始不断地赞扬杜丝，赞扬程度之高就和当初他诅咒杜丝时一样。唉，人性的弱点啊。那一晚是杜丝唯一一次在克雷格设计的舞台背景下演出。她正在进行的是一系列表演，每晚都会有一个新剧目。

兴奋过后，在一天早上，我去查看了一下自己的银行账户，发现里面已经基本上没什么钱了。生养孩子的费用，学校运营的开支，以及我们来佛罗伦萨后的日常花费，这一切耗空了我的存款积蓄。正当我准备做点儿什么充实一下自己的金库时，一份非常及时的邀请函从圣彼得堡来到我手上，那里的一个剧院经理问我是否已经准备好复出表演，同时愿意和我签订一份在俄罗斯巡回演出的合同。

随后我离开了佛罗伦萨，让玛丽·奇斯特帮我照看孩子，让埃莉诺拉照看克雷格，自己则乘坐特快列车从瑞士回到柏林，然后去往圣彼得堡。你可以想象，这对我而言是一次多么伤心的旅行。这是我第一次和孩子分开，同时我也要离开克雷格和杜丝，这一切都让人心痛。而且我的健康状况依然欠佳。孩子还没有完全断奶，所以有时需要用一种小巧的设备从乳房中吸奶。所有这些都折磨着我，我曾多次为之流泪。

火车不断向北开去，不久我再次看到了一望无际的雪地和森林。现在这些在我看来更显荒凉。而且，由于前段时间我一直为克雷格和杜丝的合作而忙碌，所以根本没有考虑过自己的舞蹈艺术，很多动作已经生疏，完全不适合马上做一次巡回演出。但俄罗斯的观众依然非常热情，对我在演出中的一些纰漏没有过多追究。但我清楚地记得，有时跳舞时，奶水会顺着上衣流下来，搞得自己非常尴尬。唉，一个女人要想成就事业多么不容易！

我对这次的俄罗斯巡演印象不是很深刻，因为我的心弦全都系在佛罗伦萨。为此，我尽量缩短在俄罗斯巡演的时间，并很快签下了一个在荷兰巡演的合同，因为那里距离学校和我深爱的人们比较近。

在阿姆斯特丹演出的第一晚，我就病倒了。我想这可能和奶水有关，他们称之为产乳热。演出还未结束，我就晕倒在了台上，有人把我抬回了酒店。随后几周的时间，我只能在一个塞满冰袋的黑色房间里卧床。他们说我得的是神经炎，现在医生对这种病还束手无策。好几周的时间，我吃不了什么东西，只能靠喝一点混有鸦片的牛奶勉强度日。那段时间，我经常神志失常，胡言乱语，最后沉沉睡去。

克雷格火速从佛罗伦萨赶了过来，专心致志地照顾我。他留下来照顾了我三四周的时间，随后就收到了埃莉诺拉打来的电报:“我要在尼斯演出《罗斯梅尔庄园》。舞台设计让人不满意。赶快过来。”

我当时已经处于康复阶段，所以就让他去了尼斯，但当我看到那封电报时，马上产生了一种不祥的预感。这两个人如果没有我从中调和，他们是很难解决彼此的分歧的。

一天早上，克雷格来到了老尼斯赌场，他震惊地发现自己的舞台设计竟被分成了两半，而埃莉诺拉对此并不知情。看到自己的杰作，自己耗时良久精心养育的孩子在自己眼前被肢解，被屠杀，他马上火气上撞。克雷格一直不能摆脱暴怒对他的影响。更为糟糕的是，他把怒火都发泄在了当时站在舞台上的埃莉诺拉身上:

“你这是在干什么？”他咆哮道，“你破坏了我的创作，毁坏了我的艺术！我曾对你抱有期望，没想到你竟做出这样的事情。”

他就这样无休止地咒骂着，直到埃莉诺拉忍无可忍，因为她没有想到克雷格会这样对她说话。最后，她也变得怒不可遏。事后她对我说："我从来没有见过这样的男人。从没有人这样对我说过话。他一米八几的大高个子，竟然抱着双臂，像英国怒汉一样嘴里讲着不干不净的话。我当然受不了这些。我最后指着门对他说：'滚。我再也不想再见到你。'"

至此，埃莉诺拉要帮助克雷格展现他的艺术才华的决心已经荡然无存。

……

我到达尼斯时身体还比较虚弱，只得让人搀着我下火车。当时正是狂欢节的第一天晚上，在去酒店的路上，一群戴着各种奇形怪状面具的小丑围住了我的敞篷车，他们的怪相让我想到了最终死亡前的群魔乱舞。

杜丝住在一家距离不远的酒店里，她也病倒了。即使这样，她还是不断问候我的病情，并把她的私人医生埃米尔·伯松介绍给我。伯松医生精心地照料我，从此以后，我们成了非常亲密的朋友。我的身体恢复期很长，不时被各种疼痛折磨着。

我母亲来到了我身边，同时来的还有我的挚友玛丽 · 奇斯特，她是带着孩子一起来的。孩子的一切都非常好，而且越长越漂亮。我们搬到伯龙山附近居住，那里背山面海，查拉斯图特拉就曾带着他的老鹰和蟒蛇在这里的山顶上沉思冥想。这里的阳台光线很好，借此，我逐渐恢复了健康。但生活的压力还是很大，主要是经济上的，所以为了多赚些钱，我好转后不久就回到了荷兰，完成了那里的巡回演出。但我的身体还是很虚弱，精神也很低落。

我爱慕克雷格，我爱他源于自己艺术灵魂中的激情，但同时我也意识到我们的最终分手是不可避免的。我已经陷入了一种疯狂的境地，生活中不能有他，也不能没有他。与他一起生活就意味着我要与我的艺术决裂。不，不仅仅是艺术，还有人格，甚至还包括生命和理性。而生活中如果没有他，我就会一直处在情绪低落之中，不断被妒火折磨。唉！现在我似乎有了更好的分手理由。光彩照人、英姿勃发的克雷格投入了别的女人的怀抱，这样的景象不断在晚上骚扰我的心境，以至于我睡不着觉。我还会想到他向别的女人解释他的艺术构想，而她们都用崇拜的目光望着他，而他的脸上也会挂着胜利的微笑，这微笑酷似艾伦·特里。他会渐渐对她们产生兴趣，温柔地抚慰她们，并对自己说："和这个女人在一起总能使我很高兴，而伊莎朵拉简直难以相处。"

所有这些幻想都让我情绪不稳，或者愤怒，或者失望。我因此而无法工作，无法跳舞。我才不管大众对我是怎么想的。

我知道自己必须尽快结束这种状态。不管是克雷格的艺术还是我的艺术。我不可能放弃我的艺术：我会因绝望而憔悴，最终在悔恨中死去。我必须找到解药，我由此想到了顺势治疗法的智慧。我头脑中一直在重复着解药这个词，也许真的是心想事成，解药很快就来了。

一天下午，他走了进来：青春帅气，温文尔雅，一头金发，穿着考究。他开口说道："我的朋友们都叫我皮姆。"

我说："皮姆！多好听的名字。你是艺术家吗？"

"不是，不是！"他马上否认，仿佛艺术家这个名字是我给他加的罪名。

"那你为什么来我这儿？你有什么好想法吗？"

“没有，亲爱的。我根本没有什么好想法。”他回答道。

“那你的生活目标是什么呢？”

“我的生活没有目标。”

“那你是做什么的？”

“我什么都不做。”

“不可能，你总得做点儿什么。”

他想了想说：“我珍藏了很多十八世纪的鼻烟壶。”

这就是我的解药。我已经签署了一份去俄罗斯巡回演出的合同——这是一次艰难的长途旅行，不仅要去俄罗斯北部，还要去俄罗斯南部和高加索地区。我害怕一个人走这么长的路。

“皮姆，你想和我一起去俄罗斯吗？”

“嗯，我非常想去，”他很快回答说，“只是我的母亲也许不愿意。不过我会说服她的。另外，还会有人阻挠我，”说到这儿，皮姆有些脸红，“一个深爱着我的人，她也许不会同意让我走。”

“我们可以秘密离开。”于是我们安排好了，在我结束阿姆斯特丹的最后一场演出后，一辆汽车会在舞台后门等我们，带我们去乡下。我们已经安排好了我的女仆用快递把我们的行李邮寄出来，我们会在阿姆斯特丹城外的一个车站接收这些行李。

这天夜里非常寒冷，而且雾气很重，浓雾在原野上飘散。司机不想开得太快，因为这条路的旁边有一条运河。

“这儿很危险。”他警告我们，同时开得更慢了。

但更大的危险是被人跟踪。猛然间，皮姆回头一看，对我们说：“天呐，她追来了！”

这时我不需要任何解释，已然明白了一切。

“也许她手里还拿着枪呢。”皮姆说。

“开快点儿，开快点儿！”我对司机说。司机指了指远处的一道光亮，这道光穿透浓雾，让我们看到了运河的粼粼波光。这景象真是浪漫。最后，司机巧妙地摆脱了跟踪者的汽车，我们顺利到达了车站，并把车停在一家旅馆前。

这时已是凌晨两点。年老的旅馆守门人把手提灯举到我们面前，以辨认我们的模样。

“我们要一个房间，”我们齐声说道。

“一个房间？不行，不行。你们结婚了吗？”

我们马上回答：“是的，是的。”

“不对，不对，”他嘟囔着说，“你们没有结婚。我知道。你们看起来太兴奋。”尽管我们强烈抗议，他还是把我们分到了两个房间，中间有一条长长的过道。他自己则带着幸灾乐祸的表情整晚守在两个房间的中间，把手提灯放在膝盖上。每次我或者皮姆伸出头来，他就会拿起手提灯来说：

“你们不能这样。还没有结婚，就不能这样。绝对不行。”

到了早晨，我们已经厌倦了这种藏猫猫游戏，于是改乘快速列车去彼得堡，后面的旅程就变得愉快多了。

到达彼得堡后，搬运行李的工人从火车上搬下了十八个大箱子，上面都有皮姆的名字缩写，我被惊得目瞪口呆。

“这里面都是些什么？”我一边说一边倒吸着凉气。

“没什么，就是我的行李呀。”皮姆说，“这个箱子里是领带；这几个里面是各种内衣；这几个是我的套装；而这几个是我的靴子。这个箱子里面是其他一些皮毛背心——非常适合在俄罗斯穿。”

欧罗巴酒店里有宽敞的楼梯间，几乎每个小时，皮姆都会飞也似的从楼梯跑上来，身上穿着一身不同的套装，带着一个不同的领结，周围全是人们艳羡的目光。皮姆经常喜欢身着华丽的服装，他的穿着实际上已经成为海牙时尚界的标准。伟大的荷兰画家凡·弗雷正在创作他的肖像画，而背景是大片的郁金香，有金色的，紫色的，以及玫瑰颜色的。其实，他的整个外形就像是新鲜迷人的郁金香花床——他的金色头发就是金色郁金香，而他的双唇就是玫瑰色郁金香。当他拥抱我的时候，我就像是在春日的荷兰漂浮在郁金香花床上。

皮姆确实长得很漂亮，金发碧眼，而且没有知识分子的忧郁情结。他对我的爱向我证明了奥斯卡·王尔德的那句话："片刻的欢愉远胜过长久的悲伤。"皮姆给我的就是片刻的欢愉。在此之前，爱情带给我的是浪漫、幻想和痛苦。而皮姆带给我的只有欢乐，一种单纯的欢乐，而且这种欢乐正是我所急需的。如果没有他带来的欢乐，我会成为严重的神经衰弱。皮姆的到来给了我新的生命，新的活力。也许是生命中的第一次，我懂得了青春带给我们的单纯，也许有些傻气的欢乐。他见到什么都会大笑，走路总是蹦蹦跳跳的，还经常翩然起舞。我渐渐忘记了自己曾经低落的情绪，开始享受生活中的每一刻，生活开始变得轻松而有趣。这也影响到了我的舞蹈表演，我的舞步开始重新焕发活力和乐趣。

就是在这段时间，我创作了《爱乐时刻》。当地观众特别喜欢这个节目，我几乎每晚都要演出五六次。《爱乐时刻》就是因皮姆而创作的舞蹈，它表现的是"一时的欢愉"，是真正的音乐时刻。

第 21 章

舞动的美国

如果我把舞蹈看作一种个人表演的话，我的事业其实已经相当成功了。我已然功成名就，在各国都会受到热烈追捧，我的事业已经到达顶点。但，有时我只能叹息一声，悲叹自己为什么不能实现自己真正的梦想。我的梦想就是组织大批舞者，同时来表现贝多芬的第九交响曲。这个梦想时刻在我脑中萦绕。到了晚上，我只要一闭上眼睛，就会看到众人狂舞的景象，这些景象呼唤着我去把它变为现实。“我们就在这里。只有你能让这生命之舞得以实现！”（第九交响曲:《欢乐颂》）

我的头脑中梦想着自己能够像普罗米修斯[①]一样进行创造，只要我一声令下，舞者就会从天而降，由地而生，这些都是这个世界所从未见过的。唉，这狂妄而迷人的梦想将我的生活从一个灾难带

① 普罗米修斯：希腊神话中帮人类从奥林匹斯盗取火种的神。

进另一个灾难！为什么它们要这样缠着我？他们就像坦塔罗斯[①]头上的灯光，只能将我引向黑暗和绝望。不！这黑暗中的灯光依然在闪烁，它最终必将带我看到盛景，并实现我的梦想。这不断摇曳的微弱灯光就在我眼前，我虽脚步踉跄，却始终追随着它。我相信它会带我找到那些超凡的圣灵，这些圣灵会在和谐之爱的乐曲中跳起盛景美舞，而整个世界都在翘首期待。

怀着这样的梦想，我返回格伦瓦尔德，继续教授一群孩子跳与之类似的舞蹈。这群孩子的舞蹈动作和相互配合已经很好了，这使我增强了继续努力下去的信念，最终我一定能够组织起我的舞蹈团队，创造最完美的境界，那就是用团队之舞来表现交响乐的音响效果。

一会儿，他们变幻成庞培古城遗迹上雕刻的爱的精灵，一会儿又扮演多纳太罗雕塑中的青春年少的美惠三女神，还会跟随仙后泰坦尼亚飞向高空。我教给她们如何穿行和缠绕，如何散开又聚合，这样就可以变换出无穷无尽的队列组合。

每天她们的肢体力量都会增强，动作也越来越柔软优美，神圣的音乐和激发人灵感的灯光洒在她们年轻的身体和脸颊上，竟是如此之美，众多艺术家和诗人都赞叹不绝。

但问题也随之而来，我们的收入越来越难以支撑整个学校的开支。于是我想到要带她们去各国演出，看有哪国政府能够意识到这种舞蹈教育对孩子们的好处，从而资助我在更大规模上实践我的梦想。

---

① 坦塔罗斯：希腊神话中主神宙斯之子，因骄傲自大侮辱众神而被打入地狱，永远受着痛苦折磨。

每次演出结束，我都大声向观众呼吁，希望他们能够以某种方式宣传我们的艺术——我从自己的经历谈起，谈到我的一些重大发现，以及这些发现将如何点亮成千上万孩子们的人生。

我越来越意识到在德国我是无法寻求到这种帮助的。德国皇后的观念完全是清教徒式的禁欲主义。举个例子，当她要去参观一个雕塑家的工作室的时候，她会提前派管家用单子把所有的裸体雕像都盖起来。让人压抑的普鲁士政权让我彻底绝望。于是我又想到了俄罗斯，因为在几次巡回演出中，我发现那里的观众非常热情，而且我也挣了不少钱。最好能够在圣彼得堡建立一所学校。怀着这样的理想，我在 1907 年 1 月带着伊丽莎白和学校的二十个孩子重新来到了这里。这次试验并不成功。尽管公众对于我要求复兴真正舞蹈的倡议反响强烈，但由于俄罗斯皇家芭蕾舞团在俄罗斯人心目中根深蒂固，在这个地方做任何改变都是很难的。

我带着学生们参观了当地的芭蕾舞学校，看他们是怎样训练的，并做了一些表演。他们学校里的学生就像笼子里的金丝鸟看着空中飞舞的燕子一样羡慕不已。但我依然认为，要想在俄罗斯开办学校教人们如何自由舞蹈，时机还不成熟。芭蕾舞依然是沙皇统治时代必不可少的社会组成部分。悲哀！我唯一的希望来自于斯坦尼斯拉夫斯基。尽管他为我做了很多，但却也不想把我们安置在他的剧院中，而那才是我最为希望的。

在德国和俄罗斯都不成功，我于是想到了英国。1908 年夏天，我带着自己的团队去了伦敦。在著名剧院经理约瑟夫·舒曼和查尔斯·弗罗曼的精心安排下，我们连续在约克公爵剧院演出了几周的时间。伦敦观众都惊叹于我们的表演，但我依然没有找到能够资助我开办学校的人。

这时距离我第一次在新艺术馆演出已经有七年时间了。我兴奋地见到了一些老朋友，比如查尔斯·哈莱和诗人道格拉斯·安斯利。艾伦·特里也经常来剧场。她非常喜欢学校的孩子们。有一次她还带所有的孩子们去了动物园，这让她们特别高兴。尊贵的亚力山德拉王后陛下也曾两次莅临我们的演出现场，这让我们感到非常荣幸。还有很多英国上流社会的女士也曾多次到场，其中包括著名的格雷夫人，也就是不久后的里朋夫人，她经常悄悄地走进后台，和我打个招呼，并闲谈上几句。

曼彻斯特公爵夫人认为我的想法可以在伦敦实现。为此，她带我们去了她位于泰晤士河边的乡间别墅，我们再一次为亚力山德拉王后和爱德华国王演出。当时，我感觉自己的梦想就要实现，我一定能够在伦敦开办一所学校。但最后呢，希望再一次幻灭！我到底应该到哪里去寻找土地、房屋，以及足够的金钱去实现我的宏大梦想？

和往常一样，我们的日常花费很大。我的银行积蓄又一次被用光，所以，最后我们不得不把学校重新搬回格伦瓦尔德，随后我和查尔斯·弗罗曼签订了一份去美国巡演的合同。

谁能理解我内心的剧痛？我将离开我的学校，离开伊丽莎白，离开克雷格，但最痛苦的是，我要离开我亲爱的小宝贝。她现在已经差不多一岁了，已经长成了一个金发碧眼，有着玫瑰色脸颊的大孩子了。

于是，七月的一天，我独自一人坐在一艘开往纽约的大船上——八年前我坐着运牛船离开那里。我在欧洲已经成为著名人士，我创造了一种艺术，一所学校，还有一个孩子，看起来境况很不错，但如果从收入方面考虑的话，我比以前也好不了多少。

查尔斯·弗罗曼是一个不错的经纪人，但他没有意识到我的表演不是那种能够引起剧场轰动效应的形式，只有少量特定的观众能够被吸引。他在八月将我推向观众，伴奏乐队很小而且人员也不齐，我们尝试着演出格鲁克的《伊菲革涅亚》和贝多芬的《第七交响曲》。结果不出我的预料，一片惨败。那时晚上的温度超过九十华氏度，走进了剧场的观众数量不多，他们看到我的表演后表情迷茫，而大部分人也并不喜欢。关于演出的评论很少，有的话也是非常尖刻的批评。整体来说，我感觉回到自己的祖国演出是一个巨大的错误。

一天晚上，我正独自一人灰心丧气地坐在更衣室里，忽然听到一个温柔亲切的声音跟我打招呼，抬头一看，原来门口站着一个男人。他身材不高，但体型却很好，一头浓密的棕色卷发，脸上带着迷人的微笑。他真诚地向我伸出手来，同时大加赞扬我的舞蹈艺术，说我的表演给了他极大的触动与灵感。这些话让我感到非常欣慰，这是我到达纽约后从来没有过的体验。这个人就是乔治·格雷·巴纳德[①]，美国著名的雕塑家。自此以后，他每晚都来看我的演出，而且时常带一些他的艺术家朋友一起过来，这其中包括态度亲切的戏剧制作人大卫·贝拉斯科、画家罗伯特·亨利、乔治·贝洛斯、珀西·麦凯和马克斯·伊斯特曼，可以说，住在格林尼治村的那些

---

① 乔治·格雷·巴纳德（1863—1938 年），美国雕刻家。巴纳德的作品具有鲜活的个性与活力。1894 年参加巴黎沙龙展览，其作品“人的两种本性的斗争”（1894）引起轰动。其最著名的作品“林肯像”（俄亥俄州辛辛纳迪的里特公园），在 1917 年揭幕时曾引起激烈的批评。

支持艺术革新的人们都来过。经常光临的还有三位形影不离的诗人——E.A. 罗宾逊、里奇雷·托伦斯和威廉·沃恩·穆迪。他们一起住在华盛顿广场附近的塔楼上。

这些来自诗人和艺术家的热情问候极大地振奋了我的精神，完全弥补了纽约观众曾给我的冷淡反应和尖刻批评。

那时乔治·格雷·巴纳德想要为我制作一尊跳舞动作的雕像，命名为“美国之舞”。沃尔特·惠特曼曾在诗中写道：“我听到美国在歌唱。”而在十月的一天，天气出奇的好，这样的好天气只有在纽约的秋天才会出现，我们位于巴纳德在华盛顿高地的工作室附近，站在山上俯瞰这个国家，我伸出我的双臂，说道：“我看到美国在舞蹈。”于是巴纳德产生了这样的想法。

在这段时间，我每天早晨都会准时到达他的工作室，手里拿着一个装午餐的篮子。我们畅谈自己在美国产生的新的艺术灵感。

在他的工作室里，我看到一个年轻女孩儿的躯干雕像，巴纳德告诉我这是按照伊芙琳·内斯比特的形象塑造的，她当时还没有认识哈利·K·思奥，还只是一个单纯的女孩儿。她的美丽让所有的艺术家们都狂喜不已。

当然，这些在工作室中的谈话，这些因谈论美学而带给彼此的狂喜，对我们都有重大影响。从个人方面来说，我愿意全身心地付出，只为能完成“美国之舞”这尊伟大的雕塑，而乔治·格雷·巴纳德却是一位将美德看得高于一切的人。我那些幼稚而又不着边际的想象无法改变他像宗教信仰一样的忠诚。他雕塑所用的大理石既不冷漠，也不严峻。我瞬间即逝，他却代表永恒。我一直在想，自己在他天才的双手下会成为怎样不朽的奇迹？我身体的每一个细胞都渴望成为任其摆布的黏土。

啊，乔治·格雷·巴纳德，我们都会变老，我们都会死掉，但我们在一起的神奇时刻绝不会终老。我是舞者，而你是魔法师，能够在我流淌的动作中抓住那最美的一瞬间，并用神奇的力量将这电光火石的一刹那变为永恒。啊，我的代表作，我的杰作，“美国之舞”，你到底在哪里？我抬起头，正与代表人类怜悯心的目光相遇，那目光来自于他那座要敬献给整个美国的亚伯拉罕·林肯的巨大雕像。我看到他那宽阔的额头和瘦削的脸庞。他的脸颊如此瘦削，也许是被人类的怜悯和伟大的殉难所流下的眼泪所冲刷而成的。而我这个无足轻重、徒劳无益的舞蹈者只能在超出常人的信念和美德的化身面前相形见绌。

但至少我不是莎乐美[①]。我不想要任何人的头颅：我永远不会成为吸血鬼，而只是一个启发灵感的人。如果你像约翰一样拒绝亲吻我的嘴唇，拒绝把你全部的爱交给我，我也会有“年轻的美国”那种智慧和优雅，祝你在追求美德的道路上一路平安。是一路平安而不是再见，因为你的友谊是我生命中最美丽、最神圣的珍藏品之一。这也是为什么西方姐妹要比东方姐妹更有智慧。“我只想亲吻你的嘴唇，约翰，你的嘴唇”，而不是你放在盘中的头颅，因为那是吸血鬼的行为，而不是启发灵感者应该做的。“请带我走！——怎么，你没办法带我走？那好吧，再见，不过请记住我，因为在不久的将

① 美丽绝伦的莎乐美是以色列希律王的女儿，对先知约翰一见钟情，向他表达爱慕，想得到他的一个吻，但被其拒绝。希律王在宴会上答应只要她跳一支舞就满足她所有愿望。莎乐美献罢舞，要的竟然是约翰的头，希律王只得履行诺言斩下约翰的首级。莎乐美捧起约翰的头，终于如愿以偿将自己的红唇印在他冰冷的唇上。因此，莎乐美被视为爱欲的象征。

来，从我的思想中会生发出伟大的作品。”

“美国之舞”这尊雕像开始进行得非常顺利，但后来就没有什么进展了。唉。不久后，由于他妻子突然患病，我为他做模特的事只能就此而止。我原本期望这能成为他的代表作，但后来发现我无法启发巴纳德为美国创造出杰出的作品，能够有如此力量的只有亚伯拉罕·林肯，他的雕像现在就竖立在威斯特敏斯特大教堂前面幽静肃穆的公园里。

查尔斯·弗罗曼很快发现我在百老汇的演出只是一场灾难，于是决定到美国的一些小城镇去演出，但这次巡回演出由于安排得不好，竟然成了更大的灾难。最终我失去了耐心，赶去见查尔斯·弗罗曼。当我见到他时，他正神情沮丧地算计自己损失了多少钱。“美国人无法理解你的艺术，”他说道，“你的艺术完全在他们能够理解的范围之外，他们是永远也不会懂的。你最好还是回欧洲吧。”

我和弗罗曼签订了六个月的合同，合同规定不管演出是否成功，都要履行下去。

但当时我的自尊心已大受伤害，同时我也蔑视他缺乏气度，我拿起合同，将它在弗罗曼面前撕个粉碎，对他说道：“好了，现在你不用承担任何责任了。”

乔治·巴纳德劝说我不要离开美国。他说，他一直为我感到骄傲，因为我是美国土地上产生的天才。如果美国人不能欣赏我的艺术，他感到那是极大的悲哀。我听从了他的建议，决定留在纽约。我在艺术大厦安排了一个工作室，装上了蓝色窗帘和自己喜欢的地毯，开始创作一些新作品，每晚为诗人和艺术家们演出。

1908 年 11 月 15 日的《星期日太阳报》描述了这样一个夜晚：

“她（伊莎朵拉·邓肯）自腰部以下裹着一条精美绝伦的有中国刺绣的服装。她的深色短发在脖颈处打了一个松松的结，松松地垂在身后和脸颊两旁，就像圣母一般……她的鼻子微微上翘，眼睛呈现灰蓝色。很多关于她的新闻短评都说她身材高挑，就像一尊雕像一样，这完全是她的舞蹈艺术为她赢得的美誉，实际上她只有五英尺六英寸（约 1.65 米），体重 125 磅（约 56 千克）。

“琥珀色的顶排灯光被打开，屋顶中央的一个黄色圆盘发出柔和的光来，使得色彩效果几近完美。邓肯小姐为刚才钢琴音乐和舞蹈的不和谐而向大家道歉。

“‘像这样的舞蹈不需要音乐伴奏，’她说道，‘如果真的需要音乐，那也应该是牧羊神潘用芦苇削成的乐器在河边奏出的音乐，或者是长笛，或者是牧羊人的风笛 —— 这些就足够了。其他的艺术形式，比如绘画、雕塑、音乐和诗歌，都把舞蹈这种艺术形式远远地抛在了后面。可以说这是一种已经丢失的艺术，要想使它和远胜于它的其他艺术形式，比如音乐，达成一种和谐是非常困难的。而我愿意为复兴已经丢失的舞蹈艺术而奉献终身。’

“她开始讲话时站在剧院的正厅后座附近，那里坐着很多本地的著名诗人，而她说完时，却已经到了大厅的另一边。我们都不知道她是怎样漂移到那儿去的，但你可以想一想她的朋友艾伦·特里，后者对于空间的变化同样漫不经心。

“她已不再是那个筋疲力尽、满面愁容的女主人，而变成了一种异教精神的象征。她仿佛是从一尊破碎的大理石雕像中化身出来，一切都显得那么自然。这不禁让人想到加拉提亚[①]，因为加拉提亚在得到生命后的最初几分钟里就一直在跳舞。她又像是披散着头发的达芙妮在那片德尔菲树丛中躲避阿波罗的追求[②]。当她的头发不经意间垂下来时，这个比喻会很自然地飘到你脑中。

“邓肯小姐肯定已经厌倦了，这么多年来就像站在埃尔金大理石[③]上面一样，让拿着带柄望远镜的英国绅士来观赏取乐，其实那些镜片后面多半是不以为然的目光。还有塔纳格拉小陶俑上的一系列动作，帕特农神庙门楣上的雕塑上的舞姿，和那些陶瓮和匾额上戴着花环的悲情女神，以及酒神女祭司的狂欢，这些一一在你眼前展现。这一双双眼睛看似是在欣赏她的艺术，其实是在遍览整个人性的图景，当然是在阴谋诡计闯入人性之前。

“‘在那些可以被称作异教时代的遥远日子里，每一种情感都可以找到对应的舞蹈动作，’她说，‘灵魂、身体与思想和谐统一。看看那些被定格在雕塑上的希腊男女，他们并非只是由冷冰冰的大理石镌刻而成—— 当他们张开嘴时，你似乎可以知道他们要对你讲些什么，即使他们没有张开嘴，那又有什么关系，你同样可以知道

---

① 希腊神话中塞浦路斯国王皮格马利翁擅长雕刻，他用神奇的技艺雕刻了一座美丽的象牙少女像，为她起名加拉提亚，并深深地爱上了她，还乞求神让她成为自己的妻子。爱神被他打动，赐予雕像生命，并让他们结为夫妻。

② 希腊神话中，爱神丘比特因受到太阳神阿波罗的嘲笑，就把一支使人陷入爱情的金箭射向他，使他疯狂地爱上了河神的女儿达芙妮；同时又将一支使人拒绝爱情的铅箭射向达芙妮，使她对阿波罗冷若冰霜。当达芙妮看到阿波罗在追她时，急忙向父亲求救，于是河神在阿波罗即将追上她时，将她变成一棵桂月树。

③ 埃尔金大理石雕是英国大使埃尔金勋爵从土耳其奥斯曼皇帝手中买得了一部分巴特农神庙石雕，将其肢解后运回英国的。这些石雕后来卖给大英博物馆，很快成为该馆最珍贵的馆藏。埃尔金大理石雕是巴特农神庙雕塑中最精华的部分。

他们要讲述的故事。’

“说到这里，她戛然而止，又变成了一个舞蹈的精灵。仿佛一个琥珀色的雕像高举酒杯向你敬献美酒，或者向雅典娜的神庙抛洒玫瑰，又或者在爱琴海的紫色浪尖优雅地游泳，诗人们都目不转睛地看着，而先知颇有深意地抚摸着自己的胡须。有人轻轻读起了约翰·济慈的《希腊古瓮颂》：

这些人是谁呵，都去赶祭祀？

……

美即是真，真即是美，这就包括

你们所知道、和该知道的一切。

“一家艺术杂志的编辑（玛丽·凡顿·罗伯茨）欣喜若狂地写下了一篇评论，连邓肯小姐都承认，这是她所读过的对她艺术作品最好的总结：

“当伊莎朵拉·邓肯舞蹈时，我们仿佛穿越时空回到了几个世纪前，与那时的神灵相遇：我们仿佛回到了世界诞生时的第一个早晨，在那一刻伟大的灵魂借助优美的身体自由表达，舞蹈的节奏与音乐的节奏相符，身体的动作与海上风浪的起伏一致，女人手臂的姿势像含苞待放的玫瑰花瓣，而她的双足落在草地上，就像一片叶子飘落于地面。当所有的狂热——不管它出于宗教、爱情、恋土、牺牲还是激情——都在弦琴、竖琴和铃鼓中得到表达，当时的男女怀着宗教般狂喜的心情在家中的炉边或者他们所膜拜的神灵面前舞蹈，或是在森林中、海岸边移动舞步，他们感受到大自然中生命的喜悦，那时，人类灵魂中每一次强烈的脉动都从精神一直蔓延到身体，这正与整个宇宙的节奏完美统一。”

乔治·格雷·巴纳德建议我留在美国，我很庆幸自己听从了他的建议。有一天，一个人来到了我的工作室，我的舞蹈后来赢得美国观众的热情，他起到了至关重要的作用。他就是沃尔特·达摩罗什[①]。他看过我在克里特里昂剧院里诠释贝多芬的第七交响曲的舞蹈，当时的伴奏乐队不仅规模小，而且水平也不高。他认为，如果能够和他指挥的乐队合作，就一定能表现出这一舞蹈的真正效果。

我在儿时学过钢琴和作曲理论，这些依然存留在我的潜意识中。每当我静静地躺下，并闭上双眼时，我都可以清晰地听到整个交响乐队的演奏，仿佛他们就在我面前。每一种乐器都由一位神灵一样的人物来演奏，每一个动作都充分展现了乐曲的含义。这支影子乐团时常在我脑中出现。

达摩罗什向我提出了很多音乐与舞蹈相互配合的表现方式，并建议 12 月在大都会歌剧院进行演出，我高兴地答应了。

演出结果就像他所预料的一样。在第一次演出中，查尔斯·弗罗曼想预订一个包厢座位，但却惊讶地发现剧场座位早已预订一空。这次的经历向我表明，不管艺术家多么伟大，如果没有合适的经纪人，多么伟大的艺术都无法表现出来。这一结论同样适用于埃莉诺拉·杜丝。她来美国做第一次巡回演出时，由于安排的问题，上座率非常低，她简直就是在对着空剧场表演，由此她认为美国观众无法欣赏她的艺术。而在 1924 年时，她再次来美国演出，结果从纽

① 沃尔特·达摩罗什，美籍德国作曲家和指挥家。

约到旧金山，她赢得了一片赞誉，主要原因是她的经纪人莫里斯·盖斯特根据她的艺术风格做了精心的安排。

能和优秀的指挥达摩罗什率领的 80 人交响乐团一起巡回演出，我感到无比自豪。这次巡演空前成功，因为乐队不断散发出亲切、友好的气氛，对达摩罗什、对我都是如此。我时刻感觉和达摩罗什心气相通，因为当我站在舞台中央舞蹈时，我身体的每一根神经都与这位指挥和他率领的乐队联系在一起。

我如何能够用语言描述随这支乐队翩翩起舞给我带来的喜悦呢？乐队就在那里：沃尔特·达摩罗什举起指挥棒，我注视着他，随着他的第一个动作，我内心中涌起一种交响乐汇聚而成的和音，仿佛所有的乐器都汇合在了一起。巨大的回响传遍我的周身，我成了一种媒介，用合为一体的形式传达着各种表情，这其中有布伦希尔德被西格弗里德唤醒的喜悦，也有在死亡中寻找到自身实现的伊索尔德[①]的灵魂。这种感情强烈无比，就像大风中的船帆一样，我的舞蹈动作带我不断向前，向前，同时向上，我感到自身中一种宏大力量的存在，这种力量聆听到了音乐，并把音乐传遍全身，它还试图为这聆听找到释放的地方。有时这种力量会怒不可遏，猛烈摇晃我的身体，直到我的心脏也快要因激情而血涌贲张，这时我总会想，我在世间的最后时刻已经到来。也有些时候，我会感到焦虑万分，这种焦虑会转化为剧痛，这种剧痛如此强烈，使我不得不伸出双手向上天乞求，但上天却没有回应。有时我会对自己说，我不应被称作舞者，我就是用来传达乐队情绪的磁芯。从我的灵魂中会喷

① 布伦希尔德、西格弗里、伊索尔德都是邓肯表演的剧中角色。

射出强烈的光辉，把我与那震颤、跳动的乐队紧紧连接。

乐队中有一个吹奏长笛的乐手，他吹奏的《俄尔普斯》中的“快乐精灵”一段如同天籁一般，我常不由自主地肃立在台上，任凭泪水顺脸颊流下，为它伴奏的是轻声吟唱的小提琴以及在指挥魔力感召下的渐入强音的整个乐队。

巴伐利亚的路易斯皇帝曾在拜罗伊特独自一人坐着欣赏过这支乐队的演出，但我想如果他能够随乐曲翩翩起舞，他会感到更大的快乐。

我和达摩罗什总能够心灵相通，看到他的每一个动作，我会瞬间感到相应和的震颤。随着他指挥乐队将乐曲的力度渐渐变强，我舞姿中的生命活力也升腾蔓延——每一个乐句都可以转换成对应的舞蹈动作，我的整个存在都与他的动作和谐起舞。

这次在美国的巡演也许是我一生中最快乐的时光，唯一的不足当然就是我饱受着想家的痛苦。我在表演《第七交响曲》时，脑中时常会想到我的学生们，想象着她们再长大一些，就可以和我一起诠释这个作品了。所以说，这时也不是完整的快乐，而只是对未来的希望，希望会有更大的快乐。也许人生中根本就不存在完整的快乐，而只有希望。伊索尔德所唱的情歌中最后的音调听起来是完整的，但紧随其后的就是死亡。

在华盛顿，我遭遇了一场完美的风暴。有些政府首脑言辞激烈地反对我的舞蹈。

在一天下午的演出中，让所有人都感到既意外又喜悦的是，罗斯福总统竟然莅临现场。他似乎很欣赏我的演出，每个段落结束他都会带头鼓掌。不久后在一封给朋友的信中，他写道：

“我奇怪，难道这些官员们在伊莎朵拉的舞蹈中看到了什么有害的东西？在我看来，她就像是一个纯真的孩子，在清晨的阳光中在花园里跳舞，并随手采摘着自己喜欢的美丽花朵。”

总统的这番话被很多报纸转载，极大地鞭笞了那些卫道士，也使我们的演出更为成功。其时，整个巡演在每个方面都让人身心愉悦，这主要归功于达摩罗什，他是我在这个世上可以找到的最好的引路人和同行者。他具有真正伟大的艺术家的气质。在我们休息的时候，他会和我共进晚餐，随后在钢琴上弹奏几个小时，他从来不会疲惫，永远亲切、轻松，充满了愉快之情。

回到纽约后，我从银行得知我们的存款数目已经相当可观，对此我相当满意。要不是我的心弦一直被孩子和学校所牵动，我绝不会这么快离开美国。一天早晨，我在码头上告别了我的朋友们——玛丽和比利·罗伯茨，一些诗人和艺术家——坐上了回欧洲的轮船。

第 22 章
富有的情人

伊丽莎白带着我的孩子和 20 个学生到巴黎和我相聚。你能够想象我是多么高兴——我已经有六个月没有见过我的孩子了！她看到我后，用非常奇怪的表情看着我，随后大哭起来。我自然也非常痛苦——再次把她抱在怀中，感觉有些奇怪，但更多的是幸福。学校里的孩子们也很高兴。她们又长高了不少。这是欢乐的重逢，我们整个下午都在一起又唱又跳。

著名艺术家吕涅·坡代理我在巴黎的一切活动。他负责把埃莉诺拉·杜丝、苏珊·德斯普雷斯和易卜生带到巴黎。他发现我的作品需要特殊的背景，于是为我安排在欢乐剧场演出，还有科洛纳交响乐团为我伴奏，而科洛纳亲自担任指挥。演出很快轰动了巴黎全城。著名诗人亨利·拉维丹、皮埃尔·米勒和亨利·雷尼尔都献上了他们的溢美之词。

巴黎向我露出迷人的微笑。

我的每次演出都会吸引艺术界和知识界的大量名流。我已经非常接近我的梦想，建造学校的想法近在咫尺。

我租下了丹东路五号的一套两层的大公寓，我自己住在第一层，第二层则是学校的孩子们和她们的家庭教师。

一天，就在一次午后演出之前，我忽然间被吓了一跳。没有任何先兆，我的孩子突然之间开始呼吸困难，而且剧烈地咳嗽。我怀疑她可能得了可怕的哮喘，于是赶紧打车出去找医生。最后我终于找到了一个著名的儿科专家，他非常和善，和我一起回到家，诊断后告诉我不用紧张，孩子只是一般的咳嗽，没有什么大不了的。

我因此迟到了半小时才到剧场。在这期间，科洛纳一直在演奏音乐以缓解观众的情绪。整个下午，当我在跳舞时，我的心一直在恐惧中颤抖。我深爱着我的孩子，并感到如果有什么意外发生在她的身上，我也活不下去了。

母亲的爱是多么强烈而又自私。我不认为这有什么值得称颂的。如果一个人能够爱全天下的孩子，那才值得敬佩。

迪尔德丽现在已经可以跑跑跳跳了。她非常可爱，而且我认为她就是一个微缩版的艾伦·特里，这种想法当然出自于我对艾伦的敬仰。人类应该再进一步，让所有准备生育的准妈妈们到一个封闭空间去，那里应布满了雕塑和绘画，空气中飘散着动人的音乐。

这一时期最重大的事件是布里松舞会。巴黎所有的艺术和文学名流都被邀请参加，而且每个人都要以一部艺术作品的名字来装扮自己。我装扮成了欧里庇德斯笔下的《酒神的女祭司》里面的酒神女祭司，我看到莫奈 - 苏利身着长袍，很显然是扮成了酒神狄奥尼索斯。我整晚都在和他跳舞——或者说都在他身边跳舞，因为他很不喜欢现代舞的形式。后来我们在一起跳舞的事竟然被传得沸沸扬扬，满城风雨。其实我们之间真的清清白白，我只是花了几个小时让他感受了一下现代舞的魅力。真是奇怪，以我美国式的天真性格，我竟然在那晚轰动了整个巴黎！

当时，关于传心术的最新研究成果表明，脑电波会通过一种同频共振的空气通道到达目的地，有时信号发送者并不会意识到这些。

我又到了经济崩溃的边缘。我已经不可能只靠我自己赚的钱来维持这个不断扩大的学校的正常开支。我已经用自己的积蓄领养、照顾并教育着40个孩子，其中20个在德国，20个在巴黎。而且我还在资助其他一些人。有一天，我开玩笑对伊丽莎白说：

“我们快要撑不下去了！我的银行存款已经透支。如果想让学校正常运营，我们必须找一个百万富翁来资助我们。”

当我说出这句话后，这个想法就在脑中挥之不去了。

“我必须找到一个百万富翁！”我每天都要重复这句话上百次，起初只是一个玩笑，后来，根据法国精神治疗师库埃的理论，还真的迫切希望它能成为现实。

一天早晨，我在欢乐剧场结束了一场非常成功的演出后，正穿着宽松的外衣坐在镜子前休息。我记得由于下午还有演出，当时我的头上沾满了卷发纸，还戴了一顶花边小帽。我的女仆拿着一张名片来交给我，上面是一个熟悉的名字，这时我脑中一闪：“我的百万富翁来了！”

“快让他进来！”

他走了进来。这是一个高个子男人，一头金色卷发，还留着络腮胡子。我首先想到了一个名字：罗恩格林[①]。他说话的声音很迷人，但却很害羞。“他就像是一个戴着假胡子的大男孩。”我这样想着。

他说：“你可能不认识我，但我常看你的演出，并为你的精彩艺术鼓掌欢呼。”

忽然我有一种奇怪的感觉。我以前曾经见过这个人，仿佛是在梦中。我还记得波利尼亚克亲王的葬礼：我当时还是一个小女孩，在葬礼上哭得非常伤心，主要是因为我不习惯法国式的葬礼。教堂的侧道里有一长列的亲属，有人把我向前推了一把，并对我说：“应该去和他们握握手！”我强忍着失去好友的悲痛，走上前和他们一一握手。我当时记得忽然看到一个人的眼睛。那就是现在我眼前这个高个子男人。

我们第一次见面竟然是在教堂的葬礼上。这可不是吉祥的预兆！但不管怎么说，从那一刻起我就认定他是我要找的百万富翁，因为我发出脑电波后找到的就是他，或者说，这是天命。

“我十分欣赏你的艺术，以及你建立理想中学校的勇气。我想来帮帮你。我可以为你做些什么？你愿不愿意带着你的学生们去里维埃拉的海边小别墅住，在那里创作新的舞蹈作品？你不用担心费用问题，我会承担一切的。你刚才的表演很棒，现在你肯定累了吧。如果你愿意，让我为你肩负起重担吧。”

---

① 罗恩格林，德国民间故事中的人物（10世纪初叶的安特卫普），来自天国的圣杯武士罗恩格林帮助一位受人陷害的公主爱尔莎，并准备娶她为妻。圣杯武士只有当他的来历不为俗人所知时，才有除邪扶正的力量。因此他要求爱尔莎永远不要问起他的姓名和来历。可是爱尔莎因受仇人的蛊惑，忘了自己的誓言。在她的疯狂追问下，罗恩格林向众人道出了自己的身世。最后，罗恩格林乘船远去，爱尔莎懊悔地死去了。

一周后，我和我的学生们坐在头等车厢里，向充满阳光的海岸驶去。“罗恩格林”在车站迎接我们。他穿着一身雪白的衣服，光彩照人。他带我们来到海边的一座迷人的小别墅中，在别墅的阳台上就可以看到他的白翼游艇。

“我把这艘游艇叫做‘艾丽西亚夫人号’，”他说，“不过现在也许我们可以把名字改成‘艾瑞斯号’。”

孩子们穿着浅蓝色的短上衣在橘子树下翩翩起舞，手中塞满了鲜花和果实。“罗恩格林”对孩子们特别好，对她们关怀备至。他对孩子们的照顾让我对他不仅是一种感激，同时也有强烈的信任。通过与他每天的接触，我们的感情与日俱增。不过在那时，我还只是把他看作我的骑士，适合在精神层面远远地膜拜。

孩子们和我住在博利厄的别墅里，而“罗恩格林”住在尼斯的一家高档酒店里。他不时请我和他一起用餐。我记得当时我身穿非常朴素的希腊式舞衣，到了饭店才尴尬地发现那里还有一位女士，她穿着华丽的彩色礼服，浑身珠光宝气。我马上认定她是我的敌人。她让我心里有一种不祥的预感，而这种预感不久便得到了证实。

一天晚上，“罗恩格林”以自己特有的慷慨，邀请了一大批人来赌场参加狂欢舞会。他给每个人都提供了法国戏剧中小丑的服装，每套服装都是用顺滑的自由缎子制作的。这是我第一次穿小丑服装，也是我第一次参加化装舞会。当时的气氛轻松欢快。但我心头还是有一团阴云。那个珠光宝气的女人也来到了舞会，她也穿上了小丑的服装。我一看到她，就感到倍受折磨。但随后，我还记得和她疯狂地跳舞——爱与恨竟如此接近——直到管家走过来拍拍我们说，这种场合不适合这样跳舞。

正在我们尽情狂欢时，忽然接到了一个电话。电话是从博利厄打来的，说我们学校一个叫艾瑞卡的孩子忽然得了严重的哮吼，也许很快就会死去。我放下电话冲到餐桌旁，“罗恩格林”正在那里招待客人。我告诉他快到电话旁。我们必须马上找一个医生。就在电话旁，出于我们对艾瑞卡深切的爱以及对她生命垂危的恐惧，我们都放下了伪装，第一次为安慰对方而亲吻在一起。但我们一刻也没有耽搁。就穿着小丑的服装，找到了医生，又火速赶往博利厄。到了博利厄，我们发现小艾瑞卡已经窒息，小脸憋得发紫。医生马上动手治疗。我们两个小丑打扮的人在床边守候，焦急地等待着治疗结果。两个小时后，当晨光初露时，医生告诉我们孩子的生命保住了。泪水从我们的脸颊流下，弄脏了脸上的化妆油。“罗恩格林”把我抱在怀里说：“勇敢些，亲爱的！我们回舞会吧。”在回来的汽车上，他一直紧紧地拥着我，在我耳边低语：“我最最亲爱的，我会永远爱你，只为今晚这一刻的记忆。”

而同时在赌场的舞会中，人们几乎没有注意到我们离开过，因为大家玩得太高兴了。

但有一个人却密切注视着我们的行踪，就是那个珠光宝气的女人。她用嫉妒的眼神看着我们离去，当我们返回时，她从桌子上拿起一把刀，向“罗恩格林”冲过来。所幸，“罗恩格林”及时注意到了她的举动，顺势抓住她的手腕，一下子把她举过了头顶。就这样，他举着这个女人走到女更衣室，就好像这是他们之间开的一个玩笑，是狂欢活动事先设计好的一部分。他把这个女人托付给侍者，告诉他们这位女士今晚有些失控，需要喝点水。随后他返回了舞厅，依旧神情自若，兴致盎然。随后，舞会的气氛更加热烈，到凌晨五点时达到了顶点。我也狂热地和马克斯·迪尔利一起跳舞，把内心复杂的感情都灌注在了阿帕奇探戈之中。

随着朝阳升起，舞会结束了。珠光宝气的女人独自一人回到了她的酒店，而“罗恩格林”始终和我呆在一起。他对孩子们的慷慨，对艾瑞卡病情的关注，这一切都赢得了我的爱。

第二天早晨他邀请我乘坐游艇去兜风，现在这艘游艇已经改名。我们带着女儿离开了学校，把学生们交给家庭教师照管，然后乘船去了意大利。

……

所有的金钱都会带来诅咒，拥有金钱的人不会每天二十四小时都快乐。

如果我能尽早意识到和我在一起的这个男人的心理状态就像是一个被宠坏的孩子，那么我就会精心设计每一句言辞和每一个举动，以便取悦他。这样的话，一切都会变得很顺利。但我当时太年轻，也太幼稚，并没有意识到这些，于是我整天在他耳边絮谈我的生活理想，谈柏拉图的理想国，谈卡尔·马克思，谈针对整个世界的改革，我一点也没有想到，自己正在制造一场灾难。他说过他深爱我的勇气和慷慨，但当我在谈这些时，他越来越意识到我是一个多么狂热的革命者，他为此感到恐惧。他逐渐明白，我的生活理想使他的内心状态越来越不平静。这种冲突逐渐达到顶点。一天晚上，他问我最喜欢谁的诗歌。我兴高采烈地拿出了我的枕边书，向他大声朗诵惠特曼的《大路之歌》。我如此动情，竟然完全没有意识到由此产生的后果，当我抬起头来时，惊讶地发现他俊美的脸上竟满是怒容。

“这是些什么东西！”他喊道，“我真不明白这种人靠什么为生！”

“你难道看不到吗？”我辩解道，“他描绘了自由美国的远景！”

“我讨厌这种远景！”

我忽然意识到，他的美国远景应该是一座座的工厂，这样他才能大把大把地赚钱。但女人不合情理的地方就是，在一次次的争吵后，我依然会投入他的怀抱，在他残酷的宠爱下忘掉这一切。而且我也在安慰自己，认为他不久就会睁开双眼看到世界的真相，然后帮助我为所有的孩子开办这样一所伟大的学校。

与此同时，豪华游艇航行在蓝色的地中海上。

我每天都可以看到这样的场景：游艇宽阔的甲板，餐桌上的水晶酒杯和银餐具，还有我的女儿迪尔德丽，穿着白色的希腊式裙子，在周围蹦蹦跳跳。毋庸置疑，我正在享受爱情的甜美。但同时我又忍不住会想到那些辛勤工作的人们：机房里的司炉工，游艇上的50名水手，船长和大副——所有这些人的付出，每天巨大的开销，都只为两个人的欢乐。随着时间的流逝，我在内心深处越来越感觉不安，不仅为自己无端享受的豪华，也为自己不能继续从事自己的工作。有时我会毫不知趣地拿现在安逸的生活、奢侈的晚宴和尽情的享乐与自己年轻时痛苦的挣扎作比较，这真是天壤之别。很快，我心中豁然开朗，就像是从黎明前的黑暗来到了正午炫目的阳光中。我的“罗恩格林”，我的圣杯骑士，你也应该和我一起体验这些伟大的思想！

我们在庞培呆了一天。“罗恩格林”忽然有了一个浪漫的主意，他想看我在月光下的帕斯特恩庙前跳舞。他马上联系了一支那不勒斯乐队，要他们赶到神庙等我们。但就在那一天，忽然下起了大暴雨。在之后的两天里，由于雨太大，游艇根本无法离开港口，当我们终于达到佩斯图姆时，发现乐队成员都淋成了落汤鸡，神情忧郁地坐在神庙的台阶上。原来他们已经等了整整一天。

“罗恩格林”买了许多美酒和佩利卡式烤全羊，我们像阿拉伯人一样用手抓着吃。乐队成员像饿狼一样大吃大喝了一通，但由于他们过于疲惫，已经无法演奏。后来又下起了小雨，我们回到游艇上，起锚去那不勒斯。乐队成员自告奋勇，要在甲板上为我们演出，但由于游艇不停地摇晃，乐手们变得脸色苍白，一个个退回了船舱里。

在月光下的帕斯特恩庙前跳舞的浪漫想法就此告终！

“罗恩格林”还想继续在地中海里航行，但我想起自己和俄罗斯的剧院经理还有一个合约没有履行，于是排除众议要去完成合约，尽管自己也知道这是艰难的旅程。“罗恩格林”带我回到了巴黎。他本想和我一起去俄罗斯，但又怕在护照方面遇到麻烦。他在我的火车包厢中塞满了鲜花，然后我们互道珍重再见。

当我和心爱的人分别时，尽管我们可能感受到了深深的忧伤，但与此同时，我们有一种不同寻常的解脱感，这真是一种奇怪的事实。

这次在俄罗斯的巡演像往常一样成功，期间有可能要发生悲剧性的事件，但结果竟有些可笑。一天下午，克雷格来看我，在极短的时间内，我几乎相信没有什么更重要——我的学校、“罗恩格林”，或者是其他的什么——而真正重要的是与他重逢的喜悦。不过，我性格里的忠诚最终战胜了这种喜悦。

他来时神采飞扬，因为他正在斯坦尼斯拉夫斯基艺术剧院为《哈姆雷特》设计舞台背景。斯坦尼斯拉夫斯基的团队中所有的女演员都深爱着他，而男演员也欣赏他的优雅、亲切和无穷活力。他常常大声宣扬自己在舞台艺术方面的无穷想象，而他们也会尽力理解他的艺术构思。

当我与他重逢时，感觉他依然魅力四射，令人迷恋。如果当时我没带着一个漂亮的女秘书，事情可能会是另外一种结局。就在我们动身去基辅前的最后一个晚上，我设便宴款待斯坦尼斯拉夫斯基、克雷格和我的女秘书。席间，克雷格问我有没有想过留下来与他待在一起。由于我无法马上给他准确的答复，于是他又像过去那样勃然大怒，猛然把我的女秘书从椅子上抱起来，抱到另一个房间里，然后锁上了房门。斯坦尼斯拉夫斯基当时吓坏了，他极力劝说克雷格把门打开，然而毫无用处。我们只好赶到火车站，但火车已经在十分钟前开走了。

我只好同斯坦尼斯拉夫斯基回到了他的公寓。我们都感到情绪消沉，漫不经心地谈论着现代艺术，极力回避关于克雷格的话题。不过我能看出，斯坦尼斯拉夫斯基对克雷格的这种做法感到很是震惊，而又无可奈何。

第二天我坐火车来到基辅。几天后，我返回了巴黎，在那里，L（指“罗恩格林”）在车站迎接了我。

他在浮日广场附近有一套有些阴森奇怪的公寓。他带我来到那里，把我放倒在那张路易十四时期风格的床上，他的抚慰几乎让我窒息。在那里，我第一次感受到人的神经和感官能达到怎样亢奋的状态。我仿佛突然间苏醒了过来，顿觉浑身清爽，活力四射，这种状态是我以前从未经历过的。

他可以像宙斯一样变成各种形态，可以是一头公牛，一只天鹅，或者闪闪发光的金线雨，而我可以尽情地在波涛上翻滚，被白色羽翼柔情抚摸，或者在金云里被诱惑，变得神圣。

在这段时间，我领略了巴黎城中所有顶级餐厅的美味。不管 L 走到哪里，他都会受到像国王一样的待遇。所有的餐厅领班和大厨都争先恐后地讨好他——这毫不奇怪，因为他会非常慷慨地给他们小费。我第一次知道了焖子鸡和炖子鸡有什么区别——也知道了各种不同的蒿雀、块菌和蘑菇的营养价值和口味。只是在这时，我那一直潜伏在舌头和双腭内的神经才开始苏醒，我终于知道了如何辨别酒的产地，什么样的年份和度数会给嗅觉和味觉以最大的享受，而这些事情都是我以前一直忽略的。

同时，我也第一次开始让优秀的时装设计师为我设计服装，并开始沉迷于那些不同的布料、颜色和款式之中，在那段时间，我连戴帽子都比以前讲究。原本我只是穿白色的希腊式衣裙，冬天穿羊毛料子，夏天穿亚麻布料，而现在我也沉醉于订制华丽的礼服。不过，我为自己的行为找到了一个借口：这位服装设计师不是一般人物，而是一个天才——保罗·普瓦雷，他能让女人在穿上他的服装后变成一件艺术品。但对我来说，这使我从神圣的艺术回到了世俗。

所有这些感官的满足都会对身心产生影响，有一段时间，我们一直在谈论一种奇怪的疾病——神经衰弱。

我记得，有一次我和“罗恩格林”在布劳涅森林中散步时，忽然看到一种若隐若现的悲伤表情袭过他的脸颊。我问他发生了什么事情，他回答说：

“这是由于我母亲那张在棺木中的脸。不管我在哪儿，我都会看到那张已经死去的脸。如果一切都以死亡终结，我们活着又有什么意义？”

这时我意识到财富和奢华并不能带来生活的满足和欢乐。有钱人要想在生活中获得一些真知灼见比一般人更难。只是港口中的游艇还在吸引着我去蔚蓝的大海上航行。

第 23 章
儿子诞生

那年夏天，我们一直乘坐游艇在布列塔尼附近的海域游荡。有时风浪很大，我只能上岸，坐在汽车上跟随游艇。L 坚持待在船上，但他也不是一个好水手，经常因晕船而脸色苍白。这就是富人的快乐！

九月时我带着孩子和保姆去了威尼斯。几周的时间里，我一直和他们单独呆在一起。有一天，我来到圣马可大教堂，独自一个人坐在那里，看着蓝色的天空和金色的教堂圆顶，忽然间我恍惚看到一个小男孩的脸，不仅仅是一个小男孩，而且是一个有着蓝色大眼睛和像光环一样的金色头发的天使。

我来到了丽多海滨，让迪尔德丽在沙滩上玩耍，我自己却坐在那里沉思了好几天。我在圣马可大教堂恍惚看到的一切让我既欣喜又恐慌。我曾经爱恋过，但我知道有些男人把他们自私的反复无常称之为爱情，而我却要为此牺牲我的艺术，这也许会导致我艺术的终结，还有我的作品。忽然之间我内心充满了对于自己艺术的怀念，还有我的作品、我的学校。世俗的生活是那么沉重，让我的艺术梦想饱受压抑。

我相信在每个人的生命中都有一条精神曲线，这是一条向上的螺旋线，而我们真实的生活附着在上面，并不断使其增强——随着我们灵魂的升华，其他的一切都会向碎屑一样从我们的生命中脱落。我的精神曲线就是我的艺术。我的人生只有两个目标——爱情和艺术，爱情却经常摧毁艺术，而艺术对我的强力召唤经常会使爱情以悲剧收场。因为这两者无法达成和谐，而只能处于不断的争斗之中。

在这种犹豫不决的精神痛苦中，我去米兰拜访了一位医生朋友，他是应我的要求来到米兰的。在他面前，我将自己的问题和盘托出。

“这太荒唐可笑了！”他大声说道，“你是一位独一无二的艺术家，却要将你的艺术自绝于这个世界，这太不可思议了。请你接受我的建议，不要让这种违背人性的罪恶发生。”

我半信半疑地听他说着，依然处于优柔寡断的痛苦之中——在这一刻，我心中充满了抗拒心理。我不愿看到我的身体再次变形，因为身体就是我的艺术手段。而在下一刻，我又被那种召唤折磨着，因为这是我的希望，我已经看到了天使的脸，那是我未出世的孩子的脸。

我请求我的朋友给我一小时让我做出决定。我现在还记得那家酒店的房间——那个房间相当阴郁，我眼前忽然出现了一幅画面，那是一个奇怪的女人，穿着18世纪的礼服，她的眼睛很迷人，但却冷酷地直视着我的双眼。我也紧盯她的眼睛，那双眼睛似乎在嘲笑我。“不管你做出什么选择，”她像是在说，“结果都是一样的。

看我现在的模样，多年前我可是相当光彩照人。但死亡吞噬了一切——一切——你为何还要忍受痛苦将新生命带向人间，而后又被死亡吞噬？”

她的双眼变得越来越冷酷，越来越险恶，这使我的痛苦加倍。我用双手捂住双眼，想集中注意力去思考，去抉择。我泪眼蒙眬地向她乞求，但她却似乎无动于衷：那双眼睛依然无情地嘲弄着我。生存还是死亡，我们这些可怜的生物，依然在无情的陷阱中挣扎。

最后，我站起来对那双眼睛说：“不，你不要想让我犹豫不决。我相信生命，相信爱情，相信神圣的自然法则。”

也许是我的想象，那双冷酷的眼睛似乎闪过一阵可怕的嘲弄笑声。

当我的朋友回来后，我告诉了他自己的决定，并告诉他，这个决定绝不会再改变。

我回到威尼斯，把迪尔德丽抱在怀里，轻声对她说：“你马上要有一个小弟弟了。”

“哇！”迪尔德丽笑起来，高兴地拍着手，“那太好了，那太好了。”

“是啊，当然是好事。”

我给L发了一封电报，他马上风也似的赶到了威尼斯。他显得非常兴奋，——充满了喜悦、爱恋和温柔。那像恶魔一样的神经衰弱症瞬间完全消失了。

我第二次和沃尔特·达摩罗什签订了演出合约。十月时，我们乘船去了美国。

L从未来过美国，同时又想到自己也有美国血统，因此对这次旅行欣喜至极。我们选择了当时船上最大的套房，每天晚上都有为我们专门准备的菜谱，整个旅行中我们感觉就像皇室成员一样。与百万富翁同行使很多事情都得到了简化，我们上岸后住进了广场饭店的豪华公寓，周围的人们都向我们鞠躬致意。

我记得美国法律规定情人不允许共同旅行，至少是有这样的社会共识。可怜的高尔基和他交往了17年的情妇在美国四处碰壁，狼狈不堪。不过如果这种事发生在富人身上，这种规范也就不算什么了。

在美国的巡回演出获得了极大成功，而且使我收入颇丰，因此我的心情也好得不得了。因为俗话说得好，钱生钱，不算难。一月的一天，一个神情紧张的女士来到了我的包厢，对我大声说道："亲爱的邓肯小姐，我们在前排已经看得很清楚了。您不能再这样演下去了。"

我回答说："亲爱的夫人，这才是我的舞蹈要表现的——爱情——女人——孕育——春天。这就是波提切利的绘画，您知道吧——硕果累累的土地——跳舞的美惠三女神已经孕育生命——圣母玛丽亚——还有怀孕的西风女神。一切躁动不安的事物都孕育着新的生命。这就是我的舞蹈要表现的主要内容……"

这位夫人听得似懂非懂，但我们确实觉得应该尽快结束巡回演出，返回欧洲，因为我的身体变化已经非常明显了。

在回去的船上，我们很高兴有奥古斯丁和他的小女儿与我们同行。奥古斯丁刚与妻子离婚，我想通过这次旅行，他的状态能变得好一些。

……

"你想不想在冬天的时候坐着三角帆船去尼罗河上游览一番？那样我们就可以离开这里阴沉昏暗的天气，到充满阳光的地方。我们会去参观底比斯城、丹德拉城和任何你想参观的地方。游艇已经准备好了，她会带我们去亚历山大港，然后我们转乘三角帆船。帆船上有 30 个本地水手，还有顶级的厨师为我们准备三餐；船上有豪华的客舱，卧室里还有洗澡间……”

“可是我的学校，我的演出怎么办？”

“你姐姐伊丽莎白把学校照管得很好，而且你还很年轻，有的是时间工作。”

于是我们启程去尼罗河，并在那里呆了整整一个冬天。这次旅行几近完美，唯一美中不足的是那恶魔一般的神经衰弱症，它不时向我袭来，就像一只黑色大手遮住了太阳。

三角帆船在尼罗河上缓慢地行驶，我的心灵却早已回到了一千年、两千年，不，是五千年以前，它穿越了历史的重重迷雾，来到了永恒之门的前面。

这次旅行奇幻无比，而又能使我镇定心神，因为我的腹中孕育着新生命的希望。每个神庙都在诉说古埃及国王的故事。穿过金色的沙滩，我们开始探寻神秘莫测的法老坟墓。我腹中的小生命似乎隐约预测到我们这次旅行的目的地充满了黑暗和死亡。一个月光皎洁的晚上，我们待在丹德拉神庙中，那里供奉着哈索尔女神，她是埃及的爱神。我仿佛感觉到在她那有些残破的雕塑的脸上，所有的目光都集中在我腹中未出世的婴儿身上，仿佛要将我们催眠。

这里的死亡谷真是让人叹为观止，而且，对我来说最重要的是，陵墓中的小王子已经没有机会成长为法老或者国王。他在如此年幼时就已死去——几个世纪来一直是一个沉睡的孩子——人们不禁会想，他已经在这里躺了六千多年。但是否有人想过，如果他活到现在，竟然有六千多岁了！

这次的埃及之行给我留下了什么印象？我记得那紫色的日出，鲜红色的日落，沙漠中金色的沙粒，以及众多的神庙。我还记得我们在神庙的庭院中晒太阳，想象当年法老的生活——同时想象即将出世的孩子。农村妇女从尼罗河边走过，头上顶着瓶瓶罐罐，她们丰满的身体在黑色衣服下轻轻摇摆。迪尔德丽在码头上快乐地跳舞，她在底比斯城那些古老街道上走过，还有她仰起头看那些残破的古代神像。

当她看到狮身人面像斯芬克斯时，对我说："妈妈，这个家伙长得不漂亮，但可真是仪表堂堂！"

她那时刚开始学习多音节的字词。

象征永恒的神庙前未出世的婴儿，法老陵墓中长眠的小王子，国王的山谷，从沙漠中驶过的敞篷车，以及狂风裹挟着沙石，像波浪一样在沙漠中席卷而过——这一切都去了哪里？

在埃及，凌晨四点的阳光就已经非常强烈了。在此之后，人们根本就无法入睡，因为水车开始吱呀吱呀地运转，从尼罗河中汲水。同时，河岸上也出现了一长列劳作的人们，他们汲水、灌溉，或者赶着骆驼。这种工作场景就像我们看到的埃及壁画一样，一直持续到日落。

三角帆船伴随着水手们的歌声缓慢地航行，水手们古铜色的身体随着他们划桨的动作一起一落，我们像看客一样悠闲地欣赏着这一切。

夜色迷人。我们随船带着一架斯坦威牌的钢琴，还有一位很有才华的英国青年钢琴家。他每晚都给我们演奏巴赫与贝多芬的曲子，曲中庄严的节奏与帆船运行的速度和岸上的神庙非常和谐。

几周后我们到了瓦第哈尔法，然后进入了努比亚。这里的尼罗河非常狭窄，我们可以摸到河的两岸。男人们都去了苏丹的喀土穆，我和迪尔德丽独自留在帆船上，这是我一生中最为宁静的时光。在这里，一切烦恼都烟消云散。我们的帆船仿佛在时代的节奏中摇摆。如果你有支付能力，乘坐一艘预定好的三角帆船在尼罗河上航行是世间最好的休养方式。

埃及对我们来说是梦想之地，而对于穷苦的农民来说则是劳累之地，但只有在这里，劳动者的形象会如此动人。这些农民主要吃扁豆汤和没有发酵的面包，他们的身体柔软而且优美，不管是在田里劳动，还是在水车旁汲水，他们的皮肤都泛着古铜色的光泽，让雕塑家们心动不已。

……

我们返回了法国，在维勒弗朗什着陆。L 在这个特定的季节租下了博利厄一所华丽的别墅，别墅的阳台可以直通海边。而且，他又冲动了一次，买下了费拉角的一片土地，打算在那里盖一座宏伟的意大利城堡。

我们乘车去参观了阿维尼翁的高塔和卡尔卡松的城墙，这些也都是他建造城堡的范本。现在费拉角上的城堡正在修建中，但是，唉，就像他的很多奇思妙想一样，这座城堡的建造也没有完成。

这段时间，他经常被一种异常的焦躁不安所困扰。他或者急匆匆地赶去费拉角买地，或者在周一的时候乘坐快速列车去巴黎，然后在周三返回。我则安安静静地待在别墅的后花园里，看着蔚蓝的大海，凝神细想是什么样的怪异差别将生活与艺术分开，又想一个女人是否可以成为真正的艺术家。因为艺术是一个严厉的监工，他会索要你的一切，而一个坠入爱河的女人会把自己的一切都给予生活。不管怎么说，现在的我，已经是第二次与我的艺术完全分隔开了。

在五月一日的早晨，海水蔚蓝，暖阳高照，大自然的一切都生机盎然，喜气洋洋。我的儿子就在这一天降生了。

经验丰富的伯松医生可不像诺德维克那个愚蠢的乡村医生，他懂得如何用适当剂量的吗啡让产妇缓解疼痛，有了他的帮助，这次的生产与第一次大有不同。

迪尔德丽跑了进来，仰起迷人的小脸，脸上带着一些早熟的母性之爱。

“哇，这是个可爱的小男孩儿。妈妈，你不用担心，我会一直把他抱在怀里，好好地照顾他。”

当迪尔德丽溺水死去的时候，她的话又回响在我耳边，那时，她那已经僵硬的白色小胳膊依然抱着弟弟。如果上帝真的存在的话，他一定不会注意到这些。那为什么人们还要向上帝祈祷?

于是，我再一次发现自己怀抱着一个婴儿，而且同样是在海边。只是我所在的不是海风吹拂的白色玛丽亚别墅，而是一座宫殿似的住宅，而且也不是在天空阴沉、波涛汹涌的北海边，而是在蓝色的地中海岸。

第 24 章
邓南遮的诱惑

我们回到巴黎后，L 问我是否有兴趣举办宴会邀请所有的朋友们，并希望我能准备一些节目，而且他特别高兴地全权委托我来办这些事情。在我看来，有钱人永远不知道如何让自己玩得开心。如果他们举办宴会的话，那水平和一个看门人随便请人吃顿饭没有什么区别。我在脑中多次设想过如果我有足够的金钱，我将举办一场多么不同凡响的宴会。这次我确实做到了。

宾客们在下午四点来到了凡尔赛，那里的公园已经建好了用来进行户外活动的大帐篷，帐篷内有各种各样的茶点，有鱼子酱、香槟酒、茶和糕点。随后，宾客们被邀请到已经搭好小帐篷的一大片开阔地里，在那里，皮尔奈正指挥着科洛纳乐队演奏理查德·瓦格纳的作品。我始终记得乐队在那个美丽的夏日午后，在树荫下演奏《西格弗里德牧歌》时的场景。而在演奏《西格弗里德葬礼进行曲》时，太阳已经下山，乐曲营造出一种庄严肃穆的感觉。

演出过后是盛大的宴会，这使宾客们有了更加物质化的享受，菜品丰富，制作精良。宴会一直持续到午夜，这时整个场地已经亮起了灯火。在一支维也纳乐队的伴奏下，宾客们一直跳舞到凌晨时分。

如果一个有钱人想花钱好好地招待一下亲朋，就应该按照我这种想法去做。这次宴会请来了巴黎众多的名流和艺术家，他们都对这次活动赞不绝口。

但遗憾的是，尽管我安排这一切都是为了取悦 L，而他也为此花费了五万法郎（这是指战前的法郎），他却没能到场。

在宴会开始前一小时，我接到一封电报，电报中说他忽然得了中风，不能来参加这次活动了，并让我代替他招待宾客。

我一直想成为一名共产主义者，这种想法并不奇怪，因为我不断看到这样的例证，那就是有钱人想寻求快乐就像希绪弗斯[①]想把石头从地狱里推上山去一样不可能。

还是在那个夏天，L 忽然想到要和我结婚。我向他表示我反对婚姻制度。

“一个艺术家竟然要结婚，这真是荒唐可笑，”我对他说，“我终生都要去各个国家演出，难道你真要终生坐在包厢里看我表演？”

“我们结婚后你可以不必去演出。”他回答说。

“那我们做些什么？”

“我们可以住在我在伦敦的宅子里，或者住在这个国家。”

“然后我们做些什么？”

① 希绪弗斯是希腊神话中的人物，他因为卓尔不凡的智慧苦恼了众神，作为惩罚，他双目失明并被判永久地将一块大石头推上山顶，但最终都不可避免地要承受着石头滚进山谷的结局。

“我们还有游艇。”

“再然后我们做些什么？”

L 建议我先尝试三个月，看看效果如何。

“如果你不喜欢这样的生活，那就太不可理喻了。”

这样，我们在这个夏天来到了德文郡，那里有一座巨大的庄园，这是仿照凡尔赛宫和小特里阿农宫建造的。里面有很多卧室和浴室，以及套房，这些都随便我怎么住，车库里有 14 辆汽车，港口还停泊着游艇。但让我受不了的是这里的雨。在英国，夏天几乎天天都下雨，而英国人似乎一点也不介意。他们的早餐时间较早，主要是鸡蛋、熏肉、火腿、动物腰子和稀粥。吃完早餐后他们穿上胶皮雨衣去乡间散步直到午餐时间。午餐他们要吃很多道菜，最后一道自然是德文郡奶油。

午餐过后直到下午五点，他们开始处理各种信件，但在我看来，他们只不过是找机会睡觉。下午五点，他们开始喝下午茶，这其中包括各种蛋糕、面包、黄油、茶和果酱。之后他们打一打桥牌，直到一天中最重要的事件——盛装参加晚宴。女士穿上低领露肩的礼服，男士穿上熨烫得笔挺的衬衫，然后去干掉一次有二十道菜品的晚餐。餐后他们会轻松地聊一聊政治或者哲学，直到该上床睡觉的时候。

你能想象这样的生活是否能让我满意。没过几周我就厌烦透顶了。

庄园中有一个豪华的舞厅，里面有哥白林的挂毯和大卫绘制的拿破仑加冕仪式的画像。大卫好像只画过两幅这样的画像，一幅在卢浮宫里，一幅在 L 的庄园里。

看到我越来越无聊，L便对我说：“你干嘛不重新跳舞，就在我们的舞厅里？”

我于是想到了舞厅中的哥白林挂毯和大卫的画。

“舞厅中有那样的装饰，还有打完蜡后油腻腻的地板，我怎么能在那种地方表演我的舞蹈？”

他回答说：“这不难，你用你的幕布和地毯把这些替换下来就可以了。”

于是我叫人拿来了我的幕布和地毯，用幕布把挂毯遮住，用地毯把地板覆盖。

“我还需要一个钢琴师。”

“那就找个钢琴师来。”“罗恩格林”说。

于是我给科洛纳发了一封电报：“正在英格兰度夏，必须工作，请速派钢琴师。”

科洛纳乐队中的第一小提琴手是一个长相怪怪的人，他的脑袋巨大，身材也不好，大脑袋在身体上显得摇摇欲坠。这位小提琴手同时也是一位钢琴师，科洛纳曾向我引荐过他。但这个人对我很冷漠，而且他的形象也让我产生强烈的厌恶感，我不愿看他，更不愿去碰他的手。我乞求科洛纳不要让他来见我。科洛纳说这位钢琴师其实很崇拜我，但我告诉他我实在无法从心中消除这种厌恶感，我无论如何也受不了这个人。还是在诗意拉盖特的一天晚上，科洛纳患病，无法为我指挥，他便让这个人来代替他。我非常生气，对科洛纳说：“我无法在他的指挥下跳舞。”

这位钢琴师来更衣室见我，流着泪对我说：“伊莎朵拉，我非常崇拜您，就让我为您指挥一次吧，就一次。”

我冷冷地看着他。

“不可能，我必须告诉您，您的形象让我极其厌恶。”

听到这些他泪如雨下。

观众们还在等着，于是吕涅·坡就让皮尔奈代替他指挥。

在一个雨天，我收到了科洛纳发来的电报：“已派钢琴师。某日某时到达。”

我赶去火车站，惊讶地看到这位 X 先生（以前提到的长相奇特的钢琴师）从火车上走下来。

“科洛纳怎么会派你来？他知道我不喜欢你。”

他结结巴巴地用法语说：“对不起，女士，我的主人送我来的……”

当 L 知道了这个钢琴师的事情后，他说：“至少这不会让我产生嫉妒心。”

L 依然受着中风的困扰，至少在他看来是这样，所以庄园中有他的私人医生和一位受过严格训练的护士。他们明确强调了我需要遵守的一些行为准则。我被安置在距离 L 很远的一个房间中，而且被人告知我无论如何都不能去打扰 L，而 L 每天在房间里只能吃些米饭、通心粉和水，医生每个小时还要为他测量一次血压。有时，L 还会被带进一种类似笼子的东西里，据说这种笼子是从巴黎运来的，他坐在里面，经受着几千伏的电击。他会有些惨兮兮地对我说：

“希望能管用。”

这一切都让我焦躁不安，而且这里还整天无休无止地下雨。也许这些可以解释后来发生的不寻常的事情。

为了排解无聊，我开始与 X 合作，尽管我非常不喜欢他。每次他为我演奏，我都会用屏风将他隔开，并说：

“您的长相实在让我受不了，我不想在跳舞时看到您。”

在这座庄园中还住着一位A伯爵夫人，她是L的一位老朋友。

“你怎么能这么没有礼貌地对待这可怜的钢琴师？”她有时对我说：有一天，她坚持让我邀请这位钢琴师去兜风，这是我们每天午餐过后的必然活动。

我很不情愿地邀请了他。这辆汽车没有折叠座椅，所以我们只好坐在同一排座位上，我坐在中间，伯爵夫人在我右边，X在左边。窗外像往常一样下起了大雨。我们很快进入了农村地界，但一想起身边的X我就非常难受，于是敲玻璃让司机转弯回家。司机点点头，也许是为了取悦我，他忽然间急转弯。乡村路上坑坑洼洼，他转弯时汽车剧烈颠簸，我被无意间甩进了X的怀里。他竟然趁势抱住了我。我坐起来看着他，忽然感觉自己的身体像溅上火星的稻草一样剧烈燃烧起来。我还从来没有感受过如此强烈的情绪波动。我看着他，忽然间被震惊了。我以前怎么没有发现？他的脸庞竟如此俊美，双眼中还潜藏着掩饰不住的天才火焰。从那一刻起我才知道他是一位不错的男人。

在回家的这一路上，我一直盯着他看，心中狂喜。当我们走进庄园时，他拉起了我的手，眼睛直直地盯着我，把我轻轻地拉到了舞厅的屏风后面。从极度的厌恶中怎么可能产生疯狂的爱？这想起来都觉得不可思议。

L当时唯一被允许饮用的兴奋饮料是当时的一项很被人关注的发明，当然现在这种东西已经被大量出售。当时这种东西被认为可以刺激吞噬细胞。每天L都会对这种饮料大加赞赏，让管家拿给宾客们喝。我发现虽然每次只喝一茶匙的剂量，L 却坚持要求我们用玻璃酒杯来喝。

自从那次车上事件发生后，我和 X 就一直想单独呆在一起——有时在暖房，有时在花园，还有时在乡间泥泞的小路上长时间散步。但这段狂热的感情却戛然而止，有一天，X 离开了庄园，永远没再回来。我们做出这样的牺牲是为了挽救一个行将去世的人的生命。

很久以后，当我再听到《耶稣的镜子》这段优美的音乐时，我意识到我当时的感觉是正确的，他就是一个天才——而天才一直对我有着致命的诱惑。

这段插曲向我表明我不适合这种家庭生活，于是在那年秋天，我再次去美国进行第三次巡回演出。这个决定对我来说很明智，但同时也让我有些伤感。自此之后，我第一百次做出不容更改的决定：我将把整个人生献给艺术事业，它虽是严厉的监工，却值得我付出百分之百的努力，因为艺术比人类更懂得感恩。

在这次巡回演出中，我明确向美国人呼吁，希望他们能够帮助我建立学校。我过去三年所经历的有钱人的生活使我确信这种生活没有任何希望，没有任何结果，而且极端自私，只有通过世界通用的表达方式才能得到真正的快乐。那年冬天我在大都会歌剧院对着坐在阶梯包厢中的观众高谈阔论，很多报纸都以醒目的标题报道此事——"伊莎朵拉大骂有钱人。"我当时是这样说的：

"有人说我曾对美国说过一些不太好听的话。也许是吧——但这并不表明我不爱美国。也许这更表明我对美国爱得太深。我认识一位男士，他疯狂地喜欢一位女士，而这位女士不想跟他说话，而且对待他也很差。后来，他每天都给这位女士写一封带有侮辱性的

信。当这位女士问他：‘为什么你要说这么粗鲁的话？’他回答说：‘因为我爱你爱得已经失去理智。’

“心理学家会告诉你这个故事的深层含义，这种含义同样适用于我和美国之间。我当然热爱美国。这所学校，这些孩子们，我们不都是沃尔特·惠特曼精神层面的后代吗？还有这种一直被称作‘希腊式’的舞蹈。这也是从美国生发出来的，这就是美国的未来之舞。所有这些动作——它们是从哪里来的？它们都来自伟大的美国土地。它们从内华达山脉上来，从不断冲刷着加州海岸的太平洋中来，从落基山中广阔的约塞米蒂大峡谷中来，从尼亚加拉大瀑布中来。

“贝多芬和舒伯特终其一生都是人民的孩子。他们都只是一般人，而他们的伟大作品都源于整个人类，所以当然也属于整个人类。人民需要伟大的戏剧、音乐和舞蹈。

“我们曾去东区做过一次免费演出。有人告诉我：‘如果你们在东区演出舒伯特的交响曲，那儿的人们不会喜欢的。’

“我们做的是免费演出，剧场中根本没有售票处，这让人耳目一新。人们坐在那里聚精会神地观看，泪水顺着脸颊流了下来。他们是否喜欢这些就不言而喻了。诗歌和艺术都会从东区人们的生活积累中迸发出来。为他们建造一座巨大的圆形露天剧场吧。这是唯一民主的方式。在这样的剧场里，每个人都可以清晰地看到舞台，没有包厢和楼座。看看那些展览馆似的剧场，如果把人像苍蝇一样挂在天花板上，然后要求他们欣赏艺术和音乐，这听起来荒诞不荒诞？

“建造一座简洁而美丽的剧院吧。这座剧院不需要镀金，也不需要那些华而不实的装饰。真正的艺术出自人的精神世界，不需要任何外部装饰。在我们学校里，我们没有华丽的演出服，没有各种装饰品——只有从被灵感激发的人类灵魂中流淌出的美，而身体只是外在表现。如果我的艺术表演能教给你们些什么，我希望就是我刚刚说到的这些。美需要在孩子身上找到。在他们轻盈的舞蹈中，我们看到了他们眼中的亮光，看到了他们优美地伸出小手。你们看到他们手拉手走过舞台，这种美比任何珍珠都更迷人，也许坐在包厢里的某位女士现在就佩戴着这样的珍珠。这些孩子们就是我的珍珠和钻石，我别无所求。把美、自由和力量给予孩子们吧！把艺术给予那些需要它的人们吧！伟大的音乐不应只是为了满足少数文人雅士的娱乐需要，它们应该被无偿地给予大众：对他们来说，这和空气与面包一样重要，因为这是人类精神的酒浆。”

这次的美国之旅，让我最高兴的是遇到了天才艺术家大卫·比斯弗，我们很快成了好朋友。他每次都来看我的演出，而我也出席他的每次演唱会。之后，在广场饭店我的套房中，我们一起享用晚餐。他会给我唱《曼德雷之路》和《丹尼·迪佛》等歌曲，我们说说笑笑，激动的时候还会相互拥抱。那真是快乐的时光。

这一章也可以被叫做《异教徒爱的忏悔录》。我现在发现，爱情可以是一种娱乐消遣，但也可以成为一种悲剧。我却带着异教徒似的纯真坠入其中。男人都渴望得到美人的芳心，渴望得到一种可以让他们焕发活力、灵感迸发的爱情，但却不想有任何的忧虑，也不想承担任何责任。在一次演出后，我穿着希腊式舞衣，头上戴着玫瑰花，看起来可爱至极。为什么这种美丽不可以被人欣赏？手里拿一杯热牛奶，还有一册康德的《纯粹理性批判》，这样的日子已经一去不返了。现在我更喜欢呷着香槟酒，旁边有一位迷人的绅士称赞我多么漂亮。这神圣的异教徒的身体，这激情如火的双唇，这紧紧缠绕的手臂，还有在爱人肩膀上甜美的睡眠——这些快乐在我看来既纯真又让人兴奋。有些人可能会厌恶我的说法，我不理解那是为什么，我们的身体在出生后就要经历各种各样的苦痛——断牙、拔牙、镶牙；一个人，不管他多么品行端正，都要承受各种疾病——既然如此，当机会来临时，我们为什么不可以让这饱受摧残的身体享受最极致的快乐？一个整日用脑的人，有时必然要面对复杂的问题和由此带来的焦虑——为什么他不可以投入异性温存的怀抱，寻找片刻的欢愉和享受？我希望那些曾在我怀抱中享受过这一切的人记住的只是当时的快乐。我不可能把他们所有人都写在这本回忆录中，但我会永远记住我在森林和田野中和他们共度的美好时光。还有我从莫扎特和贝多芬的交响曲中获得的快乐，以及伊萨耶、瓦尔特·隆美尔、亨纳·斯金等艺术家们带给我的欢愉。

"是的，"我继续高喊，"让我变成异教徒！让我变成异教徒！"不过我知道自己最多也只能变成异教清教徒或者清教异教徒。

我永远不会忘掉我回到巴黎时的情景。我把孩子们留在了凡尔赛，由家庭教师来照顾。当我打开门时，我那可爱的小男孩向我跑过来，他那金色的卷发像光环一样映衬着可爱的小脸。当年我离开时，他还只是一个待在摇篮里的婴儿。

1908年，我买下了位于纽利的热尔韦工作室。那里有一个像小教堂一样的音乐室，我现在和孩子们住在这里。我经常整日在工作室中忙碌，有时会彻夜不眠，陪伴我的是亨纳·斯金。他是一位才华出众的钢琴家，对工作有着用之不竭的旺盛精力。我们从早晨开始工作，外面的阳光很难照到屋子里来，因为四壁都挂满了蓝色的毯子，屋子里完全靠弧光灯照明。所以，我们经常不知道现在外面是什么时间。有时我会说:“你们饿吗? 现在几点了? ”抬头一看钟表，竟然已经凌晨四点了! 我们对工作的热情空前高涨，这种状态被印度教徒称作“静态的狂喜”。

我在花园中专门为孩子们和他们的家庭教师以及保姆准备了一所房子，这样他们就不会被我们工作时的音乐所干扰。这是一座美丽的花园，在春夏百花盛开的时候，我们会把工作室的门打开，伴着鸟语花香跳舞。

在这个工作室里，我们不仅工作，同时也举办一些娱乐活动。L 很高兴能够举办各种宴会和游园会，每当这个时候，工作室就变成了一座热带花园，或者说是西班牙宫殿。巴黎很多艺术家和名流都会到来。

我记得在某天晚上，塞西勒·索瑞勒、加布里埃尔·邓南遮和我一起即兴演出了一场童话剧，这次演出充分显示了邓南遮的表演才华。

在很长一段时间内，我都对邓南遮怀有偏见，这是因为我崇拜杜丝，总幻想着在两人交往的时间里，邓南遮没有好好对待杜丝。所以我一直不想和他见面。有个朋友曾对我说:“你想见见邓南遮吗? ”我很干脆地回答说:“不想。我要是见了他，不会给他好脸色看的。”虽然我这样说了，那位朋友还是把邓南遮带来了。

我以前并没有见过他，但第一次见到他时，发现他真是魅力四射、光彩照人，我忍不住说道:“欢迎您，迷人的客人! ”

我们第一次在巴黎相见是 1912 年，他当时就决定要用他的魅力征服我。这倒不是他有多么欣赏我，众所周知，邓南遮会向每一位知名女士求爱，然后征服她们作为自己炫耀的资本，就像印第安人把敌人的头皮拴在腰里一样。我出于对杜丝的尊敬拒绝了他。我想我应该是世界上唯一一个拒绝他的女人。这是一种英雄主义的冲动行为。

每次邓南遮向女人示爱，他都会在每天早晨为她送上一首小诗，还会有一朵花来表达诗的含义。每天早上八点钟，我都会收到这朵花，而我却把这种英雄主义的冲动行为坚持到底！

一天晚上（当时我在拜伦酒店附近的一条街上有一间工作室），邓南遮用一种奇怪的腔调对我说：

"今晚我来找你。"

我和我的一位朋友花了一天的时间来精心布置工作室。我们买了很多白色的百合花：就是我们去葬礼时拿的那种。然后我们点上无数的蜡烛。邓南遮看到这一场景有些摸不着头脑，因为有白花和蜡烛的点缀，这里很像一座哥特式教堂。他进来后，我们让他坐在了一个满是靠垫的沙发上。我先为他跳了一段舞。随后我在他身边堆满了白花和蜡烛，而且这时的音乐是肖邦的《葬礼进行曲》，我走路很轻，而且紧随着音乐的节奏。慢慢地，我将蜡烛一支支吹灭，只剩下他的头和脚处的蜡烛还亮着。他像被催眠一样躺了下来。我依然伴着音乐的节奏，吹灭了他脚下的蜡烛。当我轻轻走向他的头所在的位置时，他终于受不了了，一下子跳起来，尖叫一声冲出了工作室。我和钢琴师都笑得喘不上气来，抱在一起庆祝成功。

我第二次抗拒邓南遮的诱惑是在凡尔赛。我邀请他在特里阿农宫酒店用餐。那是在白花和蜡烛事件之后两年。我们乘坐我的汽车来到酒店。

"你想不想在享用午餐前去森林里散散步？"

“那当然好。”

我们乘车来到马尔利森林，把车放在了树林外面，走了进去。这时邓南遮异常欣喜。

我们走了一会儿，然后我说：

“现在我们可以回去吃午餐了。”

但我们却找不到汽车了。所以我们只好徒步回去。我们走啊，走啊，走啊，却怎么也找不到酒店的大门！最后，邓南遮像孩子一样哭了起来：“我要吃午餐！我要吃午餐！我的头脑需要补充营养。要是我挨着饿，我连路都会走不动的。”

我尽量安慰他，最后我们终于找到了大门，邓南遮才吃上久违的午餐。

我第三次抗拒邓南遮的诱惑是在几年之后，那是战争期间。我当时在罗马，住在雷吉纳酒店。碰巧得很，邓南遮就住在我隔壁的房间。每天晚上他都要和卡萨蒂侯爵夫人一起共进晚餐。一天晚上，他们邀请我同去。我走进侯爵夫人的宫殿，来到了大厅里。这里全都是希腊风格的装饰，我坐着等侯爵夫人。这时我突然听到有人在用最肮脏的话使劲地骂人。我左右看看，发现一只绿色的鹦鹉。我发现这只鹦鹉没有待在笼子里，于是便走进了另一个房间。在这里坐了不久，我又听到了可怕的声音，原来是白色的斗牛狗在低声吼叫。它竟然也没有拴着，吓得我又跑到了一个房间，这个房间的地板上铺着有熊图案的地毯，墙上挂着熊皮。我坐在这儿等了一会儿，忽然听到有嘶嘶的声音。我低头一看，看到一条眼镜蛇正在笼子里向我吐着信子。我窜到了另一个房间，发现这里有很多张虎皮，一只大猩猩向我龇着牙。我冲到下一个房间，发现这里是餐厅。侯爵夫人的秘书正在这里。等了许久，侯爵夫人终于过来用餐。她穿着透明的金色睡衣。我对她说：

“您似乎很喜欢动物。”

“是的，我特别喜欢动物——特别是猴子。”她回答说，眼睛看着秘书。

奇怪的是，虽然开胃酒很刺激，但晚宴的气氛并不热烈。

晚餐后，我们和一只大猩猩一起回到大厅里。侯爵夫人叫来她的算命师，这位女算命师戴着尖顶的高帽子，披着巫师一样的斗篷，开始用纸牌为我们算命。

这时邓南遮走了进来。（天哪，这家伙当时身上穿的是什么东西？）

邓南遮非常迷信，他竟然相信一切算命师。这个算命师给他编造了一个绝妙的故事。她说：

“你将来会飞上高空，成就一番伟业。你将来也会不断下落，来到死神的门边。但你可以绝处逢生，与死神同行，享受无上的光荣。”

她对我说：

“你将唤醒整个世界，共同信仰一种新的宗教，并在全球各地建立宏伟的庙宇。你将得到上天的护卫，不管什么灾难都不会降临到你身上，因为有天使们在暗中保护你。你将长生不老。你将得到永生。”

之后我们回到了酒店里。在路上，邓南遮对我说：

“每天晚上十二点我都会到你房中去。我已经征服了世界上的所有女人，但我还没有征服伊莎朵拉。”

他真的是每天晚上十二点都到我房间里来。

我自言自语道：

“我就是与众不同。我就是要成为世界上唯一一个能够抗拒邓南遮魅力的女人。”

他滔滔不绝地向我讲述他人生的闪光点，他极为得意的青年时期，以及他的艺术成绩。

“伊莎朵拉，我再也受不了了！接受我吧，接受我吧！”

那时我的确已经被他的聪明才智搞得神魂颠倒，我不知该怎么办才好。所以有几次我带他走出我的房间，来到他的房间。这种状态持续了将近二十周，之后我开始变得疯狂起来，所以我只得冲向火车站，坐上第一班火车离开了这里。

他曾问过我：

“你为什么不能爱上我？”

“由于埃莉诺拉的缘故。”

邓南遮在特里阿农酒店养了一条他十分珍爱的金鱼。他把金鱼养在一个水晶碗里，精心地喂养它，还不断和它说话。金鱼会摇动它的鱼鳍，嘴巴也会一张一合，仿佛就是在对他说话。

有一天我问酒店的领班：

“邓南遮的金鱼现在怎么样了？”

“唉，说起来真让人伤心。邓南遮去意大利时，要我帮他照管他的金鱼。他对我说：‘这条金鱼可是我的心肝宝贝儿。这是我所有快乐的象征！’他走后不断打电报来询问：我亲爱的金鱼阿道弗斯怎么样了？有一天，阿道弗斯在碗里开始越游越慢，最后与世长辞。我把它捞出来扔到了窗外。但很快邓南遮打来一封电报：我感觉阿道弗斯现在状态不好。我回电说：阿道弗斯昨晚已死。他马上回复说：把它埋在花园里，好好安排它的陵墓。于是我找了一条沙丁鱼，把它包在锡纸里，埋在花园中。我还在上面竖立了一个十字架，上面写着：阿道弗斯长眠于此！邓南遮回来后问我：

"我亲爱的阿道弗斯，它的墓在哪里？"

"我把它领到花园中的墓地，他献上了很多鲜花，站在那里哭泣了很久。"

但有一次的宴会却以悲剧收场。我把自己的工作室设计成了一个热带花园，在奇花异草中安排了很多双人桌。那时我已经开始为巴黎的名流们故意安排一些偶遇，其实就是把男女两个人故意安排在一起，前提是我心里知道这两个人就是想呆在一起的。有时这会让一些妻子很不高兴，兴许还掉下几滴眼泪。宾客们都穿着波斯服装，在一个吉普赛乐队的伴奏下跳舞。宾客中有亨利·巴泰勒，以及他那著名的翻译伯斯·贝蒂，这两个人都是我多年的朋友。

我前面提到过，我的工作室就像是一座小教堂，墙上挂着大约有15米长的蓝色挂毯。在高高的阳台上有一个小房间，被普瓦雷的艺术改造成了女妖塞西的领地。这里的黑色丝绒挂毯反射在金色的镜子里；黑色的地毯，还有一个矮沙发，上面放满了有东方质感的靠垫；这里的窗户全都被封上了，门也很奇怪，留着像伊特鲁利亚人坟墓中一样的孔隙。这个房间装饰完成后，普瓦雷说："在这里，人们可以做很多在其他地方不敢做的事，说很多在其他地方不敢说的话。"

他说的没错。这个小房间美丽而迷人，但同时也十分危险。谁能知道家具里有没有什么东西会造成巨大的差异？美德之床与可耻的睡椅，可敬的桌椅与罪恶的沙发？不管从哪个角度来说，普瓦雷说的都是对的。与我教堂似的工作室相比，在这个房间里，人们会有不同的感受，说话方式也会不一样。

有一天晚上，L 举办了一个宴会，场景像往常一样灯红酒绿。凌晨两点的时候，我发现自己独自与亨利·巴泰勒坐在普瓦雷房间的矮沙发上。尽管我们的关系一直像兄妹一样，但在那天晚上，由于这个房间的诡异氛围，他的言行都有些不一样。正在这时，L 闯了进来，当他看到我和巴泰勒坐在金色的矮沙发上，无数的镜子反射着我们的举动后，L 跑回了工作室，开始向宾客们数落我的不是，当然具体的原话我就不说了。他说他要出走，永远不再回来。

这让宾客们都感到很扫兴，也使我的心境从喜剧变成了悲剧。

“快，”我对斯金说，“快演奏《伊索尔德之死》，不然今天晚上的气氛就全被破坏了。”

很快我脱掉了刺绣精美的希腊式衣裙，换上了白色的长袍，开始随着斯金演奏的音乐跳舞。那一晚，斯金的钢琴弹得格外好。

但那天晚上的事还是造成了严重的后果。尽管我们声明两人之间并没有什么，L 却听不进去，并发狠说永远不会再见我。我拼命乞求，但毫无效果。巴泰勒也很苦恼，他给 L 写了一封信，但也没起什么作用。

L 最后答应和我在一辆汽车里见面。他的咒骂声就像恶魔的钟声一样充斥了我的耳朵。忽然，他停止了咒骂，打开汽车门，一把就把我推了出去。我晕头转向地独自一个人在街上游荡了几个小时。一些奇怪的路人向我挤眉弄眼，嘴里还在含糊地发出暧昧的请求。整个世界忽然间变成了无边的地狱。

两天后，我听到消息，L 已经去埃及了。

第 25 章

悲剧降临

在那段日子里，亨纳·斯金是我最好的朋友，他经常用各种方式安慰我。他个性独特，鄙视所谓的成功和个人追求。他也很敬佩我的艺术，只在为我伴奏时才会特别高兴。我对我崇拜至极，我真的找不到第二个像他这样崇拜我的人了。他的钢琴技巧出众，而且有着钢铁般的意志。他经常整晚为我伴奏——或者是贝多芬的交响曲，或者是瓦格纳的《指环》组曲，从《莱茵的黄金》一直到《众神的黄昏》。

1913 年 1 月，我们一起去俄罗斯巡演。这次巡演中，一件奇怪的小事一直在我脑海中盘旋。到达基辅后的一天早上，我们乘雪橇回酒店。我当时还有些半梦半醒，突然看到路的两旁全都是棺材，而且不是一般的棺材，而是专为盛殓儿童而准备的棺材。我一把抓住斯金的胳膊。

“快看，”我说，“所有的孩子——所有的孩子都死了！”

他向外面看了看，安慰我说：

“外面什么都没有。”

“什么？难道你没有看到吗？”

“什么也没有。只有一堆堆的积雪。你一定是因为劳累产生幻觉了。”

那天晚上，为了好好放松一下，我去了一家俄罗斯浴室。在浴室的蒸汽间里，有很多长长的木架子。我躺在一条木架子上，这时服务人员都在屋外。忽然间一股热浪向我袭来，我一下子从木架子上掉了下来，摔在了大理石地板上。

服务员进来时发现我已经人事不省，他们赶紧把我抬回了酒店。医生诊断后说我有些轻微的脑震荡。

“你今天晚上不能再表演了。你的高烧很厉害。”

“但如果这样观众会非常失望。”我坚持要去表演。

那天晚上的伴奏是肖邦的乐曲。在表演快结束的时候，我突发奇想地对斯金说：

“请为我演奏肖邦的《葬礼进行曲》。”

“为什么？”他问道，“你从来没有表演过这一段。”

“我也不知道为什么。请为我演奏吧。”

我诚恳地请求他演奏，最终他答应了。我开始随着这首曲子跳起来。我在舞蹈中扮演一个怀抱着自己亡灵的人，踏着缓慢而犹疑不决的步子，走向最后的安息之地。我的动作表现了她一步步走下坟墓，最终，灵魂从束缚它的肉身中逃离，一直向光明飞去——灵魂复活。

表演结束后，幕布落下，整个剧场一片沉静。我看着斯金。他脸色像死人一样惨白，浑身颤抖。他抓起了我的手。我感觉到他的手冰凉。

“再也不要让我弹奏这一段了，”他乞求道，“我已经经历过了死亡。我甚至已经闻到了白花的味道——葬礼上的白花——我也看到了孩子们的棺材——棺材——”

我们惊魂未定，抖作一团。我相信，在那一晚，神灵给了我们暗示，暗示将来要发生的事情。

1913 年 4 月，我们回到了巴黎。在特罗卡德罗剧院，斯金再一次为我演奏了这首《葬礼进行曲》。这段演出结束后，观众们像参加宗教仪式一样保持肃静，随后是暴风雨一样的掌声。有些女人在抽泣——而有些人竟进入了一种癫狂状态。

有时我会这样想，过去、现在和将来连贯成了一条长长的道路。在每一个转弯的后面，道路都依然存在，只是我们还没有看到，我们以为这就是未知的将来，其实将来已经在那里等候我们了。

在基辅表演过了肖邦的《葬礼进行曲》之后，我隐隐地感觉到一种即将到来的灾祸，这总让我神情沮丧。我返回柏林后参加了几场演出，在这些演出中，我像着了魔一样地编排了类似的舞蹈，描述一个人在生活中遭受重创，随后又从绝望中爬起来，去追求新的希望。

当我在俄罗斯演出时，孩子们一直和伊丽莎白呆在一起，现在，他们也来到了柏林。他们都身体健康，幸福快乐，在我身边跳来跳去，高兴得不得了。我们一起回到了巴黎，回到了位于纽利的大房子里。

于是，我又一次回到了纽利，和孩子们住在了一起。有时我会站在阳台上，偷偷地看迪尔德丽跳着自己发明的舞蹈。她跳舞时还会自己写几首小诗——小小的身影在巨大的蓝色工作室里跳跃，甜美的童音在空气中回荡:“现在我变成了一只小鸟，我飞了起来，高高地飞到了云朵间”，或者是“现在我是一朵小花，抬头看着天上的小鸟，我开始跳起舞来”。看着她美丽优雅的舞姿，我忽然想到也许她会将我的学校继续下去。她已经是我最好的学生。

帕特里克也已经开始跟着自己哼唱的怪异音乐跳舞。只是他不让我教他。他会很严肃地说:“不要你教。帕特里克会一个人自己跳舞，跳自己的舞蹈。”

住在纽利的这段时间，我或者在工作室忙碌，或者在自己的图书馆看上几个小时的书，或者在花园里看孩子们跳舞，偶尔也教一教他们。日子过得非常快乐，而且我不想再参加任何演出，因为参加演出就意味着和孩子们分离。孩子们长得越来越漂亮，我几乎已失去勇气和他们分开。我曾经预言会有一位出众的艺术家将谱曲和舞蹈这两种才能结合在一起，而看着我的乖儿子跳舞时，我感觉他就会成为这样的艺术家。不仅能够写出优美的音乐，而且可以伴随着音乐跳舞。

把我和这两个可爱的孩子联系在一起的不仅仅是母子亲情，还有更深层面的艺术纽带。他们都疯狂地喜欢音乐，每当斯金要开始弹琴，或者我要开始排练时，他们都拼命地央求我让他们留下来。他们会在那里静静地坐着，聚精会神地听音乐，有时我都感到害怕，不知他们这么小的年龄是否该如此专注。

我记得在一天下午，伟大的艺术家拉乌勒·普尼欧正在演奏莫扎特的乐曲。孩子们踮着脚悄悄地走进来，站在钢琴的两侧听他演奏。当他弹完一首曲子时，两个孩子一起把脑袋伸到他的胳膊底下，带着崇拜的目光看着他。普尼欧忽然看到两个带着金发的小脑袋，吓了一跳，喊起来：

“这两个天使，莫扎特的天使，是从何处来的？”两个孩子咯咯地笑起来，并爬到他的膝盖上，把脸藏到他的大胡子里。

我注视着这三个人，目光中满是柔情，但谁能想到他们很快就要走进死神的阴影下，“永远也无法回头”。

已经进入了三月。我或者在小城堡剧院，或者在特罗卡德罗剧院演出。尽管在外人看来，我生活中的一切都预示着快乐，我却一直被一种奇特的压抑感所困扰。

有一天晚上在特罗卡德罗剧院演出时，我又表演了肖邦的《葬礼进行曲》，这一次斯金为我用管风琴伴奏。表演过程中，我又一次感受到前额处冰凉的气息，闻到了白色晚香玉和葬礼鲜花的味道。迪尔德丽身穿白裙子坐在中间的包厢里，当她看到这一部分时，突然间哭了出来，就好像她那幼小的心灵受到了重创。她哭喊道：“为什么妈妈跳舞时显得那么忧伤？”

回想起来，这是悲剧开始的第一个微弱音符。这场悲剧结束了我在世俗中所有的快乐——永远地结束了。我相信，尽管我继续活了下来，但这种悲痛已将我的灵魂杀死。我的躯壳依然在人生路上逦逦徘徊，但我的灵魂已被完全毁灭——永远毁灭。我曾听人说过，悲伤会使人的灵魂升华。但我觉得，悲剧发生的最后几天，是我精神世界的最后挣扎。自此之后，我只有一个愿望——飞走——飞走——从这种心痛欲绝的恐惧中逃离出去。之后的每个夜晚都让人觉得可怕，就像流浪的犹太人或者漂泊的荷兰人所处的状态。生活就像是乘坐一艘虚幻的小船漫无目的地漂泊在虚幻的大海上。

也许是巧合，随后发生的悲剧事件仿佛都可以在现实世界中找到征兆。我前面曾提到过，普瓦雷为我设计了一个神秘而又充满异国风情的房间，他在每个金色大门上都安装了一个黑色的双十字架。一开始我觉得这个设计虽怪异，却也匠心独具，但渐渐地我发现这些双十字架非常诡异地影响着我。

我前面说过，尽管在外人看来，我生活中的一切都令人十分满意，但实际上我却承受着一种奇怪的压抑感——那是一种对于不幸事件的预知。我在晚上睡觉时会突然惊醒，在黑夜中惊恐地睁大眼睛。于是我在晚上睡觉时总亮着一盏灯。有一天晚上，在微弱的灯光下，我隐约感觉从正对着我床头的黑色双十字架上飘下一个身影。这个身影穿着黑衣，走到我的床边，用乞求的眼神看着我。这让我惊恐万分，赶紧把灯调亮，很快黑影就不见了。但这种奇怪的幻觉——这是我第一次有类似的经验——它一次次地出现在夜间。

我在夜间不断被这些幻象困扰，有一天晚上，雷切尔·伯耶夫人请我用餐。她是一位热心肠的好朋友。在餐桌上我向她倾诉了一切。她听了也很震惊，对我说："你一定是在精神方面出了什么问题。"于是马上打电话找来了她的私人医生。

年轻帅气的雷内·巴代医生很快赶到了。我向他诉说了我的痛苦。

"您的精神压力太大了，建议您去乡间待上一段儿。"

"可我在巴黎还有很多已经签约的演出。"我回答说。

"那就去凡尔赛吧——那里离得比较近，开车就去了。呼吸一下那儿的新鲜空气一定会对你有好处。"

第二天我把这件事告诉了孩子们的保姆，她听后非常高兴，说道："孩子们也会喜欢凡尔赛的。"

于是我们收拾行李，准备马上启程。这时，从门口缓缓走来一个身穿黑衣的修长的身影。是不是我又出现幻觉了？还是晚上从十字架上走下来的身影再次出现了？她径直向我走来。

“我跑来就是为了看看你。”她说，“我最近经常梦到你，于是想到来见你一面。”

这时我才认出来，她是已有些年迈的那不勒斯皇后。几天前我曾带着迪尔德丽去看望她。当时我对女儿说：

“迪尔德丽，我们要去看望一位皇后。”

“真的？那我必须穿上我的礼服。”迪尔德丽说。她说的礼服是普瓦雷为她设计的一件衣服，衣服很精致，四周还有用刺绣做成的花边。

我花了点儿时间教她如何行宫廷中的屈膝礼，她学得很开心，但到了最后时刻，她突然哭了起来，并对我说：“妈妈，我害怕去见真正的皇后。”

我想小迪尔德丽可能以为她要走进真正的宫廷，就像在童话剧里一样。当她走进位于布瓦附近一座美丽的小房子时，看到的是一位体型娇小而又举止端庄的女士，她带着王冠，灰白的头发还精心地编成了小辫子。迪尔德丽忽然来了勇气，上前施了屈膝礼，然后大笑着扑进了皇后的怀里。她一点儿也不怕皇后陛下了，因为皇后身上散发的满是善良和优雅。

而今天，她带着黑色面纱来到我这里，我对她说我们要去凡尔赛，并说明了原因。她说她愿意和我们一起去——这会是一次冒险之旅。在路上，她和两个孩子玩得特别开心，她张开双臂把他们抱在怀里。但我看到这一幕心里却是一惊，因为孩子们长着金发的小脑袋在黑色衣服的背景下显得格外刺眼，让我不禁想到我在普瓦雷房间产生的幻觉。这种奇特的压抑感在这段时间不断地骚扰着我。

到达凡尔赛后，我们和孩子们一起快乐地喝了几杯茶，然后我陪同那不勒斯皇后回到了她的住所。我还从来没有遇到过像厄运缠身的伊丽莎白的姐妹这样和蔼体贴、这样睿智的女人。

第二天早晨，我在特里阿农酒店那迷人的花园里从梦中醒来，我所有的恐惧和不祥的预感都已烟消云散。医生说得很对，我确实需要到乡间走走。唉，要是希腊悲剧合唱团在那儿的话该多好！他们可能会引用一个例子，向我说明如果想避免厄运，我们可以选择一条不同的道路。结果我们径直走了下去，就像可怜的俄狄浦斯一样。如果我没有因为关于死亡的幻觉而去了凡尔赛，孩子们就不会在三天后在同一条路上遭遇死神。

我清清楚楚地记得那天晚上，因为我从未像那天一样舞蹈过。我不再仅仅是一个女人，而变成了一团快乐的火焰——一团烈火——火花腾空而起，烟雾在观众的心中盘旋——在加演了很多节目之后，我最后跳起了《爱乐时刻》。正跳着，我听到内心深处似乎有个声音在歌唱："人生与爱情 / 极度的狂喜 / 我的一切都将给予 / 都将给予 / 给予那些需要它的人们。"忽然我感到两个孩子坐在了我的肩头，他们坐得不偏不倚，而且都特别高兴，我在跳舞时看着他们的脸，那是两张充满笑容、光彩四射的小脸——孩子的笑脸——我的双脚继续舞动，一点也不觉得累。

……

演出结束后，有一个巨大的惊喜在等待我。L 忽然来到了我的包厢里。自从他几个月前去了埃及，我们就一直没有见过面。他再一次被我今晚的舞蹈所打动，对我们的再次相遇也很兴奋，于是建议一起去香榭丽舍大道酒店的奥古斯丁公寓里共进晚餐。我回到酒店，在饭桌前静静地等着他。半小时，一小时过去了，他却一直没有出现。这使我有些紧张。尽管我知道他不是一个人去埃及旅行的，但我还是非常想见他，因为我一直深爱着他，而且希望让他见见我们的儿子，看看在他不在身边的情况下我已经把孩子抚养得多么强壮和英俊。但三个小时过后，他依然没有出现，我只好带着失望回凡尔赛去看孩子们。

经过了卖力的演出和无聊的等待，我早已筋疲力尽，于是一头栽到床上，沉沉地坠入梦乡。

第二天早晨起来时，孩子们已经到了。按照惯例，他们大笑着跳到床上打闹了一通，然后我们一起吃早餐。

那一天，帕特里克显得格外精力旺盛，他不断地翻转着椅子，每一次椅子倒下，他就会兴奋地大呼小叫。

随后发生了一件奇怪的事情。昨天晚上，不知是谁给我送来了两卷装订精美的巴贝·道雷威利的著作。我从旁边的桌子上拿起一卷。当时我正想斥责帕特里克不要大喊大叫，忽然目光落在了书中的一个名字上：奈尔比。我随即读道：

“这位美丽的母亲堪称尽职尽责，可当人们对你提起奥林匹斯山上的众神时，您却一笑了之，不予理会。为了惩罚你，众神的弓箭瞄准了你儿子的头颅，你将无法保护他们。”

这时保姆对帕特里克说：“帕特里克，不要大喊大叫了，你吵到妈妈了。”

保姆是一位温柔善良的女人，她很喜欢两个孩子，对他们也很有耐心。

“让他闹吧，”我大声说道，“生活中要是没有了他们的噪音还真就让人不适应。”

这时我很自然地想到，生活中要是没有了这两个孩子，将是多么的空虚和阴暗。我爱他们胜过我的艺术，更远远胜过对任何男人的爱恋，只有他们才能让我的生活充满快乐。

我继续读道：

“你无计可施，只剩下自己的胸膛来让弓箭刺穿，你渴望用自己的胸膛迎接来箭，以取代自己孩子的头颅！但这一切终是枉然，你这高贵却命运多艰的女人。众神之箭已然射出，并且捉弄了你这凡人。

“你在黑夜的寂静中绝望地等待。你没有失声痛哭，但你已失去生命活力，世人都说你已变成坚硬的岩石，以表示你爱子的心坚贞不渝。”

读到这里，我合上书，一种莫名的恐惧突然占据了我的心。我把孩子们叫了过来，张开双臂，把他们紧紧抱在怀里。在这一刻，我忽然落下泪来——我会永远记住这个早晨每个人的一言一行，一举一动。多少个不眠的夜晚，我在脑中一遍遍回顾每一个时刻，绝望地想，为什么闹钟的幻象没有提醒我去阻止即将发生的一切。

这是一个气候温和却有些阴沉的早晨。对着花园的窗户都打开着，园中的树木初露嫩芽。我第一次感受到了柔和春日的喜悦，有蓬勃的生机，还有可爱的孩子们，我一跃从床上跳了起来，开始和孩子们一起乱蹦乱跳，我们三个不时发出悦耳的笑声。保姆也在看着我们笑。

突然电话响了。是L的声音，他要我带着孩子们去城里见他。“我想看看孩子们。”他已经有四个月没有见到他们了。

我高兴地想，也许我们能够就此和解，这是我渴望已久的。我悄悄地把消息告诉了迪尔德丽。

“嗨，帕特里克，”她喊道，“你知道我们今天要去哪儿吗？”

我再次听到了那个幼稚的回音：“你知道我们今天要去哪儿吗？”

我那可怜的孩子们，我怎能想到厄运就要降临在你们头上！那天你们到底去了哪里？

保姆这时说：“夫人，马上要下雨了 —— 他们最好还是待在家里。”

唉，多少次，在可怕的噩梦中，我都听到了她的劝告，同时诅咒自己为什么没有意识到这一点。当时我只是想，如果孩子们在的话，和L重逢不会显得那么尴尬。

最后一次乘车走在从凡尔赛到巴黎的路上，我把孩子们紧紧抱在怀里，这时我心中充满了对未来的希望和信心。我想，当L看到帕特里克的时候，他会完全忘记对我的各种不满，我梦想着我们的爱情会持续下去，创造更圆满的将来。

在去埃及之前，L买下了巴黎市中心一块位置很好的土地，他想为我的学校修建一个剧场 —— 这个剧场将会成为世界各地伟大艺术家的聚会场所。我想杜丝一定会觉得这里是演出她的拿手剧目的好地方，而莫奈 - 苏利也可以实现他多年的梦想，在这里连续演出俄狄浦斯王三部曲：《俄狄浦斯王》《安提戈涅》[①] 和《俄狄浦斯在

① 安提戈涅是俄狄浦斯弑父娶母后与母亲俄卡斯忒所生下的女儿。

科洛诺斯》。

在去巴黎的路上，我脑子里跳跃着这些想法，心中充满了对于艺术的未来憧憬。但命中注定这个剧院没有建立起来，杜丝也无法找到值得她为之献身的艺术神庙，莫奈 - 苏利更是直到死也没有机会实现他演出索福克勒斯悲剧三部曲的愿望。为什么，为什么艺术家的梦想总是无疾而终?

正像我所设想的，L 看到他的儿子以及迪尔德丽时显得非常高兴，他深爱着这两个孩子。我们在一家意大利餐厅愉快地共进午餐，吃了很多意大利面，喝了一些基安蒂红葡萄酒，同时畅谈着剧场的未来。

“可以叫做伊莎朵拉剧场。”L 说道。

“不，”我回答说，“应该叫帕特里克剧场，因为帕特里克才是伟大的作曲家，他将写出未来的音乐，并为音乐配上合适的舞蹈。”

午餐结束后，L 说:“我今天特别高兴，我们再去幽默沙龙坐坐吧。”

我已经和人约好要进行演出排练，所以 L 只带着我们的一位年轻朋友去了，而我带着孩子们和保姆回到了纽利。我们走到门口时，我对保姆说:

“你带孩子们进去等我好不好? ”

而她却说:“不了，夫人，我想我们还是回去吧，孩子们需要休息。”

于是我和他们一一吻别，并说:“我也会很快回去的。”在汽车即将开动前，迪尔德丽把嘴唇贴到玻璃窗上和我告别。我凑上前从外面吻了一下她刚才吻过的玻璃。冰冷的玻璃给了我一种怪异的印象。

我回到工作室里，这时还没到排练的时间。我打算先休息一会儿，于是就回到了自己的房间。我靠在沙发上，看到身边有鲜花，还有不知是谁送给我的一盒小糖果。我拿起一颗来懒懒地吃着，心想，“不管怎么说，我都是非常快乐的——应该说是世界上最快乐的女人，我有自己的艺术，事业成功，收入颇丰，爱情还算甜蜜，最重要的是，我有两个美丽可爱的孩子。”

我就这样懒懒地吃着糖果，自己对自己微笑着，心里还想着，“L已经回来了，一切都会好起来的。”正这时，我耳中听到一种令人毛骨悚然的喊声。

我转过头去。L已经走进了屋子，他像是喝醉了酒一样脚步踉跄。忽然他的双腿一曲，瘫倒在我面前，从他的嘴中我听到了这样的声音：

“孩子们——孩子们——都死了！”

……

我记得当时我一动不动，感觉到喉咙里有一丝灼热，就像是吞下了一块还在燃烧着的煤炭。但当时我还不太明白是怎么回事。我轻轻地对L说话；我在试图安慰他；我告诉他这不是真的。

随后，其他人也都来了，但我还是搞不清到底发生了什么事。后来走进来一个留着黑胡子的男人。有人告诉我他是医生。“这不是真的，”他说，“我会救活他们的。”

我当时相信他的话。我想和他一起走过去，但其他人拉住了我。我现在明白他们不想让我知道其实已经没什么希望了。他们害怕这样的打击会让我失去理智，但其实我当时正处于一种兴奋的状态。

我看到周围的人都在哭泣，但我却没有哭。相反，我很想去安慰安慰他们。回想起来，我真是不理解自己当时怪异的举动。是不是当时我已经洞察一切，知道死亡并不存在——外面像蜡像一样的东西不是我的孩子，只不过是他们脱下来的衣服？而我孩子的灵魂将带着光环获得永生？

一个母亲在一生中只有两次不由自主的哭喊——在孩子出生时和孩子去世的时候。当我意识到我现在触摸的冰凉小手将不再会触摸我的手时，我听到了自己的哭喊声——这就像我在他们出生时听到的哭喊声一样。为什么会是一样的？这两种哭喊声，一个是巨大的喜悦，一个是绝望的悲痛。我不知道原因是什么，只知道它们一样。在整个宇宙之中，只有一种哭喊声蕴含着悲伤、喜悦、狂喜和痛苦，那就是母亲在创造生命时的哭喊，难道还有第二种吗？

……

曾经有多少次，我们在早上出门时看到一大群人正在按照基督教的仪式举行葬礼。我们会不禁打个冷战，挨个想一下自己至亲至爱的人，并努力在脑中摒除自己有一天也会参加这种活动的念头。

从很小时，我就对任何与教堂或者教堂规范有关的东西有一种本能的反感。后来在阅读了英格索尔、达尔文和一些异教哲学的书籍后，我的这种反感心理更为强烈。我反对现在的婚姻制度，而对于现在的葬礼规范，我也同样不屑一顾，我感觉这种做法丑陋而又让人不愉快，简直就是一种野蛮行径。既然我有勇气反对现在的婚姻制度，不让我的孩子受洗礼，我就同样有勇气反对现在的葬礼制度。这种所谓的基督教葬礼在我看来只不过是一种可笑的仪式。我有一个愿望——将这种野蛮丑陋的仪式转化成一种美的展示。在基督教的仪式中，悲伤的味道太重，泪水不会轻易流下来。我是哭不出来的。大批的朋友来到我的面前哭泣。大批人站在花园或者是大街上哭泣，但我不会哭泣，我只是想表达一种强烈的愿望，就是这些穿着黑衣来表达同情的人们可以被转化为一种美。我不会穿上黑衣。为什么要改变衣服的颜色？我坚持认为穿丧服这种行为既荒唐又没有必要。奥古斯丁、伊丽莎白和雷蒙德感受到了我的意愿，他们在我的工作室里堆上了大批的鲜花。当我恢复知觉后，我听到的第一种声音就是科洛纳乐队演奏的格鲁克的《俄耳甫斯》中优美的挽歌。

但是要想在一天之内改变这些丑陋的本性并创造真正的美丽是多么困难啊！如果葬礼能够按照我的想法来安排，就不会有一身晦气的戴黑色帽子的人们，就不会有灵车，不会有这些丑陋而又无用的可笑仪式，因为它们将死亡变成了一种恐怖的经历，而不是一种对生命的热情赞美。还记得拜伦是如何在海边为雪莱举行火葬的吗？那真是壮丽的场景！但在我们身边的所谓文明世界中，只有这种根本算不上美的葬礼形式。

在与孩子们和他们保姆的遗体告别时，我多么希望能够有什么特殊的仪式，让生命散发出最后的光辉。我相信，总有一天，全世界的智者会站起来共同反对基督教的丑陋葬礼，而为死者创造一种壮美的送行仪式。现在的火葬比起把人的身体埋进土里已经有了很大的进步。肯定会有很多人与我有同样的感受，但我的这些想法也肯定会遭到正统宗教信徒的猛烈批评和深深的厌恶，因为我是要在和谐、色彩、光明和美感中与我至亲至爱的人说再见，因为要把他们的遗体带向火葬场，而不是埋在地里让爬虫吞噬掉。在他们看来，我是个无情而可怕的女人。我们到底需要等多久，才能看到人们在生活、爱情，乃至死亡中表现出应有的智慧？

我来到了火葬场阴气逼人的地下室，看到了两个孩子的棺材，我看着他们长满金发的小脑袋，像花儿一样的小手，以及他们本可以跑得飞快的小脚丫 —— 现在这些很快就要被交付给烈火 —— 留下的只有让人望之生悲的一小把灰烬。

我回到位于纽利的工作室。我已经想好了怎样结束我的生命。是啊，孩子们已经走了，我还留在这世界上做什么？只是学校中的女孩儿们对我说的话才让我改变了念头，她们站在我身边对我说：“伊莎朵拉，为了我们活下去吧。难道我们不是你的孩子吗？”这才让我想到，我应该先安慰这些同样悲痛的孩子们，他们因为迪尔德丽和帕特里克的死已经哭得心都碎了。

如果这撕心裂肺的疼痛早些来临，我想我一定能够克服得了；如果来得晚些，结果也不会这么可怕；可它偏偏在我的事业如日中天的时候到来了，这完全击溃了我的一切勇气和力量。而此时，如果有谁能够用爱将我包围，我会好过得多 —— 但这时 L 并没有做到这些。

雷蒙德和他的妻子佩内洛普要去阿尔巴尼亚为当地的难民服务。他劝我和他们一起去散散心。于是我和伊丽莎白以及奥古斯丁一起启程去考尔夫。我们到达米兰后，我又回到了四年前曾经呆过的房间。当时我正在痛苦挣扎，犹豫是否要生下帕特里克。现在他已经出生，那张脸就是我在梦中见到的天使的脸，但他已经过早地离开了我。

我再一次注视着墙上画像中女士那双冷冰冰的眼睛，她似乎在说：“这和我预料的不一样——怎么一切都归于死亡了？”——这时我感到极度恐惧，慌忙跑出了走廊，乞求奥古斯丁换一个酒店。

我们从布林迪西乘船，不久，在一个美丽的早晨到达了考尔夫。大自然中的一切都在向我微笑，但我却感觉不到一丝的安慰。和我同行的人都说，我经常整天整天地坐在那里发呆。我对时间完全没有概念——此时的我已经进入了一片令人忧郁的灰色地带，心中完全没有继续生活下去的愿望。当真正的痛苦来临，遭受打击的人会没有任何举动，没有任何表情。就像奈尔比被变成石头一样，我坐在那里，期盼着死亡把我吞噬。

L 这时在伦敦。我想如果他能来到我的身边，我很快就会从这种可怕的昏迷中苏醒过来。如果有他温暖、爱抚的臂膀，我也会很快投入新的生活。

一天，我告诉周围人不要来打扰我。我一个人平躺在屋子里，双手紧紧地抱在胸前。我已经接近崩溃的边缘，我一遍遍地重复着要对 L 说的话：

“快来我身边。我需要你。我就要死了。如果你不来，我会随孩子们而去。”

我像祈祷一样一遍遍地重复这几句话。

当我坐起来的时候，发现已经是午夜。我又痛苦地睡去了。

第二天早晨，奥古斯丁拿着一封电报叫醒了我。电报中写道：

“看在上帝的份上，告诉我伊莎朵拉现在怎么样了。我马上动身去考尔夫。L”

我像是在黑夜中看到了一丝光明一样。之后的几天，我一直耐心地等待着。

一天早晨，L到了这里。他脸色苍白，显得焦躁不安。

"我以为你已经死掉了。"他对我说。

随后他告诉我，就在我向他发送求助信息的那个下午，他看到了我的幻象在他的床头出现，而且当时他脑中重复着我对他说的话："快来我身边——快来我身边——我需要你——如果你不来，我就会很快死去。"

当我确信我们之间确实存在心灵感应之后，我对未来又充满了希望。希望我们过去的不愉快会在爱的表达中得到补偿，而我的孩子们也会重新来到世间安慰我受伤的灵魂。但事实上这一切并没有发生。我对这些憧憬的渴望，以及我失去孩子后的悲伤，都强烈得让L觉得难以忍受。一天早晨，他不辞而别。我看到蒸汽船从考尔夫海岸离去，知道他就在船上。大船从蓝色的海面上飘走，又一次只剩下了我一个人。

那时我常对自己说："或者让我马上结束生命，或者为我找到一种让我能够活下去的方式。无尽的痛苦日日夜夜在啃噬我的心。"每天晚上——不管是醒着还是睡着——我脑中都在重现孩子们离去那天早晨的情景。我听到迪尔德丽说："猜猜我们今天要去哪里"——听到保姆说："夫人，我们今天最好不要让孩子们出去。"然后听到自己胡乱地回答，"你说得对。看好他们，好阿姨，看好他们；今天不要让他们出去。"

雷蒙德从阿尔巴尼亚回来了。他像往常一样充满热情和活力，"整个国家都急需我们的帮助。大量村庄被破坏；孩子们都在挨饿。你怎么能整天待在这里沉浸于自私的悲伤之中？来和我们一起帮助那些还在挨饿的孩子们——安慰那些可怜的女人们吧。"

他的请求发挥了作用。我再一次穿上希腊式衣裙和凉鞋，和雷蒙德一起去了阿尔巴尼亚。他非常有创意地组建了一个营地，用来集中帮助那些阿尔巴尼亚难民。他去考尔夫的市场买来生羊毛，然后装在自己租来的小型蒸汽船里，运到沙兰德去，那里是难民集中的主要港口。

我好奇地问雷蒙德："你买羊毛干什么？你总不能让人吃羊毛吧？"

雷蒙德回答说："你等着看吧。如果我给他们面包，只能解决他们一天的吃饭问题；而如果我给他们羊毛，他们将来也都不用挨饿了。"

我们来到沙兰德崎岖不平的海岸，雷蒙德已经在那里组建了一个中心。他打出一个牌子，上面写着："招聘纺羊毛工人，每天一个德拉克马。"

很快有一群穷困而瘦弱的妇女前来应聘。有了这一块钱，他们就可以买希腊政府在港口出售的黄玉米了。

随后雷蒙德把船又开回了考尔夫。他在那里让木匠为他造了很多纺织机，并运回了沙兰德。于是他打出了一个新牌子："招聘纺织工人，每天一个德拉克马。"

成群的饥饿难民前来应聘。纺织的图样都是雷蒙德专门找来的古代希腊花瓶上的花纹。于是大批的妇女开始在海边上干活，雷蒙德还教他们边干活边唱歌。纺织的成品是漂亮的沙发靠垫，雷蒙德把这些靠垫运回伦敦出售，能够赚到50%的利润。他用这些钱开了面包店，半价出售白面包。这比希腊政府出售的黄玉米还要便宜，于是在他的工场周围出现了自发的村庄。

我们住在海边的一个帐篷里。每天早晨日出时我们都去海里游泳。雷蒙德不时会储存一些面包和土豆，我们就会翻过一座山，去把这些东西分给那里饥饿的村民。

阿尔巴尼亚是一个奇怪的悲剧性国家。这里有雷电之神宙斯的第一个祭坛。之所以与宙斯有关，是因为这里不管冬夏都有暴风雨。暴风雨来临时，我们只能穿着短上衣和凉鞋在路上艰难地跋涉，不过我感觉被暴风雨冲刷要比穿着胶皮雨衣来得痛快。

我在这里看到了很多凄惨的场景。一位母亲坐在一棵树下，怀里抱着一个婴儿，身边还有三四个孩子——他们饥肠辘辘，无家可归；他们的房子已经被烧掉，她的父亲和丈夫已经被土耳其人杀掉，牲畜被偷走，庄稼被毁掉。这位可怜的母亲只能无助地坐在这里。对于这样的人，雷蒙德一般都会多给她一些土豆。

我们回到帐篷时都已经非常劳累，但一种奇怪的满足感悄悄爬上了我的灵魂。是的，我的孩子们已经走了，但还有别人家的孩子——他们正在忍饥挨饿。为什么我不能为他们而活?

沙兰德这里没有理发师，我只能自己修剪头发，并把碎发扔进海里。

当我的身体和精神状态逐渐恢复后，我就开始有些不能忍受每天救济灾民的生活了。毋庸置疑，一个艺术家的生活和一个圣人的生活是有很大区别的。我的艺术生活再次从内心萌芽。我知道自己精力和能力都有限，让我用自己的时间和精力去阻止像阿尔巴尼亚难民这样的悲剧是完全不可能的。

第 26 章
同性之爱

有一天，我感觉我必须离开这个满是高山、巨石和暴风雨的国家。我对佩内洛普说：

“我再也受不了每天看着这些悲惨的场景了。我想找一座清真寺，伴着油灯在那里独自打坐——脚下要铺着波斯地毯。我已经厌烦了这里崎岖不平的道路。你能不能和我一起去一趟君士坦丁堡？”

佩内洛普表示她很高兴和我同去。我们换上了较为朴素的服装，乘船前往君士坦丁堡。白天我一直待在自己的船舱里，到了晚上，当其他旅客都睡去之后，我围上一条头巾，悄悄地走出舱门，来到月光皎洁的甲板上。我看到船舷旁边也有一个人在赏月，他身穿白色的衣服，还带着羊皮的白手套——是一个年轻人，手里拿着一本黑色的小书，他时不时地读上一会儿，然后自言自语，就像是在祈祷。他的脸色苍白而憔悴，却有一双迷人的黑眼睛，以及乌黑的头发。

当我走近他时，这个陌生人对我说：

“我斗胆跟您聊上几句，因为我知道我们有着一样的伤痛。我是要回君士坦丁堡安慰我的母亲，她正饱受人世的折磨。一个月前，她得知我的大哥自杀身亡，而两周后，噩耗再次传来——我二哥又自杀了。我现在成了他唯一在世的儿子。但我该怎么去安慰她呢？我自己也深感绝望，对我来说，世间最快乐的事就是追随我的两个哥哥而去。”

我们谈了很久。他告诉我他是个演员，他手里拿的是一本《哈姆雷特》，正在揣摩这个角色的特点。

我们第二天晚上又在甲板上相遇。我们就像是两个悲伤的幽灵，各自沉浸于自己的悲痛，而又从对方的存在中寻找到一些安慰，我们一直在甲板上呆到黎明时分。

我们到达君士坦丁堡后，一个端庄美丽的高个子妇女上来抱住了他。这个女人神情忧郁，看起来还没有从儿子自杀的噩耗中解脱出来。

佩内洛普和我住进了佩拉皇宫酒店。到达后的前两天，我们一直在城中闲逛，闲逛的地点主要是古城中狭窄的街道上。第三天，一位不速之客忽然来访。那是我在船上遇到的年轻人的母亲，就是在君士坦丁堡接他的女人。她显得极度痛苦。她拿出两个已经自杀的儿子的照片给我看，那是两个长相英俊的男人。她对我说：“他们已经走了，我没有办法挽回，但我祈求你救救我最后一个儿子，他的名字叫拉乌勒。他似乎也要随他的哥哥们而去。”

“但是我能做些什么呢？他到底出了什么问题？”我有些不知所措。

“他已经离开了这里，去了位于圣斯蒂法诺的一个小村庄，独自一人待在一座别墅里。从他走时脸上那绝望的表情，我猜想他可能要寻短见。我知道你在船上给他留下了很深的印象，所以想请你帮忙，让他认识到他的行为是多么邪恶，他应该可怜可怜他的母亲，不要轻生。”

“但他为什么对人生这么绝望呢？”我问道。

“我不知道，就像我同样不知道他的两个哥哥为什么自杀。他们年轻、漂亮，而且在生活中一帆风顺，我真不知道他们为什么要选择死亡。”

我被他母亲的请求深深打动，于是答应去他的别墅劝劝他。酒店的搬运工人告诉我，去那里的路崎岖不平，汽车是根本到不了的。所以我只好来到港口，雇用了一艘驳船。博斯普鲁斯海峡上风浪很大，但我们还是很安全地到达了那个小村庄。根据他母亲提供的地址，我们找到了拉乌勒的别墅。别墅位于古墓旁边，是位于花园中的一所白色房子。入口处没有门铃。我敲了敲门，没有人回应。我试着推了一把，发现门是开着的。我走了进去，在一楼没有看到任何人，我来到二楼，发现拉乌勒独自一个人待在一间面积不大但刚刚粉刷过的房间里。这里的墙面、地板和门都是白色的。他躺在一张白色沙发上，穿着他在船上时的白色衣服，戴着一尘不染的白手套。沙发旁边有一张小桌子，桌子上有一个水晶花瓶，花瓶中是白色的百合花，花瓶旁边，一把左轮手枪。

这孩子应该有两三天没吃东西了。他神情恍惚，心已不知飘到了哪里，我喊了半天他也没有回应。我拼命地摇晃他，对他说他的母亲是如何被儿子们的自杀折磨得痛苦万分。最后，我强行把他拉到了驳船上——幸好，他没有带那把手枪。

在回城的路上，他不停地哭泣，而且不想回到他母亲那儿。于是我劝他先来我的酒店里。在酒店里，我一直追问他为什么这么痛苦，以至于要以自杀做了结。因为在我看来，他哥哥的死也不会对他造成这么沉重的打击。最后，他喃喃低语道：

“你说得对，这一切不是因为我哥哥的死，而是因为西尔维奥。”

“西尔维奥是谁？她现在哪儿？”我问道。

“西尔维奥是这个世界上最美丽可爱的人，”他回答说，“他现在正和他母亲住在君士坦丁堡。”

当我得知西尔维奥竟是一个男人时，不禁大吃一惊。但我一直是柏拉图的忠实信徒，一直认为他的《费德罗》是最精美的情歌集，所以对于同性之爱不像其他人那么反感。我相信最炙热的爱恋就像是精神中燃烧的火焰，这与性别没有多少关系。

我决定不惜一切代价拯救拉乌勒年轻的生命，于是我简单直接地问他：

“西尔维奥的电话号码是多少？”

他告诉了我，于是我很快听到了西尔维奥的声音——那声音非常甜美，我想这声音应出自一个温柔体贴的灵魂。我对他说：“你现在必须马上过来。”

不久这个少年就出现了。他是一个大约十八岁的可爱少年。他看上去就像是美少年加尼梅德，宙斯看到他也不禁心旌摇动。

我们一起共进晚餐，整个晚上都呆在一起。很快，在俯瞰海峡的阳台上，我看到拉乌勒和西尔维奥在一起轻声交谈，我心里明白，拉乌勒至少在这段时间不会再轻生了。我打电话告诉他的母亲事情的进展。那个可怜的妈妈兴奋异常，简直都不知道该用什么语言表达对我的感谢。

那天晚上，我和我的这两个朋友挥手告别，这时我感觉自己做了一件多么好的事，我竟然拯救了一个年轻的生命。但没过几天，他母亲又惊慌失措地来找我。

“拉乌勒又回到他在圣斯蒂法诺的别墅去了。您必须再救他一次。”

我想这是对于我善良本性的一种惩罚，但我实在无法拒绝这个可怜的母亲的请求。这次我们决定从陆路赶过去，因为上次的水路惊险万分。我打电话给西尔维奥，告诉他必须跟我们一起去。

“现在你应该告诉我到底是怎么回事？”我问他。

“是这样的，”西尔维奥说，“我当然喜欢拉乌勒，但我已经向他说明我对他的爱没有他那么强烈，他说这样也不能让他继续活下去。”

我们在日落时出发，一路颠簸着到达了他的别墅。我们快速行动，很快就将拉乌勒带回了酒店。我和佩内洛普长谈到深夜，商量有什么方法可以让拉乌勒从这种状态中解脱出来。

第二天，我们继续在君士坦丁堡闲逛。在一个阴暗、狭窄的小巷里，佩内洛普突然指着一个招牌让我看，上面写的是亚美尼亚文，她告诉我说这里有一个算命师。

“要不我们去问问她。”佩内洛普说。

我们走进一所老房子，爬上盘旋的楼梯，穿过满是污秽的过道，最后来到一间密室。密室中有一位老妇人，她守在一口大锅旁，锅里冒着奇怪的味道。她是亚美尼亚人，但会说些希腊语，所以佩内洛普可以和她交流。她告诉我们，在最后一次土耳其人的大屠杀中，她就在这个房间里亲眼目睹了所有的子女和孙辈全部被杀，包括还在襁褓中的婴儿。从那一刻起，她获得了一种神秘的洞察力，因此可以预见未来。

“我的未来会是什么样的？”我通过佩内洛普问她。

老妇人盯着大锅中冒出的烟雾看了一会儿，便开始预测我的未来。佩内洛普把她的话翻译给我听。

“她向你致敬，因为你是太阳神的女儿。你被派到地球上来给所有的人们最纯粹的快乐。从这种快乐中会产生一种新的宗教。在四处流浪之后，在你人生的最后时刻，你会在全世界建立神庙。在这段时间，你还会回到这座城市，因为这里也有一座神庙要建。所有的神庙都供奉着美丽与快乐之神，因为你是太阳神的女儿。”

当时，这种充满诗意的预言在我听来十分奇怪，因为当时的我正处于悲伤与绝望之中。

随后佩内洛普问她：“我的未来会怎样？”

老妇人开始预言她的未来，因为我听不懂希腊语，只能在旁边看她们的脸色。我看到佩内洛普脸色开始变得苍白，神情也有些惊恐。

“她都对你说了些什么？”我问道。

“她说的话让我心里特别不安，”佩内洛普说，“她说我有一只小羊羔，她指的是我的儿子美那尔卡斯。她说‘你希望再有一只小羊羔’，那肯定指的是我一直想有个女儿的愿望。但她又说，这个愿望永远不可能实现。她还说我很快就会收到一封电报，告诉我有一个我深爱的人得病了，还有一个病危。她还继续说，我的生命也延续不了太长时间。在我最后的时刻，我会站在一个很高的地方，俯视整个世界，那时我会做最后的沉思，然后离开这个世界。”

佩内洛普显得很沮丧。她给了那个老妇人一些钱，和她道别，然后拉起我的手，跑出过道，跑下楼梯，跑回那条狭窄的小街上。我们找了一辆出租车，很快返回了酒店。

刚进酒店，门房就拿来了一封电报。佩内洛普斜靠在我的胳膊上，差点儿晕倒。我带她回到房间，然后打开了电报。上面写着:“美那尔卡斯病重；雷蒙德病重；马上回来。”

可怜的佩内洛普惊慌失措。我们赶紧收拾行李。我找人询问什么时候有去往沙兰德的船只。门房说有一艘在日落时从这里出发。不过，尽管这样慌乱，我还是记得给拉乌勒的母亲留下了一封信:“如果你想从危难中拯救你的儿子，你告诉他必须马上离开君士坦丁堡。不要问我原因，不过，如果可能的话，今天下午五点带他来我们的船上见我们。”

我一直没有得到回信。轮船马上要开动的时候，我才看到拉乌勒拿着一个旅行箱，神情恍惚地跳上船。我问他是不是买票了，他说他根本没有考虑这些事情。幸好这艘客轮对这些方面的管理不是很严，我最终和船长说好，让他睡在我套房的起居室里。当时我已经把这个年轻人当成了我的儿子。

到达沙兰德后，我们看到美那尔卡斯和雷蒙德都发着高烧。我劝他们赶快离开阿尔巴尼亚这个令人沮丧的地方，和我一起回欧洲。我还找来了船上的医生，让他帮我劝说他们。但雷蒙德放不下他援助的难民和建立的救援村，执意要留下来；而佩内洛普又不肯离开雷蒙德。于是我只好自己一个人走，他们则留在了这个荒凉的地方，只有一顶小帐篷来保护他们不受飓风的侵袭。

我们乘坐的蒸汽船一直驶向迪里雅斯特。我和拉乌勒都很不高兴，他不停地流泪。我已经打电报让我的汽车直接去迪里雅斯特接我们，因为我不想接触火车上那么多的旅客。我们乘坐汽车一路向北，来到了瑞士。

我们在瑞士的日内瓦湖停留了一段时间。我们两个人是一个奇怪的组合，各自沉浸在自己的悲痛之中。也许正是由于这个原因，我们才能成为好的旅伴。我们接连好几天一直在湖上泛舟。在这几天里，经过我苦口婆心的劝导，拉乌勒终于做出庄严地承诺：就算为他的母亲考虑，他也绝不会再考虑自杀的事情。

一天早晨，我送他上火车返回他的剧院，自此我就再也没有见过他。但我听说他后来事业非常成功，因塑造哈姆雷特这个角色而给人们留下了很深的印象。这我可以理解，有谁能够比可怜的拉乌勒更了解“生存还是死亡”的真正内涵？不过，我们分手时他还很年轻，希望他能够找到自己的幸福。

现在又是我一个人待在瑞士，我依旧被疲倦和伤感所困扰。我已经变得不可能在一个地方待上很长时间。带着这种躁动，我乘车游遍了瑞士全境，最后，忍不住一时冲动，开车回到了巴黎。这段时间我一直是一个人，因为我发现自己不愿意和任何人同行。就算是我的哥哥奥古斯丁也不行。他到瑞士来陪我，但很快我们就分开了。后来，我对其他人的厌恶到了极端的程度，我甚至都不愿听到其他人的声音，当有人走进我的房间时，我觉得他们如同幻影，遥不可及。一天晚上，我回到了位于纽利的住宅。这里已经没有多少人居住了，只有一位老人住在门房的屋子里看管花园。

我走进了空旷的工作室，那些蓝色布景不禁让我想到了我的艺术、我的演出，于是我决定重新回到这个世界。我请回斯金为我伴奏，但熟悉的音乐却只能让我不时地痛哭流涕。事实上，这是我第一次为孩子们痛哭。这里的一切都让我想到我们在这里度过的欢乐时光。不久，我又开始出现幻觉，仿佛听到孩子们在花园中嬉戏的声音。一天，我偶然走进他们的卧室，看到地上散落的衣服和玩具，我放声痛哭。我这才意识到，我已经不可能待在纽利这个地方了。尽管后来我还是做了一些努力，不断邀请一些朋友来这里。

但在晚上的时候我还是睡不着。我知道那条危机四伏的小河就在附近。终于有一天，我再也忍受不了这里的环境，我驱车向南而去。当我坐在以每小时七八十公里高速行驶的车里时，似乎才能从没日没夜难以名状的痛苦中解脱出来。

我开车越过了阿尔卑斯山，来到了意大利。我不停地游荡，有时在威尼斯运河中的冈多拉小船里，让船夫整夜航行；有时又会来到里米尼古镇。我还在佛罗伦萨住了一夜，我知道克雷格就住在这里，真想马上去找他，但又想到他已经结婚，有了安稳的家庭生活，我们的重逢只能带来更多的不愉快，所以只好作罢。

一天，我在一座海边小镇收到了一封电报，上面写着："伊莎朵拉，我知道你在意大利游荡。请你一定来我这儿。我会尽全力安慰你受伤的心。"署名是埃莉诺拉·杜丝。

我不知道她是怎样发现我的行踪的，但一看到那个仿佛具有魔力的名字后，我意识到杜丝可能是我唯一想见的人。电报是从维亚雷乔发来的，我当时与它只隔了一道海岬，我回复杜丝，一面表达感谢，一面告知她我马上就到，然后立刻就动身了。

我到达维亚雷乔时正赶上大暴雨。埃莉诺拉住在距离很远的一座乡间别墅。她让人到大酒店告诉我，让我直接去乡间别墅找她。

第 27 章

走出阴影

第二天早上，我驱车去拜访杜丝。她的玫瑰色别墅位于一座葡萄园的后面。我抵达时，杜丝宛如一位迷人的天使，走过一条藤蔓遮蔽的小径迎接我。她走过来挽着我的手臂，美丽的眼中满是怜爱和柔情。望着她的眼睛，我如同但丁在天堂遇见仙女贝雅特丽齐时一样，既欣喜又激动。

从那时起，我一直住在维亚雷乔，不断地从埃莉诺拉的眼中汲取勇气和希望。她经常把我搂在怀中，一边轻轻摇晃我，一边轻声安慰我。她安慰我时，我的痛苦就是她的痛苦。我忽然明白为什么我无法接受他人的安慰，他们总试图让我遗忘痛苦重新高兴起来。埃莉诺拉总是对我说："给我讲讲迪尔德丽和帕特里克的故事。"于是我一遍又一遍地给她讲关于迪尔德丽和帕特里克的点点滴滴，他们说过的话和他们做过的事。我给她看照片，她亲吻着那些照片，泪流满面。她从来不对我说"不要再悲伤了"，而是同我一起悲伤。自从迪尔德丽和帕特里克离开我后，我第一次感觉到我并不是孤单一人。埃莉诺拉·杜丝与普通人不同，她有一颗宽厚仁慈的心，能够接纳世上所有的悲苦。她的精神可以穿越世上所有阴沉的哀怨，永放光芒。我经常和她一起步行到海边散步，我觉得她的面庞与众星同辉，她的双手能触及群山的顶峰。

一次，仰望远处的群山，她对我说：

“看看克罗斯冷峻的山脊，多么严峻，真让人望而生畏！再看旁边的吉拉顿山上长满了绿树，郁郁葱葱，阳光照耀下的藤蔓和鲜花盛开的树木生机勃勃！但是在昏黑的克罗斯山顶，你能感觉到白色的大理石正发出微微的亮光，等待慧眼的雕刻家赐予它不朽的生命。吉拉顿山只能为人类提供钱财，满足人世间的物质需求，克罗斯山则是人类的梦想。艺术家的生命也如此——昏暗、忧郁、悲惨，但是艺术家也拥有能激发人类创造力的白色大理石。”

埃莉诺拉很喜欢雪莱。九月末，有时暴风雨不断，闪电在阴沉的波浪上空爆裂。她指着海面说：

“看！雪莱的尸骨出现了！他在那儿，正踏过那些波浪！”

住在宾馆时总有陌生人盯着我看，我不胜其烦，于是决定搬到一座别墅中住。我为什么会选择这样一栋别墅呢？这是一座红色的砖墙结构别墅，完全封闭在高高的围墙里，远处是一片忧郁的松树林。如果说别墅的外部环境让人觉得悲伤的话，那么别墅内部则是无法言表的压抑。村民们说这里曾经住过一个女人，曾与奥地利的一个王室要员——有人说是弗朗茨·约瑟夫——有过一段不幸的恋情，然后悲惨地目睹他们的儿子变成了疯子。在别墅的最上面有一间小房子，窗子装着栅栏，墙上刷着怪异的花纹。房门上有个小小的方形孔，显然是用来给那个可怜的年轻疯子送饭用的。房子顶上有一个开阔的凉台，从这儿看出去，一侧可以远眺大海，另一侧可以俯瞰群山。

这座阴郁的别墅至少有60个房间，周围的松树林和从凉台看到的美妙风景吸引了我，这真是我的理想住所。我问埃莉诺拉是否愿意搬来与我同住，她非常礼貌地接受了我的邀请，搬离自己的夏日别墅，住在附近一座白色的小房子里。

杜丝与朋友保持联络的方式非常独特。如果你住在另外一个国家，也许她会三年才给你发一份长长的电报，可是如果你住在她家附近，每天她都会给你送来一个温暖的小问候。有时，一天我能收到她的两三次问候。我们总相约到海边散步。这时，杜丝总会说"悲惨的舞者和悲惨的缪斯在闲逛[①]。"

一天，杜丝和我正在海边散步，落日的余晖照在她头上，仿佛为她戴上了火红的光环。她忽然转过身，奇怪地盯着我看了很长一段时间。

"伊莎朵拉，"她用颤抖的声音对我说，"不要，不要再追求幸福！你的眉宇间饱含着受苦人的印记，你身上所发生的悲剧仅仅是个序曲，不要再挑战命运。"

啊，埃莉诺拉，我当然希望能听从你的警告，可是希望就像一株生命力顽强的植物，无论多少枝干被折断和摧毁，它总能生出新的根茎。

那时的杜丝是一个很漂亮的女人，正处于人生和智力的鼎盛时期。我们一起在海边散步，她喜欢迈开大步前行，我从来没有见过

① 《悲惨缪斯》（TheTragicMuse）是美国作家亨利·詹姆斯所著的一本小说。杜丝的英文名字为Duse，与缪斯（Muse）仅一个字母之差。

其他女人像她那样走路。她不穿紧身胸衣，而且按照当时的审美观，她是一个块头既大又丰满的女人，可能会让时髦人士眉头紧皱，但是她全身却散发着高贵的气息，她的一举一动无不体现她伟大却饱受风霜的灵魂。我经常听她读希腊悲剧和莎士比亚的作品，当她给我读安提戈涅的某些台词时，我觉得如此精妙的解读居然无法呈现在世人的面前，简直就是犯罪。有人认为杜丝长期离开舞台是因为她艺术生命的黄金期和鼎盛期已经完结，或者因为不幸的爱情，或者因为某些情感方面的原因，又或者因为健康状况，这些都不是事实。其实，真正的原因既简单又让人觉得羞愧——她没有足够的钱按照自己的意愿完成自己对艺术的理解。这个宣称“热爱艺术”的世界让这位最出色的女演员在孤单和贫困中伤心了整整十五年。后来，莫里斯·格斯特终于发现了她的才华，为她安排在美国的巡回演出。但是一切都已经太迟了，在最后一次演出时，她不幸去世了。可悲的是，杜丝在临死前还在为自己毕生追求的事业筹集钱财。

……

我租了一架高级钢琴，然后给我的好朋友斯基恩发了一封电报，他收到电报立刻赶到我这里。埃莉诺拉酷爱音乐，每天晚上斯基恩都会为她弹奏贝多芬、肖邦、舒曼和舒伯特的曲子。有时埃莉诺拉会用她优美低沉的声音为我们吟唱她最喜欢的歌曲《在这幽暗的坟墓里》。“在这幽暗的坟墓里，”当她唱到最后几句——“忘恩负义——忘恩负义”——她的声音、她的表情如此凝重，如此悲伤，让人看到她时无不潸然泪下。

某个黄昏，我忽然站起身来，让斯基恩为我伴奏。伴随着贝多芬钢琴奏鸣曲中的慢板，我为埃莉诺拉翩翩起舞。从 4 月 19 日到今天，这是我第一次跳舞。杜丝非常感动，她把我搂在怀中，亲吻着我。

“伊莎朵拉，”她说，“你还留在这里做什么？你应该回到属于你的艺术的身边，只有艺术才能拯救你。”

埃莉诺拉知道几天前我收到了一个到南美巡回演出的邀请。

“接受它，”她鼓励我说，“生命短暂！生命中有太多让我们倦怠的时间，除了倦怠还是倦怠！你一定要远离倦怠！远离悲伤！”“远离倦怠，远离悲伤吧！”她说。可是我的心早已疲惫不堪，我可以在埃莉诺拉面前舞蹈，但是绝不可能重新回到观众面前。我已经心力交瘁，每次心跳都在呼唤我的孩子们。埃莉诺拉在我身边时我很平静，可是到了晚上，我总是独自一人待在别墅里，听着空荡荡的房间里传出阴郁的回声，静静地等待黎明。有时我跳到海里游泳，感到已经游到不可能找到归途的地方，可是我的身体总是本能地游向陆地——这就是年轻人的生存欲望。

一个阴沉的秋日午后，我独自一人沿着沙滩散步。忽然，就在我的前面，我看到了我的孩子迪尔德丽和帕特里克手挽着手的身影。我在后面追着喊他们的名字，他们在我前面边跑边笑，我怎么也追不上他们。我跟在他们身后，呼喊他们的名字，跑着追赶他们，突然他们在海面上消失了。恐惧忽然袭上我的心头，我真的看到了我的孩子吗？我疯了吗？有一阵，我清楚地觉得自己一只脚已经踏入了理智和疯狂的分界线，仿佛看见精神病院出现在我的面前——那是多么可怕而又单调乏味的生活。我跌倒在地，放声哭喊着，整个人完全陷入了绝望。

不知道自己在那躺了多长时间，恍惚中，一只充满怜爱的手正在抚摸我的头。我抬起头，一个人正在注视着我，他漂亮的脸庞如同罗马梵蒂冈西斯廷教堂壁画中沉思的人物。他站在那里，轻声问我：

“你为什么一直在哭？需要帮忙吗？做点什么才能帮助你？”

我抬起头看着他。

“帮帮我，”我回答说，“救救我！不需要救我的命，求求你帮我恢复理智，给我一个孩子！”

那晚，他陪我一起留在别墅的凉台上。落日渐渐沉入海平面，月亮挂在空中，明亮的月光洒在山上的大理石上。他年轻有力的胳膊环抱着我，他的唇轻轻覆上我的唇，我完全淹没在意大利式的热情里。痛苦和死亡已经离我而去，我重归光明——重获爱的力量。

第二天早上，我把这一切都告诉了埃莉诺拉，她丝毫没有觉得意外。艺术家们总是生活在传奇和幻想中，所以当年轻的“米开朗琪罗”从海上来这里安慰我，她丝毫不觉奇怪，反而觉得很自然。埃莉诺拉一向不喜欢见陌生人，但是她很有风度地让我帮她引见“米开朗琪罗”。于是我们一起去参观他的工作室——他是一个雕塑家。

“你真的觉得他是一个天才？”看完他的作品后，埃莉诺拉问我。

“毫无疑问，”我回答说，“也许他会成为第二个米开朗琪罗。”

年轻的生命伸缩性极强。年轻人也从不怀疑，而我也几乎相信这段新的恋情能战胜悲伤。我早就厌倦了这种充满无尽伤痛的日子。我经常诵读维克多·雨果的一首诗，最后，我终于劝服自己相信，“是的，他们终将回来；他们只是在等待回到我身边。”可是，这种幻想很快就破灭了。

我年轻的恋人来自一个非常传统的意大利家庭，他已经和一个同样生活在传统意大利家庭的女孩订婚了，不过他没有当面告诉我这些。一天，他给了我一封信，在信中向我解释了一切并提出分手。我一点都没有责怪他，我知道他已经拯救了我的理智，而且我明白我不再是孤单一人。从那一刻起，我开始体验到一种强烈的神秘力量，我能感觉到我孩子的灵魂在离我不远的地方徘徊——他们最终会回到我身边，安慰我陪伴我。

秋天快来了，埃莉诺拉回到她在佛罗伦萨的公寓居住。我也离开了那座阴郁的别墅，我先回到佛罗伦萨，然后去了罗马。我想在罗马过冬，在那里我度过了一个十分伤感的圣诞节，虽然如此，我还是告诉自己，“至少我没有在墓穴里或者疯人院里，我在罗马。”我忠实的朋友斯基恩一直陪在我身边，他从来不问我，也不怀疑我——只是给我友谊和赞赏——还有他的音乐。

罗马是一个很适合悲伤的灵魂停驻脚步的城市。雅典令人炫目的光辉和完美曾一度加剧我的悲伤。罗马的废墟、墓地、振奋人心的遗址以及罗马所见证过的沉浮世事仿佛一剂止痛药，抚平我的伤痛。清晨，我最喜欢在亚壁古道上漫步，道路的两边是排列整齐的墓地。从弗拉斯卡蒂镇驶来的马车上装满了葡萄酒，车夫昏昏欲睡，仿佛罗马神话中半人半羊的农牧神疲倦地倚靠在葡萄酒桶上。那一刻，时间停滞了，我像一个已经在亚壁古道游荡了一千年的幽灵，我的身边是罗马城四周的广阔平原，头顶是拉斐尔绘画过的巨大拱顶。有时，我抬起胳膊，一路舞蹈。路的两边是排列整齐的墓地，我就是那个独自在墓地中间舞蹈的凄惨人。

晚上，斯基恩陪我散步，我们经常在喷泉边驻足。喷泉从未停歇，山上慷慨的泉眼源源不断地为它提供水源。我喜欢坐在喷泉边，听泉水发出的潺潺声和四处喷溅的声音。我有时会坐在喷泉边轻声啜泣，斯基恩总会满怀同情地轻轻握住我的双手。

直到有一天，来自 L 的一封电报将我从那些阴郁的漫步中惊醒。在电报里，他请求我为艺术回巴黎，于是我踏上了开往巴黎的火车。途中，我们经过维亚雷乔。我看到了那座红砖别墅的屋顶掩映在松树丛中，想起我曾在那里度过的绝望与希望交加的日子，想起我的灵魂之友埃莉诺拉，离我越来越远的埃莉诺拉。

L 早就为我在克里伦准备好了一套房子，房子里摆满了鲜花，从房间内还可以俯视协和广场。我向他讲述了我在维亚雷乔的经历以及关于我的孩子再生后重回人间的神秘梦境。他把头埋在双手，好像在努力抗争着什么，然后他说：

“1908 年，我第一次找到你，帮助你，可是我们的爱最终给我们带来的是悲剧。现在我们一起创建一所你梦想中的学校吧，也好在这凄凉的世界上为他人带来一点温暖。”

然后 L 告诉我他已经在贝尔维尤购买了一座大宾馆，宾馆的露台可以俯视巴黎全景，花园斜斜地一直蔓延到河边。宾馆可以同时容纳一千个孩子居住，没有我学校不可能长久地开办下去。

“如果你愿意将个人情感抛置一旁，暂且只为梦想而活着。”他说。

人生给予我的只有纠缠不清的悲苦和灾难，只有我的理想之灯一直未曾熄灭。想到这些，我同意了。

第二天早上，我们去了贝尔维尤。从那天起，装修工人和家具商就在我的指挥下忙个不停。这家普通的宾馆很快就变成了一座“未来舞者的殿堂”。

在巴黎，通过竞赛我们挑选了50名心怀抱负的新生。现在，我的学校里除了新生，还有以前学校的学生和女老师。

学校的练舞厅由宾馆的餐厅改建而成，那里挂着我的蓝色幕布。在长方形的练舞厅中间，我建造了一个舞台，舞台旁边有通向地面的楼梯。观众可以使用舞台，作曲家们也可以在这里排练他们的新作品。我一直认为，学校里的单调乏味，部分是由于舞蹈都位于同一水平线上造成的，因此，我建造了很多小通道将大部分房间连接起来。练舞厅的设施安排就像伦敦的下议院，两边排列着高低不同的成排座椅，年龄大些的学生和老师可以坐后排的座椅，年龄小的孩子们可以坐在前排。

这次搬家后，我再次找到了继续教学的勇气。学生们的学习速度快得惊人，从学校开办至今三个月，她们取得的成绩让所有来此参观的艺术家们赞叹不已。周六是“艺术家日”，专为艺术家们开设的公开课从中午11点持续到下午1点。L一如既往地慷慨好客。上完课，艺术家和孩子们共进丰盛的午餐。天气渐渐变暖后，大家移到花园享用午餐。吃过午餐后，可以听音乐，朗诵诗歌，欣赏舞蹈。

罗丹住在对面默东的山上，是我们学校的常客。他经常坐在练舞厅为翩翩起舞的女孩和学生们画素描。有一次，他对我说：

“我年轻的时候如果有这样的模特就好了，这些模特能够舞蹈，她们能够自然而和谐地舞蹈！是的，我年轻的时候也有过漂亮的模特，但是他们都不懂得舞蹈的科学，而你的学生们懂！”

我为学生们买了许多颜色各异的披肩，她们身穿披肩到校外的树林里散步，边跳边跑，宛如一群美丽的小鸟。

那时我确信在贝尔维尤开办的这所学校能够长久地存在下去，

我将在这里度过余生，把我毕生所学都奉献给它。

6月份，我们在特罗卡迪罗剧院举办了一场庆典活动。我坐在剧院的包厢里，看着学生们翩翩起舞。演出进行中，观众们十分热情地起身为她们欢呼。演出结束后，观众们还是不停地鼓掌，久久不肯离去。尽管我的学生们不是训练有素的舞蹈家或艺术家，但我知道观众们是为她们的表演而热情澎湃，也是为了人类新兴运动出现曙光而兴奋不已，我早已隐约预测到了这种新兴运动的蓬勃发展。学生们的表演和新运动的兴起事实上正体现了尼采的理想：

“舞者索罗亚斯德，他是光明的使者，他欣喜愉悦，展翅向蓄势待发的众鸟示意，准备飞翔。”

她们是跳着贝多芬第九交响曲的未来舞者。

第 28 章
又丧幼子

在贝尔维尤，愉悦的清晨拉开一天生活的序幕。你能听到孩子们在走廊里奔跑的脚步声和她们齐声歌唱时的美妙歌声。我走下楼，发现她们在练舞厅里。看见我，她们齐声高呼："早上好，伊莎朵拉！"在这样的氛围里，谁还会郁郁寡欢？有时，我禁不住在她们中间搜寻那两张迷失的小脸蛋，然后，回到自己的房间独自啜泣。尽管这样，我仍然能从每天的教学中获得力量，她们优美的舞蹈鼓励我继续生活。

公元 100 年，在罗马郊外的山上矗立着一所学校，它就是众所周知的"罗马教会舞蹈学校"。学校的学生从罗马最为声名显赫的家庭中挑选，不仅如此，他们必须有世袭的贵族血统，而且要血统纯正，数百年未受玷污。他们要学习各种艺术和哲学，但是舞蹈是他们最重要的课程。一年中，他们到剧院演出四次，春天、夏天、秋天和冬天各一次。到了演出季节，他们从山上下来，到达罗马。在罗马，他们参加一些仪式，为观众舞蹈，净化他们的心灵。这些男孩子们的舞蹈清新而令人愉悦，能够影响并提升观众的心灵，是治疗“灵魂之疾”的灵丹妙药。我建立的第一所学校就是此种愿望的体现，我相信在贝尔维尤建立的这所学校，这所矗立在巴黎附近的卫城上的学校，能像“罗马教会学校”及其学校的艺术家们影响罗马一样影响巴黎。

每周都有一群艺术家带着素描本来贝尔维尤画素描，因为我的学校早就被证明是灵感的源泉，现存的几百幅舞者素描都是当时艺术家们在这里获得灵感而创作的。我希望我的学校能为艺术家和模特之间的关系带来新的突破。我希望当学生们伴着贝多芬和赛萨尔·弗兰克[①]的音乐摇动身姿时，当她们伴着希腊悲剧合唱曲忘情表演时，当她们朗诵莎士比亚的诗歌时，模特不再是人们印象中那个傻坐在艺术家工作间里的呆子，而是一个对生命有最高诠释，充满生机与活力的形象。

为了进一步推进理想的实现，L 现在已经想到要在贝尔维尤的山上重建一座剧院，那座剧院在建造过程中曾经不幸中断。他想把剧院建成庆典剧院，让巴黎人在盛大节日期间来这里欣赏表演，他还想为剧院创立一个交响乐团。

L 再次请来建筑师刘易斯·苏，以前搁置不用的剧院模型也再次在图书馆里竖起，剧院的地基也已标注清楚。我希望在这个剧院实现我的梦想，把音乐艺术、悲剧和舞蹈再次完美地结合起来。在这座剧院里，莫奈 - 苏利，埃莉诺拉·杜丝或苏珊妮·德斯普雷会

① 弗兰克（1822—1890 年），法国作曲家、钢琴家、风琴演奏家。

上演《俄狄浦斯》《安提戈涅》或《厄勒克特拉》[1]，而我的学生们则会演唱合唱。我还希望在这里用《贝多芬第九交响曲》和一千个学生的舞蹈为贝多芬庆贺百年诞辰。我的脑海中浮现了这样的画面：孩子们走下山，像古时的雅典人一样，她们在河边上船，在印维里德上岸，继续踏上朝向巴台农神庙的圣旅，在那里，她们用舞蹈纪念伟大的政治家和英雄。

每天，我花几小时的时间教学生们跳舞。当我实在累得站不起来时，我就靠在沙发上，挥动双手和双臂教她们。我的教学能力仿佛具有神奇的力量，只要伸出手指向学生们，她们就能舞蹈。其实这看起来并不是我在教她们怎么跳舞，倒像是我为她们开辟了一条舞蹈之神眷顾她们的道路。

我们计划演出欧里庇得斯的《酒神女祭司》。我的兄弟奥古斯丁将扮演酒神，他已经参透了这个角色，每晚都会为我们朗诵他的台词。有时，他也会为我们朗诵莎士比亚的戏剧或拜伦的《曼弗雷德》。邓南遮对我的学校十分热心，经常来同我们共进午餐或晚餐。

从我的第一所学校来的那些孩子现在已经长成了亭亭玉立的少女，她们帮我教年龄较小的孩子。每当看到这个画面，想到她们今非昔比，我都十分感动，是她们给了我继续教学的信心和经验。

1914 年 7 月，一种奇怪的压迫感笼罩着整个世界。我感觉到了，学生们也感觉到了，我们从露台俯瞰巴黎，她们常常缄默不语。巨大的乌云在天空蔓延，仿佛有一股诡异的气氛笼罩着大地。我感受

① 厄勒克特拉，古希腊神话中希腊迈锡尼王阿伽门农之女，因母亲与情人谋杀了她的父亲，便决心替父亲报仇，与其兄弟合力杀死了自己的母亲。心理学中厄勒克特拉情结即指恋父情结。

到了这种气氛，觉得仿佛腹中的胎儿也变得越来越虚弱，同我前两次怀孕时不一样。

我想也许是因为我过于努力地想摆脱以前的悲伤，过于积极地投入新生活，所以觉得有些疲惫。临近7月，L建议把学生们送到英格兰，让她们到他在德文郡的住所度假。一天早上，孩子们两个一组，到我房间向我道别。她们将在海边度过八月份，然后九月返回学校。学生们走后，整个学校静谧得有些诡异。尽管我刻意保持积极的状态，可还是陷入深深的忧郁。我总觉得特别疲惫，常常坐在露台上俯视巴黎，一坐就是几个小时。我越来越强烈地感觉到灾难正从东方降临。

一天早上传来卡尔梅特被谋杀的消息[①]，整个巴黎陷入不安与焦虑。这是个悲剧，是另一个更大悲剧的开始。卡尔梅特一直很支持我的艺术和学校。听到他被暗杀的消息，震惊与悲伤之余，我坐立不安，恐惧万分。学生们都走了，学校显得如此空旷安静，空荡荡的练舞厅也带着一丝忧郁。我尽量去想我的孩子就要出生了，学生们就要回来了，贝尔维尤很快会再次成为幸福快乐的港湾，希望这些想法可以安抚我的恐惧。但是时间的脚步却凝滞而沉重，日子显得很漫长。直到一天早上，我的朋友布森医生来拜访我，他那时是我们的常客。他脸色苍白，手拿一份报纸。我看到报纸的标题上说大公被暗杀了，随后，谣言四起，很快传来战争即将爆发的确切

① 卡尔梅特（1858—1914年），法国记者，《费加罗报》编辑，反对法国财政部长凯洛的政策，并曝光了他的一些私人信件。凯洛的第二任妻子在凯洛与前妻尚未离婚时就与凯洛有婚外情，她担心报纸也会曝光足以证明他们私通的信件，于是闯入卡尔梅特的办公室并将其枪杀。凯洛第二天引咎辞职。

消息。悲剧降临前总会先投下阴影，现在看来，真是千真万确。我知道了战争就是笼罩在贝尔维尤上空的阴云。当我全身心投入筹备复兴剧场艺术时，当我一心准备给人们带来欢歌笑语的节日庆典时，有些人正在筹划战争、死亡和灾难。天啊！我这个小小的人物怎能与这一切抗衡？

8月1日，我首次感觉到临产的剧痛。那天，天气很热，窗子开着，窗外有人在喊着战争动员的消息。我的喊叫、痛苦和我遭受的折磨夹杂着窗外人们的喊叫声。

我的朋友玛丽把一个摇篮拿进房间，上面挂满白色的棉布。我确信迪尔德丽和帕特里克会再次回到我的身边。窗外鼓声继续，参战吧——开战了——开战了！“战争爆发了吗？”我问自己。我的孩子就要出世了，而且生产的过程十分痛苦。一个陌生的医生代替布森为我接生，布森接受命令参加部队，早就离开了。这个医生一直不停地对我说“勇敢些，夫人”。为什么他一直对一个被剧痛折磨的人说这些？如果他能对我说“忘记你是个女人，直面苦痛，忘记一切，尽情地尖叫，喊叫，大叫”，如果他能体贴一些，给我一点香槟，或许我还好受些，可是他有自己的行事方式，那就是说“勇敢些，夫人”。旁边的护士看起来心情沉重，她不停地用法语说：“夫人，战争来了——战争来了。”我在心里想，“我的孩子是个男孩，可他太小了，他可不能去参军。”

终于，我听到了孩子的哭声，他哭了，他活着。整整一年噩梦般的恐惧和痛苦在那个幸福的时刻顿时烟消云散。哀悼、泪水、漫长的等待和苦痛在这幸福的一刻完全被弥补了。如果真的有上帝，他一定是个伟大的舞台导演。当他们把一个漂亮的男孩放入我的臂弯时，几个小时的痛苦和恐惧顷刻被幸福取代。

鼓声依然在继续，“参战吧——开战了——开战了！”

“战争真的爆发了吗？”我很想知道。“我才不关心呢！我的孩子在这里，安全地在我的怀中，让他们发动战争吧！我才不在乎！”

人的喜悦真是自私。门外窗外传来人奔跑的声音和喊叫声，女人的哭声，有人在商议是否参战的声音。怀抱自己的孩子，面对整个人类的灾难，我感到无限荣耀地开心。能再次把自己的孩子搂在怀中，我无比欣喜，仿佛躺在云巅。

傍晚将至，我的房间里挤满了人，为我的孩子送祝福。“现在，你又可以享受快乐了。”他们说。

他们陆续离开，只剩我和孩子在房间里。我低声问：“你是谁？迪尔德丽还是帕特里克？你又回到妈妈身边了。”突然，这个小家伙死盯着我，然后开始喘气，他仿佛被噎住了，无法呼吸，然后他冰冷的嘴唇吐出长长的叹息。我赶紧喊来护士，护士来了，检查过后，非常惊恐地把孩子抱走了。我听到她在另一个房间里喊“氧气——热水”。

一个小时漫长的等待后，奥古斯丁进来说：

“可怜的伊莎朵拉，你的孩子——死了。”

我确信在那一刻我所遭受着前所未有的痛苦。这个孩子的离去仿佛我的迪尔德丽和帕特里克又死了一次，像是重复了第一次的痛苦经历——再加上新的折磨。

玛丽来看我，低声哭泣着拿走了摇篮。我听见隔壁房间里锤头砸在小盒子上起落的声音，那是我的孩子唯一的摇篮。锤子敲击的声音砸碎了我彻底绝望的最后一层防线。我无助地躺在那里，精疲力竭，泪水，乳汁和产后出血将我彻底湮没。

有个朋友来看我，对我说："你个人的痛苦算得了什么？战争已经爆发，已经夺去数百人的生命，伤员和垂死的人正从前线运来。"因此，我把贝尔维尤让出来做医院是十分自然的事情。

在那些战争的岁月里，所有人都抱有同样的热情，坚持不妥协的信念和激昂的热情使得国土满目疮痍，无数人失去生命。可是，谁能判断这到底是对还是错呢？当然，如今我们觉得这些毫无意义，可是，我们如何才能做出正确的判断？罗曼·罗兰[①]则坐镇瑞士，摇晃着苍白的脑袋，沉思着对各个国家的谴责或褒奖。

不管怎样，从那时起，我们慷慨激昂，宛如火苗和火焰。甚至连艺术家们都充满疑惑："什么是艺术？男孩子们在流血牺牲，士兵们在流血牺牲——什么是艺术？"假如当时我足够英明就好了，我一定会说："艺术高于生命！"我一定会留在工作室，继续创作艺术。可是那时的我同其他人一样，只是说"用这些床！把这座为艺术而建的学校建成医院，照顾伤员。"

一天，两个抬担架的人来到我的房间，问我是否想看看我的医院。我身体太虚弱，无法行走，他们用担架抬着我，一个房间挨着一个房间地看。我看见每个房间里的酒神女祭司、舞动的牧羊神、仙女和森林之神的浅浮雕都被从墙上取了下来，我的幔帐和幕布也被拆掉了。以前放浮雕的地方，摆着从一家天主教商店买来的廉价

① 罗曼·罗兰（1866—1944年），法国思想家、文学家，批判现实主义作家、音乐评论家和社会活动家。代表作有《名人传》《约翰·克利斯朵夫》。一战期间他定居在日内瓦，利用瑞士的中立国环境，写出了一篇篇反战文章。1915年获得诺贝尔文学奖。

的耶稣受难像，战争期间，商店里卖出无数这样的塑像。我想那些可怜的伤员如果一睁开眼睛就看到我以前的摆设该是多么开心。为什么要让他们看这个在金色十字架上受苦的基督呢？看到这个，他们得多么忧虑啊。

装修精致的练舞厅内，蓝色的窗帘早已不知去向，一排排的病床看不到尽头，正在等待安置受疼痛折磨的伤员。我的图书馆内曾经有很多摆满著名诗人作品的书架，如今已经被改建成一座手术室，等待战士们的到来。我那时身体状况特别不好，所看到的景象深深地影响着我，我知道酒神已经彻底失败，现在是耶稣的统治时期，属于被钉在十字架上的耶稣。

此后没多久，我第一次听到抬担架的人抬着伤员进来的沉重脚步声。

贝尔维尤！我的艺术卫城！这里本该成为灵感的源泉，成为哲学、诗歌和音乐的殿堂，成为提升人类灵魂的圣地。从那天起，艺术与和谐在此消失。我首次放声痛哭，哭声穿透墙壁的阻隔——那是一个受伤母亲的呼喊，是一个受战鼓惊吓的婴儿的啼哭。我的艺术殿堂已经变成一座受难地，最终将变成伤骸满地的存尸处。在这里，我原本只听到悦耳的天籁之音，如今，只能听到刺耳的痛苦嚎叫。

萧伯纳说过，只要人们还在猎杀动物，吃它们的肉，战争就永远不会消失。我想所有理智健全、思维正常的人都会同意他的观点。我所有的学生都是素食主义者，蔬菜和水果使得她们身体健康，体态优美。此时，伤员的喊叫声使我想起屠宰房里动物的哀号声。我们折磨毫无抵抗之力的动物，众神就折磨我们。谁会喜欢这个被称为战争的邪恶之物？也许那些吃肉的人觉得有必要杀戮，他们杀死鸟，杀死温和的鹿，他们还猎杀狐狸。

屠夫围着血迹斑斑的围裙，不由得让人想起血腥的谋杀。有什么区别吗？割断一头小牛的喉咙与割断我们自己同胞的喉咙只有一步之遥。如果我们自己本身就是被猎杀动物的活体坟墓，我们又如何能期待这世上有理想的境界？

我的身体状况好了一些，可以活动了。玛丽和我离开贝尔维尤，出发去海边。我们穿过封锁区，当我报出名字时，我受到了极高的礼遇。一个哨兵说："她是伊莎朵拉，让她过去。"我觉得这是我接受过的最高礼遇。

我们到了杜维，住在诺曼底饭店。我那时疾病缠身，疲惫万分，能找到这样一个栖息之所我很高兴。几个星期过去了，我依然每天无精打采，十分疲倦。我身体特别虚弱，连到海边呼吸清新海风的力气都没有。最后，我觉得自己已经病入膏肓了，于是我让人去医院请医生。

医生找了个托辞，根本没来，这真是出乎我的意料。我独自一人在诺曼底饭店，疾病缠身，根本无力谋划未来。

那时，很多巴黎名人都住在诺曼底饭店避难。我们隔壁住着波拉地女伯爵，诗人罗伯特伯爵是她的常客。晚饭后，我们经常听到罗伯特用假声朗诵自己的作品。整天听到战争和大屠杀的消息，能听到他热情地颂扬美的力量，我们十分开心。

萨夏·吉特里[①]也是饭店的常客。每天傍晚，在饭店的大厅里，

---

① 吉特里（1885—1957年），法国演员、剧作家。

他总会用满腹的趣闻轶事逗笑在场的宾客。

只有当来自前线的信差给我们带来关于战争的悲惨消息时，人们才暂时回到悲惨的现实中去。

很快，这种生活就变得索然无味。可是我身体状况实在太差，根本不适合旅行，我只好租了一座带家具的别墅。这座别墅的名字叫做“黑与白”，里面所有的摆设，毯子、窗帘、家具都是黑色的。刚租下它时，我觉得很有个性，直到住进去后，我才意识到它是多么地令人压抑。

住在贝尔维尤的我满怀对学校、艺术和未来新生活的憧憬，离开贝尔维尤的我独自一人住在这座黑白相间的别墅里，孤独寂寞，疾病缠身。也许疾病才是最恐怖的事情，我连去海边散步的力气都没有。伴着九月的暴风雨，秋天到了。L 写信告诉我学校已经搬到纽约，他希望在那里能找到一处安全的庇护所。

一天，我觉得异常孤寂，于是我到医院找那位曾经拒绝为我看病的医生。他个子不高，长着黑色的胡须。是我的错觉吗？还是他真的一看见我立刻转身想走？我走过去问他：

“你为什么拒绝为我看病？难道你不知道我病得很重，真的需要你的帮助吗？”

他结结巴巴地说了几个借口，脸上依然带着略显恐惧的表情。不过，他答应第二天去给我看病。

第二天早上，暴风肆虐，海水涨潮，大雨倾泻而下。这位医生来到了“黑与白”别墅。

我正坐在炉边想点燃炉火，但徒劳无功，烟囱排烟不畅。他为我把脉后，问了我几个常见的问题。我告诉他我在贝尔维尤所遭受的痛苦——关于宝宝夭折的悲剧。他仍然用一种迷离的眼神看着我。

忽然，他把我抱在怀里，不停地爱抚着我。

“你没病，”他说，“是你的灵魂病了——你需要爱，能拯救你的只有爱，很多爱，无尽的爱。”

那时的我孤单一人，身心疲惫，痛苦万分，我十分感激这份突然到来的热情和爱意。这位陌生医生的眼睛里，充满无尽的爱怜，我用自己伤痕累累的灵魂和身体所剩的微薄之力回应这份爱。

每天，医生在医院忙完自己的工作后来到我的别墅，给我讲述自己一天的经历，讲述伤员们所遭受的痛苦和那些徒劳无用的手术——这场可怕的战争带来的所有不幸。

有时，我跟他一起去医院值夜班。医院由巨大的赌场改建而成，漆黑的夜里，陷入沉寂，只有中间的一盏夜灯亮着。有些无法入睡的伤员不时发出无助的叹息和痛苦的呻吟。医生逐个查看伤员，说几句安慰的话，给他们喝一些药，或珍稀的麻醉剂。

度过如此艰难的白天和令人心碎的夜晚，这位奇怪的医生需要爱和热情，他既惹人怜爱又激情澎湃。经过那么多狂热的拥抱和长达数小时让人发狂的身心欢愉，我的身体痊愈了，又可以到海边散步了。

一天晚上，我问这位奇怪的医生为何第一次时拒绝为我诊治。他没有回答我的问题，眼中满是痛楚和悲伤。我有点害怕，没有继续谈这个话题，我感觉他没有回答我的问题肯定同我的过去有某种关系。

11 月 1 日是孩子们的忌日。我独自一人伫立在别墅的窗边，看着花园里由黑色和白色的石头围成的小块土地。忽然，我意识到这布局特别像两个坟墓，这种幻觉使得我再也不敢看花园，每次我一看见它就禁不住全身颤栗。其实，那时的我仿佛落入由生与死编织成的网中，要么每天独自一人待在别墅里，要么在冰冷中孤寂地漫步。到达杜维的一列列火车上载满了伤员和即将死亡的人。一个季度前还回荡着爵士乐和笑声的赌场曾经风光无限，现在早已变成饱受苦难的人们的大旅馆，我也变得越来越忧郁。每晚，安德烈医生令人难以置信的强烈热情也变得越来越让人伤感。每次当我问及他为何眼中充满绝望，他就像一个被痛苦的回忆纠缠的人，他通常这样回答我的提问："当你知道答案时，也就意味着我们要分手，千万不要再问我了。"

一天，我半夜醒来，发现他正弯腰看着熟睡中的我，眼中的绝望使得我再也无法忍受。

"告诉我到底为什么，"我请求地说。"我再也受不了这种不详的神秘了。"

他后退了几步，站在那里，低着头看着我——一个留着胡子，健壮的矮个男人。

"难道你真的不认识我吗？"他问我。

我看着他，迷雾渐渐散去，我哭了。我记起来了，在那个可怕的夜晚，那个试图给我希望的医生，他就是那个曾经试图抢救我孩子生命的医生。

"现在你明白我的痛苦了。"他说，"你睡着的样子太像你的女儿躺在那里了。我努力抢救她，我接连几个小时给她做人工呼吸——我的生命——通过她那可怜的小嘴——我想给她我的生命——"

他的回答将我抛入痛苦的深渊，那一夜，我一直在无助地哭泣，他看起来同我一样痛苦。

从那天晚上起，我意识到我爱这个男人，用我都忘记自己曾经拥有的热情爱着这个男人。但是，当我们对彼此的爱和需求进一步加深时，困扰他的痛苦也进一步加剧。直到我忽然醒来看到他痛苦地盯着我看的那天晚上，我知道他对我的迷恋可能会使我们两个都发疯。

第二天，我沿着沙滩散步，越走越远，心里想着再也不要回来，再也不要回到忧郁的“黑与白”别墅。那里有爱情，可这爱情却像死亡一样包围着我。我越走越远，天色渐渐暗淡下来。当我意识到我必须向回走时，天已经彻底黑了。潮水快速地向我涌来，我不时地踏入奔涌的海水里。尽管海水冰冷，可是我却特别强烈地想面对它，想一直走到海的深处，想永远结束这种再也无法忍受的痛苦，这种因为不能相信艺术，不能相信我的孩子会再次降生，不能相信爱情而带来的痛苦。我一直努力地想逃脱这种痛苦，可是每次我只发现毁灭、剧痛和死亡。

在回别墅的途中，安德烈遇见了我。他非常焦虑，因为他发现了我无意掉在沙滩上的帽子，害怕我会到海里结束我的痛苦。走了好几英里后，当他发现我活着向他走来时，他哭得像个孩子。我们一起回到别墅，彼此试图安慰对方。我们两个都意识到如果两个人都想保持正常的理智的话，我们必须分开，因为对彼此迷恋般的爱会使我们走向死亡或住进疯人院。

此时又发生了一件让我感到极度凄凉的事，我派人到贝尔维尤去拿一箱厚衣服。一天，有人送来一个箱子，但是送箱子的人弄错了。打开箱子，我发现箱子里装着迪尔德丽和帕特里克的衣服。我看着那些衣服，眼前浮现着他们临终时穿的小衣服——衣服，小鞋子和小帽子。我又一次听见自己的喊叫声，当我得知他们死讯时的喊叫声——一种怪异的哀号声，我没有听出那是我自己的声音，仿佛一只被残害的动物从我的喉咙发出的临死哀号。

安德烈回来时发现我躺在那里，不省人事，怀里抱着那些小衣服，躺在打开的箱子旁。他把我抱到隔壁房间，拿走了那个箱子。从此，我再也没有见过。

第 29 章
战争年代

英国参战后，L 把他在德文郡的城堡改成了医院。学生们来自各个国家，持有不同国家的护照，为了保证他们的安全，L 把他们送到美国。奥古斯丁和伊丽莎白与学生们一起待在纽约，他们总是给我发电报，邀请我加入他们。最终，我决定去美国。

安德烈把我带到利物浦，送我坐上一条开往纽约的轮船。

我心情低落，身心疲惫，一路上都没有离开船舱。只有到了晚上，其他旅客都进入梦乡，我才会到甲板上站一会。到了纽约，见到奥古斯丁和伊丽莎白，他们看到我的巨大变化和病态都吓坏了。

我发现学校被安置在一栋别墅里，我看到了我的学生，一群快乐的战争难民。在第四大街和第二十一号大街交口，我租了一间面积很大的练舞房。在练舞房里，我挂上了蓝色的窗帘，我们又可以重新投入工作了。

刚刚离开到处流血、英勇参战的法国，我对美国人对战争的冷漠感到十分气愤。一天晚上，刚刚结束了在大都市歌剧院的一场演出，我披上红色的围巾，即兴跳了一曲《马赛进行曲》。我希望能借此呼吁美国人民奋起保护伟大的文明——那个由法国传播给世界人民的文化。第二天早上，报纸对此进行了热情的报道。其中一份报纸说：

“伊莎朵拉·邓肯小姐以其对《马赛进行曲》的热情演绎获得观众的热烈欢迎。观众们起立，为其欢呼数分钟……她用优雅的舞姿诠释了刻在巴黎凯旋门上的经典人物。她双肩裸露，当她表演凯旋门上那些美丽的人物时，露出一侧肩膀到腰线的部分，全场观众为之疯狂。观众们为她欢呼，赞叹她对高雅艺术的生动诠释。”

很快，我的练舞房就成为诗人和艺术家们聚会的地方。从那一刻起，我又重新找回勇气。得知世纪剧院空闲，我租下了剧院，租期为一个季度。在那里，我继续创作我的《酒神之舞》。

可是我十分不喜欢剧院以前的设计，它给人一种自命不凡的感觉。为了把这座剧院变成真正的希腊歌剧院，我移走了管弦乐队的所有座椅，铺上了蓝色的地毯，这样合唱队就可以围绕在一起；我还用蓝色的帘子把丑陋的包厢遮起来。剧团共有 35 名男演员，80 名乐师和 100 名歌手。我们一起表演悲剧《俄狄浦斯》，奥古斯丁扮演俄狄浦斯，我和学生们负责合唱部分。

我的观众大部分来自美国东部，顺便说一句，今日来自美国东部的人依然是真正热爱艺术的人。来自东部人民的欣赏深深地打动了我，我带着学校的全体学生和一个管弦乐队在犹太剧院为他们免费演出。如果我可以，我愿意留在那里，为这些灵魂，为因音乐与诗歌而生的人们终生舞蹈。可是，天啊，事实证明这次行动花费太多，我完全破产了。我向纽约的一些百万富翁求助，他们只是对我说“你为什么要表演希腊悲剧啊”。

那时所有的纽约人都沉迷于对爵士乐的狂热中，上层社会的男女老少聚在像比特摩这样的大饭店的舞厅里，整日伴着黑人管弦乐队狂野地狂吼和喊叫跳着狐步舞。我也曾经应邀参加了一两个这样的狂欢舞会，可是我无法抑制自己的厌恶之情。此时法国人民正在浴血奋战，他们需要美国人的帮助。事实上，1915 年美国的整个氛围都让我厌恶，于是，我决定带学生们重返欧洲。

我已经预订了回欧洲的但丁·亚利基利号的卧铺船票，但是我没有钱支付船票。船还有三个小时就离岸了，我还没有筹到足够的钱。这时，一位穿着朴素的年轻美国女人走进我的练舞房，她问我是否当天启程回欧洲。

“你看，”我指着那些穿着旅行披风的学生们说，“我们都准备好了，可是我还没有足够的钱支付船票。”

“你需要多少钱？”她问我。

“差不多两千美元。”我回答说。我话音未落，这位不同寻常的女人掏出小皮夹，数了两张面值为一千美元的纸币[1]，把它们放在桌子上说：

“我非常乐意帮您解决这件小事。”

我惊喜地看着她，我以前从没见过她，她甚至没有要求答谢，就把这么一大笔钱任我花费。我原本认为她肯定是一位不为人所知的百万富翁。其实，为了帮我筹这笔钱，她前一天卖掉了自己所有的股票和债券。她和很多人一起来给我们送行，她的名字叫路得，

① 美国以前曾发行过 500、1000 和 10 000 的大面额钞票，但现在已不再流通，最后版年号为 1934。1969 年后美国停止发行 500 元及以上面额的钞票。

就是《圣经》里的那个路得，她说："你的人民就是我的人民，我会追随你到任何地方。"这就是路得，从那时起，她一直如此对我。

在纽约，我们被禁止以任何形式表演《马赛曲》。我们站在甲板上，每个孩子都在袖子里藏了一面小小的法国国旗。我事先告诉过孩子们，当汽笛声响起，轮船离岸后，要挥动国旗，高唱《马赛曲》。我们兴高采烈地为自己歌唱，码头上那些官员们则吃惊不已。

我的朋友玛丽来为我们送行。最后一刻，她实在无法忍受与我分离。没带行李，也没带护照，她跳上船与我们一起歌唱。然后她对我说："我和你一起走。"

于是，1915 年，我唱着《马赛曲》，带着如今居无定所的学生们离开了富裕、爱慕享乐的美国，启航回到意大利。我们到达那不勒斯的当天，群情高昂，意大利决定参战了。能回到意大利我们都很高兴，后来我们在郊区举办了一场引人入胜的游乐会。我记得我对一群聚集在我身边目不转睛地盯着我看的农民和工人说："感谢上帝赐予你们美丽的国土！不要羡慕美国！这是你们的家园，这里有碧蓝的天空、葡萄树和橄榄树，你们比美国的任何一个百万富翁都要富裕。"

在那不勒斯，我们商量着下一步该怎么办。我特别想去希腊，希望能驻扎在科帕诺斯山直到战争结束。可是年龄大一点的孩子听到我的这个想法有些恐惧，她们只能持德国护照旅行。于是我决定到瑞士寻找庇护，在那里，也许我们还能有些演出的机会。

带着这个想法，我们来到了苏黎世。得知一位美国百万富翁的女儿住在列克饭店，我觉得这是一个让学生们打动她的好机会。一日午后，我安排学生们为她在草坪上表演舞蹈，她们的表演特别可爱，我认为她一定会被感动的。可是当我跟她提起我的学校需要帮助时，她回答道:“是的，也许她们很可爱，可是她们并不能打动我，我只对剖析自己的灵魂感兴趣。”多年来，她一直师从弗洛伊德的弟子荣格[①]，每天她花数小时记录自己前一天的所有梦境。

那年夏天，为了住得离学生们近一些，我搬到了位于乌契的美丽海岸酒店。我的房间非常漂亮,还能站在阳台欣赏湖面的旖旎风景。我租了一座面积很大类似营房的建筑，这里曾经是一座餐厅。在房间的四壁上，我悬挂上总能激发灵感的蓝色帘子，营房就成了我教孩子们跳舞的殿堂。每天下午和晚上，我都在那里教孩子们跳舞。

一天，我们非常高兴地接待了魏因加特纳[②]和他的妻子。从下午到晚上，我们一直为他们表演格鲁克、莫扎特、贝多芬和舒伯特的作品。

每天早上，站在阳台上，我总能看到另一个可以俯瞰湖面的大阳台，总有一群身穿闪亮丝质和服的漂亮男孩聚在那里，他们总是冲我微笑。一天晚上，他们邀请我共进晚餐，我发现他们是一群充满魅力极具天赋的男孩。

后来，他们经常在晚上带我去浪漫的日内瓦湖上乘坐汽艇，我们在船上喝着香槟，非常快乐。我们通常凌晨四点在蒙特勒上岸，那里住着一位神秘的意大利伯爵，我们与他一起共进凌晨四点的“晚”餐。这位长相帅气，不苟言笑的美男子整日昏睡，晚上才起来活动。我们经常看见他从口袋里掏出一个小小的银质注射器，小

① 荣格（1875—1961 年），瑞士心理学家和精神分析医师，分析心理学的创立者。早年曾与弗洛伊德合作，后来两人由于观点不同而分裂。

② 魏因加特纳（1863—1942 年），奥地利著名指挥家。

心地在自己惨白的细胳膊上打上一针。所有人都假装没有看见他的举动。注射后的伯爵才思敏捷，神采焕发，不过，到了白天，他却备受折磨。

同这群充满无限魅力的年轻人在一起，我很开心，也彻底改变了原本悲伤孤独的生活。但是他们对我的女性魅力公开漠视，让我十分不快。于是，我决定验证一下自己的魅力，最终我彻底胜利了。一天晚上，在一位年轻的美国朋友的陪伴下，也就是这群年轻人的领队，我们乘坐一辆豪华的梅赛德斯外出兜风，那晚我们过得非常愉快。沿着湖畔，我们从蒙特勒飞驰而过，我不停地喊着“再远一些，再远一些”。黎明时分，我们到了维基，我仍然大声地喊着“继续前进，继续前进”。于是，车子继续加速，穿越漫天飞舞的无尽雪花，穿过圣哥达隧道。

如果那群花样美男早上起床后发现他们的领队已经与那个可怕的女人私奔了，一定会大吃一惊。想到这个场景，我觉得十分好笑。我努力施展魅力吸引他，很快，我们就一起去了意大利境内游览。我们一路前行一直到达罗马，从罗马出发，继续前行，到达那不勒斯。

那时，站在海边，面朝大海，我忽然十分热切地想再看看雅典。

于是，我们租了一条意大利汽船。一天早上，我发现自己又一次走在铺满白色大理石台阶的通廊上，通廊直达供奉着神圣而充满智慧的雅典娜的神殿。我依然清楚地记着自己上次来到这里时的情景。想到在此期间我如此彻底地远离智慧与和谐，我感到十分羞愧。天啊！为了这份曾经令我陶醉的热情，我遭受了多少痛苦和磨难啊！

雅典这个现代之城一片喧嚣。我们到达的那天正是维尼泽勒斯[1]下台的日子，人们认为王室可能会支持德国皇帝。那晚，我成功举办了一个晚宴，晚宴上宾客云集，包括国王的部长米拉斯。在桌子的中央我摆放了一大堆红色的玫瑰花，花束下面藏着一个小留声机。柏林的一群高级官员也在这个房间里，忽然我们听到他们在用德语说敬酒词“德皇万岁”！听到这个，我拨开玫瑰花，打开留声机，留声机中传出《马赛曲》的旋律，同时，我提议祝愿“法国万岁”。

国王的部长看起来略显警觉，不过他还是很高兴，因为他十分支持协约国[2]。

这时，一大群人聚集在窗外的广场上，窗户一直开着。我高举维尼泽勒斯的照片，让我的美国朋友拿着留声机跟着我，留声机一如既往地在播放《马赛曲》。我们来到广场中央，伴着小小的留声机发出的旋律和热情高涨的人群合唱，我跳起了《赞美法国》的舞蹈。随后，我对着人群高声疾呼：

“你们现在有另一位伯里克利[3]，他就是伟大的维尼泽勒斯——你们为何坐视他遭受痛苦？你们何不追随他？只有他才能带领希腊走向辉煌。”

然后，我们组成了一支队伍来到维尼泽勒斯的官邸前。站在他的窗下，我们轮流唱起《赞美希腊》和《马赛曲》，直到手持刺刀

---

① 维尼泽勒斯（1864—1936 年），20 世纪初希腊著名革命家、杰出的政治家和领袖。他多次当选希腊总理。

② 协约国指一战期间 27 个国家联盟，主要有英、法、俄、意、美、日、中国等。同盟国指德国、奥匈帝国、保加利亚和土耳其。

③ 伯里克利（约公元前 495—公元前 429 年），古希腊奴隶主民主政治的杰出代表者，古代世界最著名的政治家之一。

的士兵毫不留情地把我们驱散。

这件事让我觉得十分痛快，随后我们乘船回到那不勒斯，踏上返回乌契的旅程。

从那时起直到战争结束，我一直竭尽全力保证学校能维持下去。我一直盼望着战争结束后我们就能回到贝尔维尤，可是战争一直在继续，我被迫向高利贷者以50%的利息借钱以保证学校在瑞士的日常开支。

为了保证学校能继续维持下去，1916年，我接受了一个去南美演出的合同，出发前往布宜诺斯艾利斯。

当我回忆起这些往事，我越来越觉得不可能将一个人的一生记录下来，或者说，不可能将不同人生阶段的不同的“我”全部记录下来。那些我曾经认为会持续一生的事件短短几页的叙述就已写完。那些仿佛持续了千百年的痛苦和疼痛，那些让我为了生存和自我保护，将我彻底变成另外一个人的伤痛根本无法用笔记录下来。我经常绝望地问自己一个问题：“读者将如何在我构架好的骨骼上填充血肉？”我尽力把事实记录下来，但是事实总是逃避我。如何才能找到事实？如果我是一个已经写过二十本著作的作家，也许我写的传记能更接近事实。写过这些故事后，我一定要写一部关于我作为一位艺术家的故事，这个故事将与其他的故事完全不同。我作为艺术家的生活和我对于艺术的理解早已独立形成，如今还在继续成长，宛如一个分离的有机体，独立于我的“意志”之外。

不过，在这里我仍然要继续把所有发生在我身上的事实写出来，同时，我也很害怕我写出的事实会带来一堆可怕的混乱。不过，我已经开始了这项不可能的任务，尽管我已经听见那些所谓的好女人的评论："这是一部最粗俗的传记。""她所遭遇的痛苦只是她自己所作所为的报应。"不过，我从来没有蓄意去做错事。尼采说，"一个女人就是一面镜子"，我只对出现在我生命中的人和事做出反映和反应，而且，我只是像奥维德写的《变形记》中的女主角们一样，听从诸神的命令变幻形状和性格。

船在纽约靠岸时，奥古斯丁上船与我同行，他不想让我在战争期间独自旅行。他的陪伴对我来说是个极大的安慰。与我们同船的还有一群由泰德·刘易斯带领的年轻拳击手。刘易斯总是每天早上六点起床开始训练，然后到船上巨大的海水泳池内游泳。早上，我同他们一起训练，晚上，我给他们表演舞蹈。在海上航行的日子我过得很开心，也没有觉得旅途漫长。钢琴师莫里斯·杜默斯尼尔在这次航行中为我伴奏。

巴伊亚是我到达的第一个亚热带城市。这里看起来很温馨，映入眼帘的处处都是绿色，给人潮湿的清新感觉。这里总是大雨倾盆，女人们走在街上，湿透了的印花布裙紧紧贴在身上，她们漠视雨的存在，仿佛根本不在意自己是否已经被淋湿。这也是我第一次看到人们自然地对待黑人和白人的结合。我们在一家餐厅吃午餐，一个白人女孩和一个黑人男孩正在共进午餐，还有一个白人男士和一个黑人女孩坐在一起。小小的教堂里，女人们抱着光着身子的黑白混血儿等待接受洗礼。

这里的每个花园里都盛开着红色的木槿花，到处都是坠入爱河的白人和黑人情侣。城里的某些地区，一些黑皮肤、白皮肤和黄皮肤的女人们住在那些声名狼藉的房子里，懒洋洋地靠在窗口。这里的妓女看起来并不像一些大城市里的妓女那样面容枯槁，神情鬼祟。

在布宜诺斯艾利斯过了几天后，我们去了一家学生夜总会。那里和普通的夜总会一样，狭长、低矮、烟雾缭绕的房间里挤满了年轻的黑人男孩和同样是浅黑色皮肤的女孩。他们跳着探戈舞。我以前从来没有跳过探戈，在年轻的阿根廷导游的再三劝说下，我决定尝试一下。小心地迈开舞步，和着诱人而懒散的节奏，我完全融入这性感的舞蹈中。它像无尽的爱抚一般甜蜜，南方天空下的爱情一样令人陶醉，又如诱人的热带雨林一般狂野刺激。长着黑色眼眸的年轻舞伴搂住我，自信地引领着我，偶尔他会大胆地向我投来凝视的目光，我全身心地陶醉其中。

忽然，我意识到一群学生围住了我。他们向我解释说当晚是庆祝阿根廷获得自由的日子，并请求我为他们表演《歌颂阿根廷》。我一向喜欢取悦学生，同意了他们的要求。听了歌词的翻译后，我披上阿根廷国旗，努力为他们呈现这个曾经被奴役的殖民地所遭受的苦难和它为了反对专制统治争取自由而付出的努力。我所取得的成功令人震惊，从来没有见过这种舞蹈的学生们热情地喊叫着，他们为我合唱，让我一遍又一遍地表演。

回到酒店，我因获得的成功和在布宜诺斯艾利斯的美好时光而面色绯红，兴奋不已。可是，天啊，我高兴得太早了！第二天早上，报纸上针对我的表演刊登了煽情的报道。我的经理读过后十分愤怒，告知我说，根据法律我违背了合约。布宜诺斯艾利斯的上流家庭纷纷撤走捐款，还要联合起来抵制我的演出。于是，曾经让我异常兴奋的那个夜晚彻底摧毁了我的布宜诺斯艾利斯之行。

艺术能规范生活中的混乱，让纷争变得和谐。一部优秀的小说在故事发展过程中总会有某些高潮出现，不能平淡无奇地结束。艺术表现的爱情和伊索尔德的故事一样总会有一个凄美的结局，可是，现实生活总是充满了平淡无奇的结局。现实生活中的风流韵事常常以分歧结束，就像在一段乐曲中出现了刺耳嘈杂的不和谐之音。现实中的风流韵事有时也会激情重燃，但是最终也无法摆脱在财务纠纷和律师费的纷争中走向灭亡的命运。

我原本希望这次旅行演出能给我们带来足够的资金，以保证学校在战争期间正常运转。当我收到从瑞士发来的电报说，由于战争管制，我寄给学校资金的电报被搁置时，你们可以想象我是多么震惊。我把学生们交给寄宿学校的女董事代为照顾，如果我不能按时支付费用，她无法继续收留他们，学生们有可能被赶出学校。同往常一样，我十分冲动地让奥古斯丁立刻带上足够的资金赶往日内瓦拯救我的学生们——我当时并没有意识到我已经没有足够的钱支付酒店的账单，而那位盛怒的经理已经带着一支喜剧歌剧团去智利了。钢琴师杜默斯尼尔和我被困在了布宜诺斯艾利斯。

这里的观众既冷淡沉闷又不欣赏我的演出。其实，我在布宜诺斯艾利斯唯一一次成功的演出就是在夜总会跳自由颂歌的那个晚上。我们被迫把行李箱留在酒店，继续前往蒙得维的亚。幸好酒店的业主们认为我的希腊式舞衣毫不值钱而没有留下！

在蒙得维的亚，我们发现这里的观众与阿根廷的观众完全不同，他们非常热情，几近狂野，于是我们继续前往里约热内卢演出。到达那里时，我们没有行李，身无分文。都市剧院的主管十分热心，他立刻为我们安排演出。我发现这里的观众充满智慧，反应既敏捷又热烈。他们的智慧与热情能让任何出现在他们面前的艺术家发挥出最好的水平。

在这里，我认识了诗人里欧。他在里约热内卢受到年轻人的爱戴，这里的每个年轻人都是诗人。我们一起走在街上，身后跟着一群年轻人，他们齐声高呼“里欧万岁！伊莎朵拉万岁！”

杜默斯尼尔在里约热内卢引起了轰动，受到热烈欢迎。他不想离开那里，于是我独自一人回到纽约。我一路都在担心学生们，所以整个旅程觉得既难过又孤单。上次与我同船的一些拳击手曾经与我一起旅行，这次我们又坐同一条船回去。他们在船上当服务员，此次演出没有获得成功，他们没有挣到钱。

乘客中有一位美国人，他总是喝得醉醺醺的。让大家吃惊的是，每天晚上吃晚餐时，他总是说“把这瓶 1911 年的波马利香槟送到伊莎朵拉·邓肯的桌子上”。

由于战争的原因，我的电报根本没有被送达。抵达纽约时，没有一个人迎接我们。我给我的朋友阿诺德·杰瑟打电话，他不仅是一个天才还是一个魔术师。他放弃绘画，转攻摄影。他把镜头对准人们，并为他们拍下照片，但是他的摄影作品诡异而充满魔力。他拍的照片绝不是对拍照对象的简单复制，他想象他们被催眠后的样子，并记录下来。他为我拍了很多照片，它们并不是对我的身形容貌的简单记录，而是对我灵魂状态的描述，其中一张照片的确可以反映我灵魂的最真实状态。

阿诺德一直以来都是我的好朋友，当我独自一人留在码头上时，我给他打了电话。听到电话里熟悉的声音，我十分惊喜，因为接电话的人不是阿诺德而是 L。那天早上，他正巧去拜访阿诺德。他听说我一个人在码头，没有朋友陪伴又身无分文，立刻说要来帮助我。

过了几分钟，他来到码头。再次看到他高大威严的身躯，我感到莫名的安全。我见到他十分欣喜，他见到我也很高兴。

在此我想插入一段话，你们可能也注意到了我对我的每一个情人都很忠诚。事实上，如果他们忠诚地对我，也许我不会离开他们中的任何一位。因为一旦我爱上他们，我会爱他们直到永远。我确实与很多情人分离，不过我只责怪男人的变化无常和无情的命运。

经过那些糟糕的旅行后，看到我的 L 再次来拯救我，我欣喜万分。他还像以前一样喜欢发号施令，他很快帮我从海关拿回行李，然后我们去了阿诺德的摄影室。我们三个人一起在能俯瞰格兰特墓园的河畔大道餐厅共进午餐。

能再次重逢，我们都十分兴奋，喝了很多香槟酒。我认为我此次回纽约是个好兆头，L 当时也心情极棒，特别慷慨。午饭过后，他急匆匆地去预定大都会歌剧院，然后花了整个下午和晚上的时间邀请所有的艺术家参加免费的表演。这次演出是我生命中最美妙的一段经历，纽约的所有艺术家、演员和音乐家全部出席。我尽情地享受表演的乐趣，不必担心票房收入情况。演出结束时，我一如既往地为观众们表演《马赛曲》，整个战争期间，我一向如此，我的表演为法国和协约国赢得了热烈的鼓掌和喝彩。

我告诉 L 我如何让奥古斯丁回日内瓦挽救学校以及我对学生们的担忧。L 的慷慨无人能及，他为我提供了把学生们带回纽约的全部费用。可是，天啊，对一些学生们来说，这笔钱来得太晚了，所有年龄较小的孩子都已经被父母带回家了。倾注了多年心血的学校最终解散了，我觉得十分痛心。不久，奥古斯丁和六个年龄较大的学生来到纽约，这使我多少得到一些安慰。

L 心情愉悦，慷慨如常，他为我和学生们提供最好的舞蹈环境。

在麦德逊花园广场上，他为我们租了一个很棒的工作室，每天下午我们都在那里练习跳舞。每天早上，他开车带我们到哈德森河边兜风。他给所有的人送礼物，事实上，在那段时间，金钱的魔力确实使得生活变得无比精彩。

但是，随着纽约严寒冬季的到来，我的健康状况每况愈下。L建议我去古巴旅游，并让他的助理陪同我一起去。

在古巴，我留下了最开心的记忆。L的助理是一个苏格兰诗人。由于健康状况欠佳，我无法演出。在哈瓦那待了三个星期，我们沿着海岸线开车，一路欣赏如画的美丽风景。我记得在此期间发生了一件让人又喜又悲的事情。

离哈瓦那大约2公里的地方，有一座古老的麻风病人居住的房子，房子周围是高围墙。其实围墙并不是很高，我们偶尔可以看到一张可怕的脸越过围墙向外张望。当地政府认为麻风病院与广受欢迎的冬季度假地相邻不合时宜，因此决定把麻风病院移到别的地方。可是麻风病人们不想走。有些人抱住门，有的人抱紧墙，还有的人爬上屋顶，趴在那里不肯下来。据说，有的病人已经逃进哈瓦那，并在那里藏身。对我来说，麻风病院搬迁这件事就像梅特林克写的一部诡异又神秘的戏剧。

我还参观了一座房子，房子里住着一位女士。她来自一个古老的家族，非常喜欢养猴子和大猩猩。在这座古老房子的花园里到处都是用来饲养宠物的笼子。她的房子吸引了很多游客前来参观，她的肩上站着一只猴子，手里牵着一只大猩猩，她用最热情的方式迎接客人。这只猴子和大猩猩算是最温顺的，其他的就没这么温柔了。有人经过笼子时，它们晃动栏杆，大声尖叫，还冲人扮鬼脸。我问她它们是否安全，她轻描淡写地回答说除了偶尔窜出笼子杀死园丁外，它们十分安全。听到这个消息，我十分担心，所以到了可以离开的时候，我十分高兴地松了口气。

这个故事里让人奇怪的部分是这个女人容貌娇美，双目炯炯有神。她还受过良好的教育，充满智慧，而且她还收藏了文学艺术领域最优秀的作品。我们该如何解释她对猴子和猩猩的狂热呢？她告诉我，在她的遗嘱中，她把饲养的所有猴子都捐献给巴斯德研究所做实验，研究癌症和肺结核。我觉得在遗嘱中用这种方式处理宠物真是怪异。

关于哈瓦那我还有一次有趣的经历。一个节日的夜晚，所有的夜总会和咖啡馆内都热闹非凡。像往常一样，我们沿着海边和南美大草原欣赏美丽的景色。回来后，大约凌晨三点，我们去了一家极具哈瓦那风格的咖啡馆。在那里，我们看到了形形色色的人，有吸食吗啡、可卡因和鸦片的人，有酗酒的人，还有其他被生活抛弃的人。在这间灯光昏暗，烟雾缭绕的低矮房间里，我们找了一张小桌子坐下。一个面色苍白、神情恍惚的人吸引了我的视线。他面容枯槁，但双眼射出炽热的光芒，又长又细的手指轻触琴键，弹奏着肖邦的前奏曲。他的演奏出神入化，着实让我震惊。我听了一会儿，走向他，可是他只能说几个意思不连贯的英语单词。我的行为使得整个咖啡馆的人都在注视我。意识到在这里没人认识我，我忽然有很想为这些陌生的观众表演的奇妙想法。我把围巾裹在身上，指引着钢琴师，合着前奏曲的音乐翩翩起舞。小小的咖啡馆内，客人们渐渐地安静下来。我继续迈动舞步，不但吸引了所有人的注意力，还有很多人在轻声啜泣。钢琴师也从吸食吗啡的恍惚中清醒过来，起劲地弹奏着，仿佛找到了灵感。

我一直跳到黎明，离开时，他们都过来拥抱我。当时的我比起在任何剧院都自豪，因为我知道这是对我天赋最真实的证明，没有演出主办人的帮助，也没有预先的宣传吸引观众。

这件事过后不久，我和我的诗人朋友坐船前往佛罗里达，然后在棕榈海滩上岸。上岸后，我给 L 发了一封电报，他在浪花酒店与我们会合。

剧烈的哀伤中最让人痛苦的部分并不是在悲剧刚刚发生时，无情的打击把人抛入痛苦的深渊。在那个过程中，人的感觉几乎是麻木的。这个过程结束很长时间以后，当人们说“啊，她挺过来了”，或者“现在好了，她终于战胜了悲伤”，当人们认为应该享受快乐的美好晚宴时，我却总能感受到莫大的悲伤，总觉得有一只冰冷的手在压迫我的心脏，或者另一只滚烫的爪子正在扼住我的喉咙——冰与火，地狱和绝望，征服一切——我举起香槟酒杯，努力用各种形式的遗忘来遏制这种哀伤，不知自己能否做到。

这就是我现在的状态。所有的朋友都说“她已经忘记了；她已经战胜了悲伤”，可是只要我看见喊着“妈妈”，突然跑进房间的小孩子，我的心就仿佛被刺中，整个人都被极度的痛苦折磨着。我只能在心里高声喊叫，让我跳入地狱的遗忘之河吧，不管用什么方式，只求让我忘记。在经历了这种痛苦的折磨后，我渴望创造新生命，盼望创造艺术。啊！我是多么羡慕那些顺从的修女！在陌生人的棺材前，她们苍白的嘴唇整夜不停地轻声念着祷告文。她们的性情正是艺术家们所羡慕的！叛逆的艺术家们只会高喊：“我要去爱！要去爱！去创造快乐！快乐！”这到底是什么样的人间啊！

L把美国诗人珀西·麦凯一起带到棕榈海滩。在整日坐在阳台的日子里，L按照我的想法为学校规划未来。他告诉我他已经买下了麦得逊花园广场，要在那里建立学校。

总的来说，我对这个计划充满热情，不过我不想在战争期间开始如此巨大的项目。我的这个想法最终激怒了L。他十分生气，就像他当初冲动地决定买下麦德逊花园一样，我们回纽约之前，他取消了购买麦德逊花园的交易。

这件事情发生的前一年，珀西·麦凯看了孩子们的舞蹈后写了一首优美的诗:

一枚炸弹降落在巴黎圣母院，
德国人又摧毁了比利时的一座城镇，
东方的俄国在激战；英国正焦虑不安。
紧闭双眼，我放下报纸。
浅蓝色的海边，
我看见青灰色的岩石，沼泽草原和亮光。
一群小精灵的笑声多么悦耳，
如孤寂十月蜜蜂的甜美嗡嗡声，
香醇熟悉的愉悦是否惊醒了孤寂的海岸?
小精灵的浅蓝色舞衣，
融入周围岩石和海洋的颜色。
他们在黑暗的银色周边舞蹈——
每个小精灵都沉醉于自己的舞蹈，
舒展闪着光辉的四肢，朝向落日，

每个小精灵都在快乐地祈祷。

看啊！

他们现在停止了舞蹈，

仿佛飞累了的归巢小鸟，

娴静又惬意，

她们围聚在女主人的椅子旁，

用各自的语言向她道晚安：

“晚安！晚安！晚安！晚安！晚安！晚安！”

这些散居各地的孩子们，

如今生活在同一个神圣的艺术之家，

他们是谁

梦想：基督和柏拉图曾经有过的梦想：

他们快乐的身影分散开来，

多么美丽的画面！

上帝啊！这一切看起来多么自然率真，

直到我的眼前再一次出现了红色的颤栗，屠杀，

成千上万的敌军。

欢笑声，来自古老海洋的欢笑声，

隐约传来美妙的歌声：雅典！加利利！

熄灭的灯光中传来小精灵的声音：

“晚安！晚安！晚安！晚安！晚安！”

第 30 章

美国之舞

1917 年初，我在大都会歌剧院演出。那时，同很多人一样，我相信只要协约国取得战争的胜利，就有希望获得自由，重建社会和文明。所以每次我都会跳一曲《马赛曲》结束演出，那时现场观众全部起立。不过这并没有妨碍我表演理查德 · 瓦格纳的作品，我相信任何有理智的人都会觉得，战争期间抵制德国艺术家的作品有失公正，而且十分愚蠢。

得知俄国爆发革命的消息，所有热爱自由的人都满怀希望，无比欢欣。那晚，我带着最初创作《马赛曲》时所具有的革命首创精神再次跳起了《马赛曲》。然后，我又跳了一曲融入自己理解的《斯拉夫进行曲》。跳到《斯拉夫进行曲》中本应歌颂沙皇的一段时，我呈现出来的是受压迫的农奴正在受鞭笞的情景。

这些与乐曲的不一致或不和谐，一度在观众中引起不满。

奇怪的是，在我的艺术生涯中，最吸引我的正是这些表现绝望与反叛的舞蹈。身着红色希腊式舞衣，我不停地跳着革命的舞曲，并号召受压迫的人起来反抗。

得知俄国爆发革命的那天晚上，我跳得开心又兴奋。为那些曾经遭受痛苦和折磨的人们，为那些为人道精神而牺牲的人们得到解放，我的心高兴得几乎要爆裂。难怪一直在包厢看我表演的L终于感到有些不安，也许他应该自问：自己赞助的这所美丽优雅的学校是否有可能变成某种危险，最终导致他和他的投资走向灭亡？可是，我对艺术的热爱太过强烈，即使为了我爱的人，我也不会放弃这种热情。

L为我在雪莉餐厅举办了一场晚会。晚会以晚宴开始，然后是舞蹈表演，最后是精致的宵夜。晚会上，L送给我一串珍贵的钻石项链。我一向不喜欢珠宝，也从来没有戴过什么首饰，可是他看起来特别高兴，我就让他为我带上。天快亮了，客人们喝了好几加仑香槟后重振精神，美妙的时刻和香槟的麻醉也让我觉得轻飘飘的，于是便教当时在场的一位相貌俊美的年轻男士跳阿帕契探戈——我在布宜诺斯艾利斯时见人跳过。事实证明，这并不是一个明智的决定。忽然，有人狠狠地抓住了我的胳膊，转过头，我发现了暴怒的L。

那条不吉利的钻石项链我只戴过一次，因为这件事过后不久，L再次发怒后就不知去向。我不得不自己支付高昂的酒店费用和学校的所有开支。我向他求助无果后，那条著名的钻石项链就被送到当铺。此后，我再也没有见过它。

我被困在纽约，身无分文。表演季已经结束，我已经不可能进行任何表演活动。幸亏我有一件貂皮大衣和一块质地优良的祖母绿宝石。这块宝石是L从一位印度王公的公子那里买来的，这位公子在蒙特卡洛赌场输光了所有财富。据说，这块绿宝石还曾经镶嵌在一尊神像上。我把貂皮大衣卖给一位著名的女高音歌唱家，把祖母绿宝石卖给另一位歌唱家，然后在长滩租了一栋别墅避暑。我把所有的学生都安置在别墅里，等待秋天的到来，希望到时候能有机会表演赚点钱。

我同往常一样没有先见之明，现在有了钱就支付别墅、汽车和日常各项开支，丝毫不为将来忧虑。鉴于现在已经真的是身无分文了，我应该更明智地把出卖皮草和珠宝得来的收益投资不动产和债券。当然，我从来没有想过投资。我们在长滩度过了一个非常愉快的夏季，同往常一样，招待了很多艺术家，他们同我们一起在长滩住了几个星期，其中就有待人和善的小提琴家伊萨耶。每天早上和晚上，他总为我们演奏，小小的别墅里处处洋溢着悠扬的乐曲。没有练舞房，我们就在沙滩上跳舞。我们为伊萨耶举办了一场特别的庆祝活动，他高兴得像个小男孩。

也许你们已经预料到了，这样开心地过了夏天后，当我们回到纽约时，我发现自己已经没有任何资金了。这样心烦意乱地过了两个月后，我接了一个去加利福尼亚演出的合约。

在这次旅行途中，我发现我离家乡越来越近了。在抵达之前，我已经在报纸上得知罗丹逝世的消息。想到再也无法见到这位挚友，我哭得十分伤心。在奥克兰，看到聚集在舞台前准备采访的记者们，我不想让他们看见我哭肿的双眼，于是用一块黑色的面纱遮住脸。第二天，记者们在报道中说我带有一种神秘的气息。

从我离开旧金山踏上非凡的旅程，至今已经整整 23 年了，你们可以想象我回到家乡时的激动心情。1906 年的地震和一场大火彻底改变了家乡的一切。对我来说，到处都是新的，我几乎都认不出来了。

在哥伦比亚，虽然那些家庭富裕又有地位的观众包括评论家们，都十分客气也很欣赏我的表演，但是我还是不满意，我想为更多的人表演。可是当我想去希腊剧院表演时，他们拒绝了我。我一直不明白他们拒绝我的原因，是我的经理缺乏策略还是某种我不能理解的恶意呢？

在旧金山我与母亲再次重逢，我们已经好些年没见面了。因为难以解释的恋家情结，我母亲不愿意在欧洲居住，她看起来苍老又憔悴。一次，我们在克利夫餐厅吃午餐，在一面镜子里，我看见了我们两个人，看着镜子里我忧伤的面容和母亲憔悴的脸庞，我不禁想起 22 年前那两个充满冒险精神、满怀希望踏上旅途追求功名和财富的人。如今，我已经名利双收——可是为何结局会如此凄惨？在这个不如意的世界里，也许这就是生命最自然的结局。我认识很多著名的艺术家、智者和所谓的成功人士，但是，他们当中没有一个人是真正快乐的。尽管有些人声称自己很快乐，但是稍微留意，就会发现在快乐的面具背后，他们同样承受着不安与痛苦。也许，所谓的快乐在这个世界上并不存在，有的只是快乐的瞬间。

在旧金山，我与我在音乐上的心灵之友——钢琴家哈罗德·鲍尔相逢时，我体会到了快乐的瞬间。让我既惊讶又高兴的是，他说我虽是个舞蹈家，但更像一个音乐家，而且我的艺术帮他理解了巴赫、肖邦和贝多芬的谜一般的乐章。我们一起度过了美妙的几个星期。在此期间，我们一起体验共创艺术的美妙，用他的话说，是我为他解开了艺术的秘密，而他为我解释以前我从未想过的诠释舞蹈的方式。

与其他艺术家完全不同，哈罗德过着一种既细腻又深刻的生活。他的兴趣爱好并不局限于音乐，他欣赏所有的艺术形式，对深奥的诗歌和深刻的艺术也有研究。两个对艺术抱有同样热情的人相遇后，必会如饮甘醇。在相处的日子里，我们并没有饮酒，可是接连几天，我们都陶醉在醉酒后的微醺里。我们四目相遇，每根颤抖的神经都充满了希望。意识到灵感降临，我们几乎要高声喊出来，仿佛在遭受极大的苦楚："你以前这样理解过肖邦的这段乐章吗？""是的，就像那样，加上一些别样的东西，我给你创作这个舞步。""表现得真好！下面我为你伴奏。""哎呀，真高兴——要欣喜若狂了！"

这就是我们对话的内容，然后我们继续对话，继续深入探讨我们共同热爱的音乐。

在旧金山的哥伦比亚剧院，我们共同演出，那次演出是我职业生涯中最快乐的一天。同哈罗德·鲍尔相遇使我重新找回轻松快乐的心情，这种心情只有同开化的灵魂在一起时才能拥有。我曾经希望这样的日子会继续下去，我们可能会发现一种全新的音乐表现领域。可是，天哪，我低估了环境的力量，我们被迫分离，由此结束了我们的合作关系。

在旧金山，我与著名的作家和音乐批评家雷德芬·梅森成为好朋友。一次，欣赏完鲍尔的音乐会后，我们一起喝酒。雷德芬问我在旧金山他可以为我做些什么，我让他发誓同意不管付出什么代价，都要帮我实现一个愿望。他发誓同意，然后拿出一支铅笔。我仿照莎士比亚的十四行诗，写了一篇赞扬鲍尔音乐会的诗歌。诗歌的开头是这样的：

我的音乐，我的音乐家，
当你的温柔指尖，
轻弹那些幸运的木质琴键，

美妙的乐声多么轻柔……

我多么妒忌那些轻轻弹跳而起的琴键，

可以亲吻你温柔的掌心……

诗歌的结尾我是这么写的：

既然俏皮的琴键如此乐在其中，

为它们留下你的手指，

请为我留下你的香唇……

雷德芬当时十分尴尬，可是他必须做信守诺言的“君子”。第二天，这首评论诗以他的名字出现时，同僚们因他对鲍尔突发的热情而无情地戏弄他。善良的雷德芬十分淡定地承受着朋友们的戏弄。鲍尔离开旧金山后，他成为我最好的朋友，并时时在我身边安慰我。

尽管旧金山上流社会的观众十分喜欢我的表演，他们也很热情，哥伦比亚剧院座无虚席，可是我想在家乡建立一所舞蹈学校的愿望一直没能实现，这让我十分沮丧。在那里，有几个舞者模仿我跳舞，也有几个模仿我的学校而建的学校。他们似乎对现状已经很满意，甚至认为我的艺术中比较严肃的部分可能会惹下麻烦。我的模仿者早已成为炙手可热到处宣扬我的舞蹈的人物，不过他们只传播被他们称之为“和谐与美丽”的部分，丢弃了那些严肃的部分——其实他们丢弃的才是我的舞蹈艺术中的主流和真正意义之所在。

惠特曼在表达对未来美国的感情时说“我听见美国在歌唱”。我能想象惠特曼听到的强有力的歌声，那是孩子、青年、男人和女人组成的宏大的合唱团，他们歌唱民主，歌声越过波涛汹涌的太平洋，飞过一望无际的平原。

读着惠特曼的诗，我的脑海中呈现出这样的画面——美国正在舞蹈，这种舞蹈贴切地表达了惠特曼听到的那首歌，那首美国在唱的歌，那多变的旋律宛如磅礴的落基山令人振奋。同爵士乐性感的轻快调子不同，这是美国人民律动的灵魂，他们通过辛勤工作努力而获得和谐生活。我想象中的舞步不带任何狐步或查尔斯顿舞步的痕迹——宛如活泼的孩子们在蹦跳着朝向山峰，朝向将要取得的成就，朝向能代表美国辉煌的新生活。

当人们把我的舞蹈称之为希腊舞蹈时，我总是禁不住微笑。颇具讽刺意味的是，我认为我的舞蹈来源于我的爱尔兰外祖母为我们讲述的故事。故事中，外祖父母在 1849 年驾着一辆大篷车穿越平原——那时外祖母 18 岁，外祖父 21 岁。外祖母还为我们讲述她的孩子如何降生在大篷车里，而那时外祖父正参加同印第安人的一场著名战斗。印第安人被彻底击败后，外祖父把头伸进大篷车的门，欢迎他刚刚出世的孩子，手里拿着的枪还冒着青烟。

外祖父母抵达旧金山后，建造了第一座木房子，我记得我还是个小女孩时曾到木屋拜访过他们。外祖母很想念爱尔兰，她常常唱着爱尔兰的歌谣，跳着爱尔兰的快步舞。只有我能感觉到舞步中浸透着先驱们的英雄精神和同印第安人战斗的场景——或许也包括印第安人的舞步。当我的外祖父托马斯·格雷上校从内战战场上凯旋归来后，外祖母的舞步中又添加了一点《扬基小调》的基调。我从外祖母的舞蹈中获益匪浅，我在自己的舞蹈中也加入了自己对年轻美国的美好愿望，最终惠特曼所描述的美好生活在我的心中得以实现。这就是我向全世界推广的被人称为“希腊舞蹈”的根源。

这就是我的舞蹈的来源——它的根。不过，到欧洲后，我遇见三位伟大的老师，他们是我们这个世纪的舞蹈先驱——贝多芬、尼采和瓦格纳。贝多芬创造了舞蹈中的非凡旋律，瓦格纳塑造了舞蹈的形式，尼采给予了舞蹈以灵魂。尼采是第一位舞蹈哲学家。

我时常纳闷为什么美国没有这样一位作曲家，能听到惠特曼的心声，能为美国的舞蹈创作出真正的音乐？这些音乐没有爵士旋律的痕迹——不只专注于腰部以下，而是从腹腔，从人的灵魂栖息的地方，慢慢升腾，一直到达在浩瀚天空中覆盖整个国土的星条旗，从太平洋越过广阔的平原，越过内华达山脉和落基山脉，直到大西洋。年轻的美国作曲家，我为你祈祷，祈祷你能创作舞曲，为惠特曼的美国之舞，为林肯的美国之舞而作曲！

我觉得十分不可思议，居然有人认为爵士乐能表现美国精神。爵士乐可以表现原始的野蛮，与能表现美国精神的音乐绝对不同。必须谱写能表现美国精神的音乐！至今，还没有任何一位作曲家能体会美国的旋律，对大多数人来说，它太强大了，难以控制。总有一天，属于美国的乐曲将从这片伟大的国土上诞生，从广阔的天空如春雨般降临。这首伟大的乐曲将体现美国精神，变混沌为和谐。身材高挑的青年男女伴着这乐曲翩翩起舞，他们跳的绝不是如类人猿般摇摇摆摆的查尔斯顿舞步，他们的舞步激动人心，令人振奋，向上升起，越过埃及的金字塔，超过希腊的帕特农神殿。他们的舞步是美与力量的象征，人类历史上前所未有。

这种舞蹈很纯净，丝毫没有芭蕾的愚蠢媚态，也没有黑人舞蹈的撩人颤动。我仿佛看见美国正在舞蹈，她的一只脚立于落基山脉之巅，双手舒展，从大西洋直到太平洋，她美丽的头颅朝向天空，额头上，千万颗星星做成的皇冠熠熠发光。

有人在美国的学校推广所谓的身体艺术、瑞典体育和芭蕾，真是荒谬至极。真正的美国人的身体条件根本无法成为芭蕾舞者。美国人腿太长，身体太柔软，性格过于自由，不适合芭蕾舞中做作的优雅和用脚尖行走。众所周知，所有优秀的芭蕾舞者都是骨架很小，身材矮小的女人，一个身材高大丰满的女人永远都不可能成为优秀的芭蕾舞者。能完美体现美国精神的舞者绝不是芭蕾舞者。不管想象力多么丰富，我们也无法想象自由女神跳芭蕾舞的样子。既然如此，为何美国人还要接受芭蕾舞学派呢?

亨利·福特[①]曾经说过他希望所有福特市的孩子都能有机会跳舞。他不推崇现代舞，他希望让孩子们跳传统的华尔兹、玛祖卡舞和米姆艾舞。可是传统的华尔兹和玛祖卡舞都体现出病态的多愁善感和浪漫，不适合我们的年轻人；米姆艾舞表现的则是路易十四时期盛行蓬蓬裙时侍臣的谄媚和一味屈从。这些舞蹈和自由的美国年轻人有何关系？难道福特先生不知道舞步和语言一样可以表达人的内在精神吗?

为什么我们的孩子要在这种过分讲究和充满奴性的米姆艾舞中屈膝？为什么他们要在这种过分多愁善感的华尔兹舞步中旋转？我们应该让孩子们迈开大步，跳跃，弹跳，昂起头颅，伸展双臂，跳出先辈们的语言，跳出英雄们的刚毅，跳出政治家们的公正、和善和廉洁，跳出母亲的爱和柔情。如果美国的孩子们能这么跳舞，他们才能成为高尚的人，才配当伟大民主国家的国民。

这就是舞动的美国。

---

① 亨利·福特（1863—1947年），美国汽车工程师与企业家，福特汽车公司的建立者，也是世界上第一位使用流水线大批量生产汽车的人。

第 31 章

拥抱新世界

我的生命中有很多美好的日子，宛如镶嵌着珍贵珠宝的金色传奇，有着盛开着各种鲜花的花圃和每时每刻都充满爱和幸福的迷人清晨。这些美好的日子还包括那些无法用语言描述的幸福时光和生活乐趣，当然也包括我的学校，我的办学构想似乎散发着天才的光芒，尽管不是很切实际，可我认为它仍是一个巨大成功。那段日子里，我的艺术是伟大的复兴。当然，我的生活中也有很多不如意的日子。当我试图回忆过去时，心中只有强烈的厌恶和无助的空虚。过去的生活充满了一系列的灾难，而未来也仿佛疯子脑中幻想的灾难。

人生的真谛是什么？谁能找到生命的真谛？也许上帝自己也很困惑。在痛苦与快乐之间，在肮脏与纯净之间，在这充满地狱之火的肉体与充满英雄主义和至美的同一肉体之间 —— 生命的真谛在哪里？上帝知道，或者魔鬼知道 —— 可是有时候我觉得上帝和魔鬼都很迷惑。

在那段胡思乱想的日子里，我的思想宛如彩色的玻璃窗，透过玻璃窗，我看到了迷人又奇妙的美——美妙的形状和丰富的色彩。但是，有时，透过昏暗模糊的玻璃窗我只看到一堆无聊的灰色垃圾，这就是被称为生命的东西。

我多么希望能够像潜水员一样潜入内心深处，像他们挖掘珍贵的珍珠一样，在缄默如蚌的潜意识深处找到珍珠，发掘我们的思想。

尽管我总是孤军奋战，但我一直努力保证学生们能待在一起。如今的我身心疲惫，意志消沉，一心想回巴黎，希望在那里可以赚到属于自己的钱财。那时，玛丽已经回到欧洲，她在比尔特摩给我打来电话。我告诉她我的想法后，她说："我的好朋友戈登·塞尔弗里奇明天就要启程离开美国。如果我要求他，他肯定愿意帮你买一张到欧洲的票。"

长期的辛苦早已使我筋疲力尽，美国之旅也让我心力交瘁，因此我十分高兴地接受了玛丽的提议，第二天一早踏上了离开纽约的旅程。抵达伦敦后，我无力支付前往巴黎的路费，于是我在公爵街租了一间房子临时安顿下来。我给几个在巴黎的朋友发了电报，可能是由于战争的原因，没有人答复我。在那个令人忧郁的临时住所里，我度过了阴郁糟糕的几个星期，完全失去了生活的方向。我独自一人，抱病在身，身无分文。学校被毁，战争好像永远没有尽头。夜里，我经常一人坐在漆黑的窗边，望着窗外的空袭，真希望此时能有一颗炸弹落到我身上，帮我结束所有的烦恼。自杀的想法一直萦绕在我心头，不断地诱惑我付诸实践，但总有东西阻止我，将我从自杀的边缘拉回。当然，如果自杀的药物像普通的预防药物一样在药店出售，我相信世界上所有的仁人志士绝对会成为死亡之神的俘虏，一夜之间彻底消失。

绝望中，我给 L 发了封电报，可是没有收到任何音信。一位经理为那些想在美国发展事业的学生们安排了一些表演，后来，他们以“伊莎朵拉·邓肯舞蹈团”的名义巡回演出，可是我却一点收益都没有得到。最后我遇到一位在法国大使馆工作的好心人，他拯救了我，把我带到巴黎。我在奥尔赛宫酒店租了一个房间，通过向放债人借钱度日。

每天清晨五点，隆隆的炮声将我们从睡梦中惊醒，不幸的一天就开始了。接着不断地从前线传来让人悲伤的消息，每个小时都充斥着关于死亡、流血、屠杀的消息。整个晚上回荡着刺耳的防空警报声。

在这段日子里，让我比较开心的一件事是一天晚上我在一个朋友家认识了著名的“英雄”加罗斯。他为我演奏肖邦，我为他翩翩起舞，然后他陪我一起从帕西走回我的住所。路上，我们遭遇空袭，他陪我一起旁观。隆隆的轰炸声中，我在协和广场为他舞蹈，他坐在喷泉边为我鼓掌。在我们身边不远处爆炸的火箭弹发出的光芒照亮了他忧郁的双眼，他告诉我那晚他唯一的愿望就是死亡。不久，天使发现了他，把他带走了——带他离开了这个他并不喜欢的生命。

日子就这么枯燥乏味地一天天过去。我很想成为一名护士。很快，我意识到加入这支庞大的队伍没有意义，报名的人早就排起了长龙。我想我还是重拾艺术，可是我的心如此沉重，不知道自己的双脚能否承受伤痕累累的沉重之躯。

我很喜欢瓦格纳的《天使》。故事讲的是光明天使走向一个坐在那里、极度悲伤孤寂的人。在这段暗无天日的日子里，一位朋友把钢琴家沃尔特·隆梅尔带来见我时，属于我的光明天使也来到我的身边。

沃尔特进来时，我以为他是从画框中走出来的年轻的李斯特：他身材修长，高高的额头上一缕头发闪着光芒，双眼宛如两汪清泉闪着亮光。他为我弹奏，我称他为我的“大天使”①。雷吉纳酒店很慷慨地把剧场休息室留给我用，我和“大天使”一起在这里工作。在隆隆的枪炮声中，在大家相互传递战争的消息时，我的“大天使”为我演奏李斯特的《上帝在荒原沉思》和《圣弗朗西斯对鸟布道》。聆听他的弹奏，我深受启发，创作了很多新的舞蹈，饱含祈祷、甜蜜与光明的舞蹈。天籁般的旋律在他手指的轻触下流淌而出，我的灵魂再次复活，由此开始了我人生中又一段神圣而缥缈的爱情。

我的“大天使”对李斯特作品的演绎出神入化，无人能及，因为他能够看见超越写在纸上的曲谱，洞悉狂热的真正意义，体会每天与天使们交谈的热情。

他温柔、体贴，热情无限，行为却狂放不羁。他的精神消耗着他，他的灵魂反抗着他，但他并没有因年轻人随性而发的冲动而被激情左右，相反地，他厌恶激情但又无法抵抗它的诱惑。他就像一个在燃烧的火盆上跳舞的圣人，我知道爱上这样一个男人既危险又困难，他对爱情的厌恶很容易转化成对恋人的仇恨。

透过一个人的外表探究灵魂真是既奇怪又恐怖。透过血肉的外表可以获得愉悦、激动和幻觉，啊，最重要的是获得人们所追求的幸福。透过血肉之躯，透过外表和幻觉，获得人人梦寐以求的爱。

读者们要注意我的这些回忆历经多年。每个情人走进我的生命，

① 大天使或天使长，是常见于宗教传统之中的天使。

无论他是魔鬼、天使或是凡人，我都坚信他就是我长久以来等待的人，这份感情将成为我的最后一段恋情，也许所有的爱情男女都坚信这一信条吧。我的每段爱情都可以写成一部小说，它们都以悲剧结尾。我一直都在等待一份有美满结局，能持续一生的爱情——就像喜剧电影的结局。

爱情的奇妙之处就在于主题和基调多样，可以任意弹奏。和一个男人的爱情与和另一个男人的爱情差别巨大，就像听贝多芬的音乐和听普契尼[①]的音乐不同一样，而女人就像乐器一样回应这些带来美妙旋律的演奏者。我认为，如果一个女人一生只和一个男人谈过恋爱，就像一个人一生只听过一个作曲家的作品。

夏天的脚步渐渐近了，我们在南方找了一处安静的避暑之地，住在位于费拉角的圣约翰港口附近一家荒凉的旅馆里。空旷的车库就是我们的工作室，我的"大天使"日夜弹奏天籁之音，我一直不停地跳着舞。

那段时光宛如天赐，快乐异常。我的"大天使"让我精神愉悦，住所四面环海，我们整日生活在音乐的世界里。那段日子仿佛天主教徒死后如愿以偿升入天堂一般幸福。生活就像钟摆——苦难越苦，幸福越甜——每次陷入的苦难越深，随后享受的幸福越甜。

有时我们离开避难所，出去帮助那些不幸的人，或者为伤员举办音乐会。除此以外，大部分时间只有我们两个人在一起。音乐和爱情，爱情和音乐，让我的灵魂栖息在幸福的最高境界。

离我们不远的一栋别墅里住着一位可敬的牧师和他的妹妹葛洛

① 普契尼（1858—1924年），意大利著名歌剧作曲家，代表作有《托斯卡》《蝴蝶夫人》等。

蒂女士。牧师曾经在南非做过传教士，他们是我们唯一的朋友，我经常为他们表演李斯特那充满创造力的神圣音乐。夏天的脚步渐渐远去，我们在尼斯找到一间练舞房。《停战协议》正式公布后，我和我的“大天使”回到巴黎。

战争结束了，我们看见庆祝胜利的队伍穿过凯旋门。我们高喊着“世界得救了”！那一刻，每个人都是诗人！可是，天啊，诗人也得清醒过来，为家人寻找果腹的食物。随后，整个世界清醒了，经济发展迫在眉睫。

我的“大天使”牵着我的手，我们又回到贝尔维尤，发现房子已经被彻底摧毁。不过，我们还是抱有希望，为什么不重建学校呢？在接下来的几个月里，我们自欺欺人地相信我们能够为这项毫无可能的任务找到资金支持。

最终，我们终于相信这是一项绝对不可能完成的任务，然后以一个合理的价格把房子卖给了法国政府。法国政府计划第二年在此地建立一个生产毒气的工厂。我曾经亲眼看到我的酒神殿堂被改建成救死扶伤的医院，命运最终注定让我放弃它，并将其变为生产战争工具的工厂。失去贝尔维尤真是遗憾万分，贝尔维尤，景色迷人的贝尔维尤。

出售房子的交易最终结束，房款打入我的银行账户后，我在庞培路上买了一座房子，这里曾经是贝多芬厅，如今它是我的练舞房。

我的“大天使”充满让人舒心的同情心，他似乎能感受到我的悲伤，当我因悲伤而心情沉重、夜不能寐、泪流满面时，他总是用充满同情的明亮双眼看着我，他的凝视总能安慰我的灵魂。

练舞房里，大天使的音乐和我的舞蹈不可思议地融合为一体。

在他的影响下，我的舞蹈变得轻盈飘逸。他是第一个让我体会到李斯特作品的完整精神意义的人，我们两个共同完成了李斯特作品独奏会。在贝多芬厅安静的音乐室里，我也研究一些著名壁画中的人物动作和光线，我希望能在表演《帕西法尔》时得以运用。

在练舞房里，我们度过了很多神圣时光，我们的灵魂被占据着我们的神秘力量紧密结合。他经常为我弹奏，我经常为他舞蹈。抬起双臂，我的灵魂离开躯体，伴着圣杯的银色乐曲展翅高飞，翱翔云端，仿佛创造了一种远离我们本身的精神实质，随着乐曲和舞步飘向无尽的浩瀚，天空里仿佛也有回音在回荡。

在这乐曲飘飘的时刻，神圣的爱情力量将我们的灵魂合二为一，这种超自然的力量将我们带至另一个世界的边缘。观众们体会到我们结合的力量，剧院里回荡着一种离奇的气氛，这是我以前从未体验过的。如果“大天使”和我继续深入这种研究，我们一定可以为这种精神力量创作自然的舞步，并为人类带来一种新的启示。但是，对世俗激情的追逐终结了这种追求至高之美的神圣过程，真是可惜！同神话故事一样，一个从不满足的人为邪恶之神打开大门后，各种麻烦随之而来。我并不满足于已经得到的快乐，我认为如果年龄大些的学生们回来可以让学校重生，因此，我发了封电报给在美国的学生。

学生们抵达后，我召集了一些忠诚的朋友，对他们说，“让我们去雅典瞻仰卫城吧！也许我们可以在希腊建立一所学校。”

人的动机竟然可以被如此扭曲！一位《纽约客》（1927 年）杂志的记者谈到此事时说“她的奢靡无止无尽，她办了一场家庭宴会，从尼斯一直狂欢至雅典”。

我的天啊！我的学生们来了，她们年轻漂亮又事业成功。我的“大天使”看着她们——为她们倾倒——并爱上了其中的一个。

该如何描述这次爱情终结之旅呢？对我来说，这就是磨难！在利多的埃克塞尔酒店，我首次注意到他们之间不对劲，我们在那里停留了几个星期。在去希腊的船上，我完全确定他们之间有恋情。看到月光下的雅典卫城，他们的恋情彻底永远地摧毁了我。这就是这次爱情终结之旅的整个过程。

我们到达雅典后，关于重建学校的事情看起来一切顺利，维尼泽勒斯先生非常和善，他允许我使用扎皮翁宫，这里成了我们的练舞房。每天早上，我和学生们在那里工作，我努力教学生们能表现雅典卫城之伟大的舞蹈。我计划训练 1000 个学生参加即将在这举办的酒神节盛大庆典。

每天我们都去雅典卫城，我不由地回忆起 1904 年首次来到卫城时的情景。学生们年轻摇曳的身姿跳出优美的舞步，她们部分地实现了我 16 年前的梦想，我感动万分。如今事事表明战争已经结束，我可以在雅典建立学校，实现长久以来的梦想。

起初刚刚从美国归来的学生们带着某种我不喜欢的矫揉造作，如今，在雅典灿烂的天空下，在美丽的山峦和海洋景色里，在伟大艺术的感染下，她们已经彻底抛弃了那些不良习性。

画家爱德华·斯泰肯是我们的朋友，在卫城和酒神剧院为我们画了很多栩栩如生的画像。朦胧中，这些画像预见了我渴望在希腊实现的理想。

我们发现科帕诺斯现在是一片废墟，里面住着牧羊人和成群的山羊。但是没有什么困难能阻止我，我很快决定清理废墟，重建学校。

重建工作立刻开始，积累多年的垃圾被清理干净，一位年轻的建筑师负责安装门窗和屋顶的工作。在高高的起居室内，我们放了一块跳舞用的地毯，还让人送来一架大钢琴。在这里，每天下午，夕阳西下，紫色和金色的晚霞洒在海面上，我的“大天使”为我们演奏鼓舞人心的美妙音乐——巴赫、贝多芬、瓦格纳和李斯特的作品。傍晚，天气凉爽下来，我们带着从街上瑞典男孩那里买来的白色茉莉花做成的花环，漫步到法乐农的海边共进晚餐。

我的“大天使”在这群头戴鲜花的少女中间，仿佛站在昆德丽的花园中的帕西法尔。只有我开始注意到他眼神中的新变化，这种变化使他不再神圣，而成为一个凡夫俗子。我曾经太过相信我们的爱情有强大的智性和精神基础，以至于在我发现真相之前，他闪光的双翼早已变成两只能够热情地拥抱森林女神的臂膀。我以前的经历没有给我带来任何帮助，这使我觉得特别震惊。从那时起，一种让我很不安的剧烈痛苦支配着我，我不再关注自己，开始偷偷观察他们日益增长的恋情。让我害怕的是，有时我忽然发现自己有恨不得杀了他们的想法。

一天傍晚，落日时分，我的“大天使”——如今越来越像一个凡夫俗子——刚刚弹奏完《天堂曙光》，最后几个音符还在空气中回荡，仿佛将要融入紫色的晚霞，又从伊美托斯山传来回响，照亮整片大海。我忽然发现在血红的夕照里，他们目光交错，闪耀着同样的热情。

看到这一幕，我怒不可遏，这种愤怒连我自己都觉得害怕。我转身走开，狂乱绝望的我整晚在伊美托斯山附近的山峦里游荡。曾经，妒忌这只绿眼怪物的毒牙也曾给我带来难以忍受的痛苦，但是我从未体会过这种可怕的狂热，我完全被这种狂热所控制。我爱他们，同时又恨他们。这种经历使我同情并理解那些饱受妒恨折磨而最终杀死自己爱人的可怜人。

为了避免自己陷入这种绝境，我带着一小群学生和我的朋友爱德华·斯泰肯沿着景色优美的小路，经过古老的底比斯到达卡尔基斯。在这里，我看见金色的海滩，想象着埃维厄岛上为伊菲革涅亚跳着舞蹈庆祝不幸婚礼的少女们。

可是这时，即使希腊的所有光辉也无法驱走控制我的魔鬼，我不断地想起留在雅典的那两个人，这些想法啃噬着我的生命，像强酸一样腐蚀着我的大脑。我回到雅典，看到他们站在卧室窗外的阳台上，两个人洋溢着年轻人独有的气息和热情，我彻底坠入痛苦的深渊。

现在的我无法理解自己当时那种强烈的偏执，那时，我深深地陷入其中，就像患了猩红热和天花，无法摆脱。尽管如此，我仍然每天教学生们跳舞，继续在雅典建立学校的计划。建校的计划倒是一切顺利，维尼泽勒斯政府非常支持我的计划，雅典的市民也热情高涨。

一天，我们被邀请到竞技场参加向维尼泽勒斯和年轻的国王致敬的盛大游行。当时共有五万人参加了这次游行，包括整个希腊教会的全体人员。当年轻的国王和维尼泽勒斯走进竞技场时，全场欢呼。主教们身着笔挺的锦缎长袍，金色的刺绣在阳光的照耀下闪闪发光，甚是壮观。

我穿着腰部打褶的短裙，带着一群宛如塔纳格拉人物雕塑一样的孩子们进入竞技场。康斯坦丁·梅拉斯高兴地迎上来，给我带上月桂花冠，对我说：“你，伊莎朵拉，再次为我们带来不朽的菲迪亚斯[①]之美和希腊最伟大的时代！”

我对他说：“啊，帮助我组织1000个出色的舞者在这里呈现绝美的舞蹈！全世界的人都会来欣赏她们的舞蹈，会带着惊奇和喜悦关注她们！”

说完这些话，我注意到“大天使”正开心地抓着她的手，那一刻，我带着爱意和宽容释然地看着他们。比起我伟大的理想，渺小的世俗之情根本不算什么！可是，那晚，他们在阳台上，两个人头靠得很近，看着月光下两个人的影子，我再次被嫉妒之情俘虏。嫉妒使我无比狂乱，一个人在外狂奔，一度想从帕特农神殿的石阶上像女诗人萨福一样纵身跃下。

这种混沌不清的热情不断地吞噬着我，给我带来的痛苦无法用语言形容。周围优美的环境只让我更加痛苦，好像找不到摆脱这种情形的出口。世俗的激情之困能让我们放弃不朽的音乐合作吗？我也不能把我的情敌学生送走，她是在学校里长大的。可是每天看着他们的恋情，我也无法控制自己的懊恼情绪。事实上，我陷入了绝境，也许我可以超脱这一切，达到精神的最高境界，这也许是唯一的解决办法。尽管我一直心情低落，但是长时间的舞蹈练习，山间的无尽漫步和每日到海里游泳给我带来了希望，一种难以抑制的情感希望。

我一如往常地继续我的生活，努力教导学生们美丽、平静、哲学与和谐，而我的内心却在遭受痛苦的折磨。这种情况最终将会演

---

① 菲迪亚斯（约公元前480年—前430年），古希腊雕刻家、画家和建筑师，被公认为最伟大的古典雕刻家。

变为什么结果，我无从知晓。

每晚，我们在海边一起吃晚饭，我唯一能做的就是躲在强颜欢笑做成的盔甲后，把自己的痛苦隐藏在希腊的美酒中。也许有更体面一些的方法，可是我做不到。不管怎样，这些都是我惨淡的个人经历，我只想把这些回忆记录在此。不管这些经历有没有价值，或许可以教导他人“引以为戒”。也许人只用自己能找到的唯一方式躲避灾难。

命运之神的奇怪一击彻底结束了这种进退两难的境地。事情的起因源于一只恶毒的小猴咬伤了年轻的国王，伤口十分致命。

年轻的国王在生与死之间徘徊了几日后，他的死讯最终传来。国王的死导致全国大动荡并爆发了革命，维尼泽勒斯和他的政党被迫再次下台。不幸的是，我们曾经作为他的座上宾，所以也必须离开。我用来在科帕诺斯重建学校和设立工作室的投资全没了。我们被迫放弃在雅典建立学校的梦想，乘船途径罗马，返回巴黎。

1920 年的雅典之行是我最后一次去雅典。重回巴黎，新增的痛苦以及与“大天使”的分离，这些回忆真是既曲折离奇又让人伤心，我的学生情敌也永远离开了我。尽管我认为自己是受害者，可是她的想法却完全相反，她十分无情地责怪我对“大天使”的感情，还谴责我不及早放手。

最后，我独自一人留在位于庞培路的房子里。看到贝多芬厅已经改造好让“大天使”在此演奏，我跌进绝望的深渊，再也无法面对这座充满如此美好回忆的房子。事实上，我盼望着可以飞离这座房子，飞离这个世界，觉得已经走到了世界和爱情的尽头。一个人的一生中能有几次做出这种结论呢。其实，如果放眼远处，看到另一座山，我们就会发现另一条长满鲜花、洋溢着幸福的山谷在等待我们。我特别厌恶很多女人们认为年过四十岁的女人应该摒弃爱情，过庄严的生活。啊！这简直荒谬至极！

在世上感受充满活力的生命之躯，这旅程真是神秘！年轻女孩的身体充满羞怯，尚未发育完全，纤细柔弱；随着慢慢发生的变化，女孩的身体渐渐成长，成为健壮的亚马逊女人；然后，身缠藤蔓的酒神女祭司们，全身淋着醇香的美酒，无法抵御情欲的诱惑，身体变得无比柔软。我住在自己的身体里，如精灵住在云巅——一片燃烧着玫瑰火焰，无限妖娆的云。

只是歌颂爱情和春天未免太过单调，秋天的色彩更灿烂缤纷，秋天的快乐更强烈醇厚。我同情那些因信奉病态狭隘的教条而错失秋天慷慨之美的可怜女人们，我的母亲就是如此。由于这种愚蠢的偏见，在她的身体处于最美妙绝伦的时期，任其衰老，遭受病痛的折磨，曾经非凡杰出的大脑也部分地遭受破坏。我曾是羞怯的女孩，后来成为极具攻击力的女祭司，但是现在，现在的我会将我的爱人包围，就像大海用云与火构成的海浪把勇敢的泳者包围，让其翻滚，将其围困。

1921年春天，我收到苏联政府发来的电报，内容如下：

“只有苏联政府能理解你。来苏联吧，我们帮你建立学校。”

这封电报来自哪里？来自地狱吗？不是——不过是最靠近地狱的地方。在欧洲，什么可以代表地狱——莫斯科的苏联政府。环顾我的房子，没有“大天使”，没有希望，没有爱。于是，我回复道：

“好的，我愿意去苏联，我愿意教苏联的孩子们跳舞。只有一个条件——给我提供一间工作室和工作所需的资费。”

苏联政府回复“可以”。于是，一天，我在泰晤士上船，离开伦敦，前往雷瓦尔，最后到达莫斯科。

离开伦敦前，我去算命。这个算命人告诉我：“你注定要长途跋涉，会遇到很多奇怪的事情，你会碰上麻烦，会结婚——”

她说到“结婚”这个词，我立刻笑出声来，打断了她的话。我，像我这种一向反对婚姻的人，会结婚？我绝不会结婚。算命人说：“我们走着瞧吧。”

在去莫斯科的途中，我仿佛一个死后脱离躯体的灵魂正在去往另一个星球的途中。我认为我已经永远抛弃了欧洲式的生活方式，其实，我相信柏拉图、卡尔·马克思和列宁所梦想的理想之国。如今，理想之国已经在这个世界上奇迹般地诞生了。在欧洲无法实现我的艺术理想，我十分失望，如今我做好准备，进入共产主义的理想之国。

此行我并没有带多少衣服，我想象自己的余生将要同其他穿着朴实的同志一样，穿上红色的法兰绒上衣，享受彼此真诚的友爱。

船渐渐地向北驶去，我既轻蔑又同情地看着将要离开的资产阶级欧洲及其所有的旧制度和旧习性。从今以后，我将成为同志中的一员，与其他同志一起，共同努力实现伟大计划，为这一代人服务。永别了！旧世界中使我的建校之梦破灭的不平等、不公正和残暴！

船终于到达目的地，我的心欣喜地跳动着。现在，我要为这崭新的世界而努力！为到处是同志的世界而努力！这是佛祖曾经梦想的乐土！这是基督曾经描述的梦想！这是所有伟大艺术家们的终极之梦！这是列宁用神奇之力实现的梦想！我现在正进入这个理想之国，我的努力和我的生命将为这个国度的美好将来贡献一份力量！

别了，旧世界！为新世界欢呼！

译后记

经过几个月的努力，《伊莎朵拉·邓肯自传》一书的译稿终于如约完成。至此，我才如释重负般长长舒出一口气，紧绷了数月的神经，也开始缓缓松弛下来。这种紧张与压力，并不是来自翻译本身，而是来自探寻伊莎朵拉生命轨迹的过程。我无时不在追随着伊莎朵拉强健有力的舞步，亲历她一生中的跌宕起伏，与她一起欢笑，一同落泪，共同见证她生命中的每个奇迹。我的每根神经都仿佛“枝枝相纠结”，被书中伊莎朵拉娓娓道来的一个个故事深深吸引着。

伊莎朵拉·邓肯是怎样的一位传奇女性呢？她是天使，还是魔鬼？是仙女，还是妖女？是圣洁的艺术家，还是放荡的女权者？是古希腊艺术的复活者，还是现代艺术的创始人？

她从未接受过专业舞蹈训练，却成为美国现代舞蹈的奠基人，被称为现代舞蹈之母。她从年少时就不断追求自己的艺术理想，从一个城市到另一个城市，从一个国家到另一个国家，不断奔波。她曾经身无分文，流落街头，也曾经技惊四座，倍受赞誉，但无论如何都磨灭不了她对艺术的狂热。她像森林女神一样，身披薄如蝉翼的希腊舞衣赤脚舞蹈，这曾经引起了轩然大波，甚至有反对者在她的舞台上撒下图钉，致使她赤裸的双足流血不止，但她并未因此有丝毫退缩。她极其反对刻板的古典芭蕾，推崇对生命与人类理想的自由表达。不仅如此，她还追求恋爱自由，反对婚姻的桎梏，有过多次轰轰烈烈的恋爱，与情人育有一双可爱儿女，但却遭受儿女夭折的沉痛打击；她四十三岁时，毅然与比她小整整十七岁的苏联诗人叶赛宁结婚，尽管两人语言不通；她的离世，也是如此凄美，因为一次意外车祸她的生命戛然而止，留给世人无尽叹惋……

亲爱的读者，如果您也逐字逐句地读她的自传，就会看到伊莎朵拉在文字中复活，活生生地出现在我们面前。我们仿佛穿越时空，回到一百多年前，在大海的浪涛声中，看到一个受到阿佛洛狄忒女神庇佑的女婴呱呱坠地，看到一个清瘦的女孩如何逃避无聊的学校教育，开办自己的舞蹈学校，看到一个涉世未深的少女如何离家追寻自己的舞蹈梦想，看到一个玫瑰般芳醇的女人如何因爱情的滋润而日渐丰腴，看到一个坚强的母亲如何因丧失子女而失声痛哭，又是如何因艺术而重新振作。是的，伊莎朵拉的生命并没有终结，她将永远与我们同在。

她在生命的最后时刻说过：“再见了，我的朋友们！我将要走向光荣。”她的叛逆、勇气、坚韧和无畏，必将给予我们无穷的启示和鼓舞。

在此，要特别感谢中国书籍出版社策划本书的各位编辑，感谢他们为我们提供了这个非常珍贵的机会，让译者，也让更多的中国读者重新认识了这位传奇的舞蹈家。在此书的翻译过程中，吴平平、张长江、刘宏艳、刘福建、张坚、刘桂荣、李传阳、王文增、张孟辰、张洋也给予了我们许多帮助，在此表示衷心的感谢。当然，因为时间仓促，译文中难免有一些错误，欢迎读者批评指正。

图书在版编目（CIP）数据

邓肯自传 / （美）伊莎朵拉·邓肯著；谭秀敏，李兰兰，赵习群译. —北京：中国书籍出版社，2017. 8
ISBN 978-7-5068-6343-8

Ⅰ. ①邓… Ⅱ. ①伊… ②谭… ③李… ④赵… Ⅲ. ①邓肯（Duncan, Isadora 1878–1927）—自传 Ⅳ. ①K837.125.76

中国版本图书馆CIP数据核字（2017）第189355号

邓肯自传

（美）伊莎朵拉·邓肯著；谭秀敏，李兰兰，赵习群译

策划编辑 安玉霞
责任编辑 杨铠瑞
责任印制 孙马飞 马 芝
版式设计 中尚图
出版发行 中国书籍出版社
地　　址 北京市丰台区三路居路 97 号（邮编：100073）
电　　话 （010）52257143（总编室）（010）52257140（发行部）
电子邮箱 chinabp@vip.sina.com
经　　销 全国新华书店
印　　刷 北京温林源印刷有限公司
开　　本 880 毫米 × 1230 毫米 1/32
字　　数 260 千字
印　　张 11.5
版　　次 2017 年 8 月第 1 版 2018 年 7 月第 2 次印刷
书　　号 ISBN 978-7-5068-6343-8
定　　价 36.00 元